瀬戸際の渓魚《さかな》たち

NATIVE TROUT ANTHOLOGY
REVISED EDITION WEST JAPAN AREA

佐藤成史

つり人社

渓魚たち

まえがき

今回再版となった「瀬戸際の渓魚たち……Native Trout Anthology」は、日本の渓流魚に対する熱い思いを込めて上梓した渾身の作品である。初版は1998年だった。それから22年後の2020年に再版の機会が訪れたことに、自分自身でも驚いている。

当時はインターネットのように便利なツールはなく、情報を得るにはひたすら書物や論文を読みあさったり、有識者から意見を伺ったり、あるいは現地の人たちから得た情報を基に行動する以外に取材の方法がなかった。今思えばずいぶん遠回りをしたり、余計なことに時間を費やしたりもしたが、結果的にはすべての時間が貴重な経験として自分の中に生き続けている。当時は今以上に自分自身の知識が浅く、読み返すと少々危なっかしい部分も見受けられるが、本編については東日本編・西日本編ともに大きな加筆・訂正は行なっていない。その時代の等身大の自分が描いた世界観はそのまま残しておこうと思ったからである。そのかわり2020年現在、知りえる範囲内で得られた情報や自分自身の眼で見た状況について巻末で解説している。また、近年めざましい研究成果が表れている遺伝子解析によるグループやタイプ分け、あるいは種の判別については東西共通の項を設けた。現在の地理的伝系統に興味のある方はそちらを参考にしていただければと思う。

EDITION WEST JAPAN AREA

瀬戸際の

近年、日本の渓流魚の起源は西南日本にあるという説が有力視されている。度重なる氷河時代と地殻変動、そして自然災害を乗り越え、想像を絶する厳しい環境変化に耐え抜いた渓魚たちが今も生きていることを思うと、その存在がより尊いものに見えてくる。西日本一帯の極度に孤立した棲息地は、まさに瀬戸際の状態であり、存在自体が奇跡と思えるところがたくさんある。日本列島の形成過程がシミュレーション可能となり、地殻変動と生物の進化との関係が徐々に解明されてきた。渓魚たちの進化の過程も近い将来、明らかになるかもしれない。

また、西日本では温暖化に伴う気候の激変が厳しく、極端な集中豪雨や台風の頻発だけでなく、干ばつや水不足に陥ることが多くなった。そうした変化は人間の生活や社会活動にも大きな影響を与えるため、いやがうえにも危機感が煽られる。水域においては、外来種の侵入や急激に棲息範囲を拡大したカワウの魚類食害が問題になっている。誰も予想もしなかった事態が次々に起こっているのだ。

その一方、生物多様性という言葉が普通に使われるようになり、在来個体群の希少性や重要性が見直されることになった。資源管理における放流至上主義も翳りを見せ始め、野生の強さや本質の重要性があらためて注目されている。

90年代の常識は、現在と噛み合わない部分があるかもしれない。価値観の多様化や世代間ギャップもあるだろう。新たな読者の皆さんには、現代的視点で瀬戸際の風景を思い浮かべ、東日本編と併せてご一読いただければ幸いである。

２０２０年6月　佐藤成史

NATIVE TROUT ANTHOLOGY REVISED

CONTENTS

著者　佐藤成史
装丁・本文デザイン　小根山孝一

『東日本編』収録章
（第16章～30章）

- サツキマス
- 別荘地に残されたイワナ
- 種の境界と混沌
- 神流川源流の天然イワナ
- 失われた渓と無紋ヤマメ
- 阿武隈高地の天然イワナ
- タキタロウと大鳥池
- カメクライワナを巡る旅
- 無差別放流への警鐘
- 小渓の幽魚　無斑イワナ
- スギノコ物語
- オショロコマの南限
- オショロコマの楽園
- 北の原野にイトウを追い求めて
- 日本最北の島々と渓魚たち

瀬戸際の渓魚たちの現在 2020

瀬戸際を支える研究とその進捗状況

ヤマメ、アマゴの仲間　分類に関する過去から現在

この四半世紀の間に最も進歩したのは、遺伝子解析によるヤマメ・アマゴの仲間たちのグループ分けだろう。サクラマス類似種群はヤマメとその降海型のサクラマスOncorhynchus masou masou、アマゴとその降海型のサツキマスO. masou ishikawae、ビワマスO. masou subsp.、タイワンマスO. masou formosanusという4亜種に分類するのが一般的だが、最近になって4亜種の4グループを超える遺伝グループの存在が知られるようになり、現在ではmtDNA（ミトコンドリアＤＮＡ）遺伝子解析を中心にした試験研究が進んでいる。最近報告されたグループ分けの方法については後述するとして、まずはヤマメやアマゴの分類に関する、過去から現在に至るまでの経緯を簡単に紹介しておくことにしよう。

4亜種のうち、たとえばヤマメとアマゴを判別する場合、ヤマメは体側に朱点を持たないが、アマゴは明瞭な朱点を持っている。つまり朱点の有無が視認可能な唯一の判別方法であるということだ。琵琶湖の固有種ビワマスは幼魚時代には朱点を持つが、銀白色となった成魚では朱点が消える。台湾の山岳地帯の渓流に棲むタイワンマスでは朱点は確認されていない。

このような分類方法の基礎研究は、大島正満博士が１９５７年に上梓した論文「桜鱒と琵琶鱒」に説明され

ている。当時の見解は現在と少々異なり、ビワマス、カワマス、アマゴはひとつのグループとして扱われていた。ここにはまだサツキマスという記述はなく、地元で「カワマス」と呼ばれる伊勢湾から木曽川へ遡上したマスの標本から得た体型や体鱗に関する知見を解説している。その後、カワマスと呼ばれていた魚がアマゴの降海型であることが証明され、本荘鉄夫博士によってサツキマスという名称に改められた。サツキマスという魚名が広く知られるきっかけとなったのは、長良川河口堰運用に関わる数々の問題点がクローズアップされた1990年代ではないだろうか。

自分自身に瀬戸際に対する意識が芽生えたのは、1980年代後半だった。このままでは何も分からずに終わってしまう……自分なりに問題を提起していかないと、希少な渓魚たちの存在が時間の流れに葬られてしまう……。そういった切実な思いにかられて1991年から瀬戸際の渓魚たちの取材を開始した。その時点では自然分布云々に対する疑問に限らず、まずは全国の希少な系群に関する知見を拾い集めようと思ったのである。

当時から最近までの自分の釣りを振り返っても、既存の説では説明しきれない現場を何度も見てきた。本著西日本編「限りなくヤマメに近いアマゴが棲む渓」や東日本編「種の境界と混沌」では、本来ならば朱点が散りばめられたアマゴが釣れるはずの水域で朱点のまったくないヤマメが釣れる。でも、よく見ると完全なヤマメではない。朱点が片側だけにあったり、極端に数が少なかったり黒点に埋もれているタイプにも出会った。また、アマゴの分布域核心部のはずの四国、吉野川水系では、普通に朱点の入ったアマゴに混ざって、まったく朱点のないタイプが頻繁に釣れた。四万十川水系でも同様な経験をしている。和歌山県の有田川では、朱点の鮮やかなものから、まったくないものまで、あらゆるタイプが混在していた。九州の大野川や番匠川、川内川などでも同じよう経験をした。伊豆半島では、東伊豆の小渓流の源流部にいたのは、ほぼアマゴではなくヤマメだった。放流をすれば、アマゴとヤマメが交配する確率は高い。その結果、様々な外観を持つ魚が生まれてくる。そのとき、どんな割合で朱点が出たり出なかったりするのか。朱点が完全に消えて、外観上はヤマメ

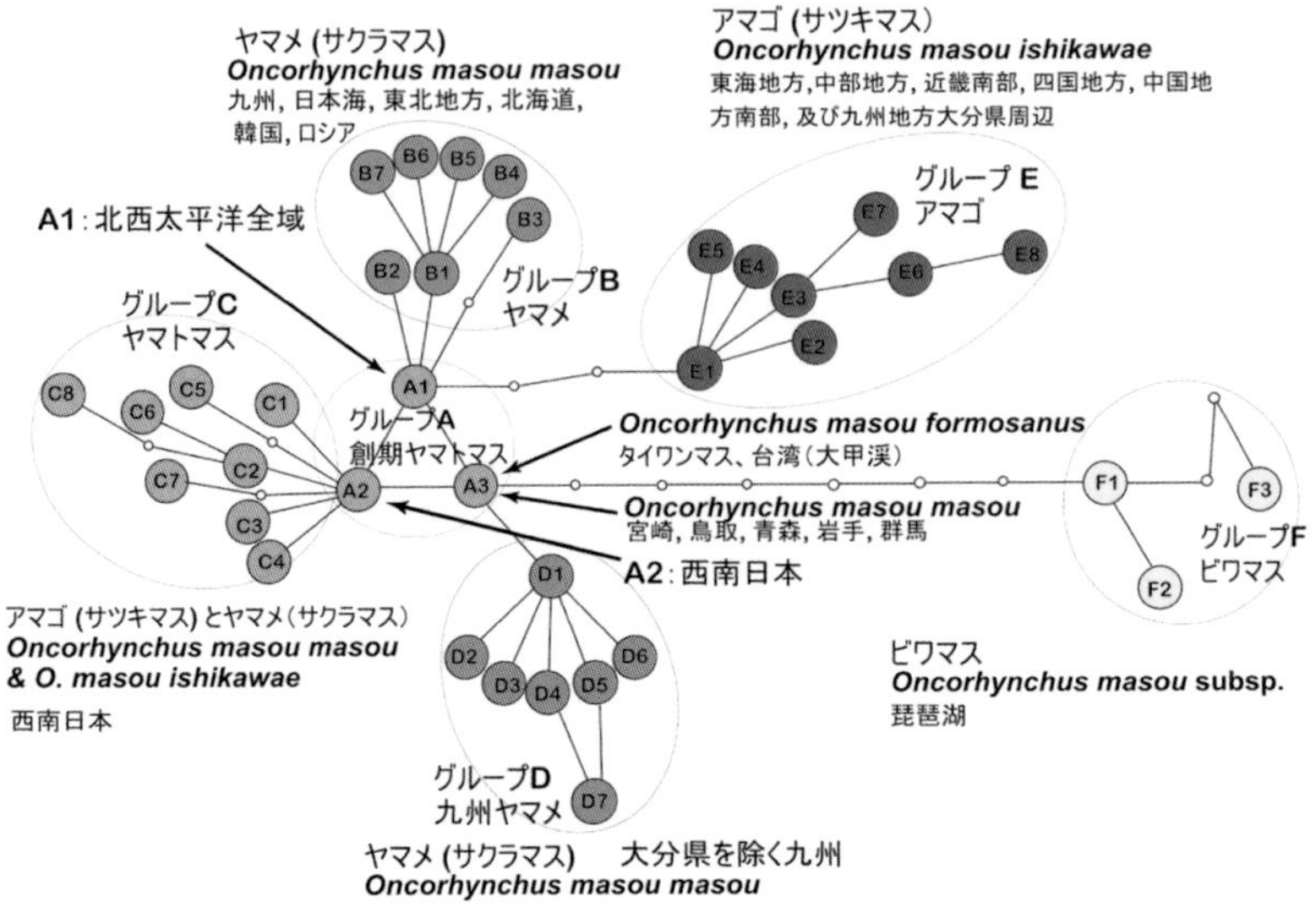

サクラマス類似種群 4 亜種における Cytochrome b 全域（1141 bp）解析
による 6 つの遺伝グループの生物学的特性と地理的遺伝系統より抜粋

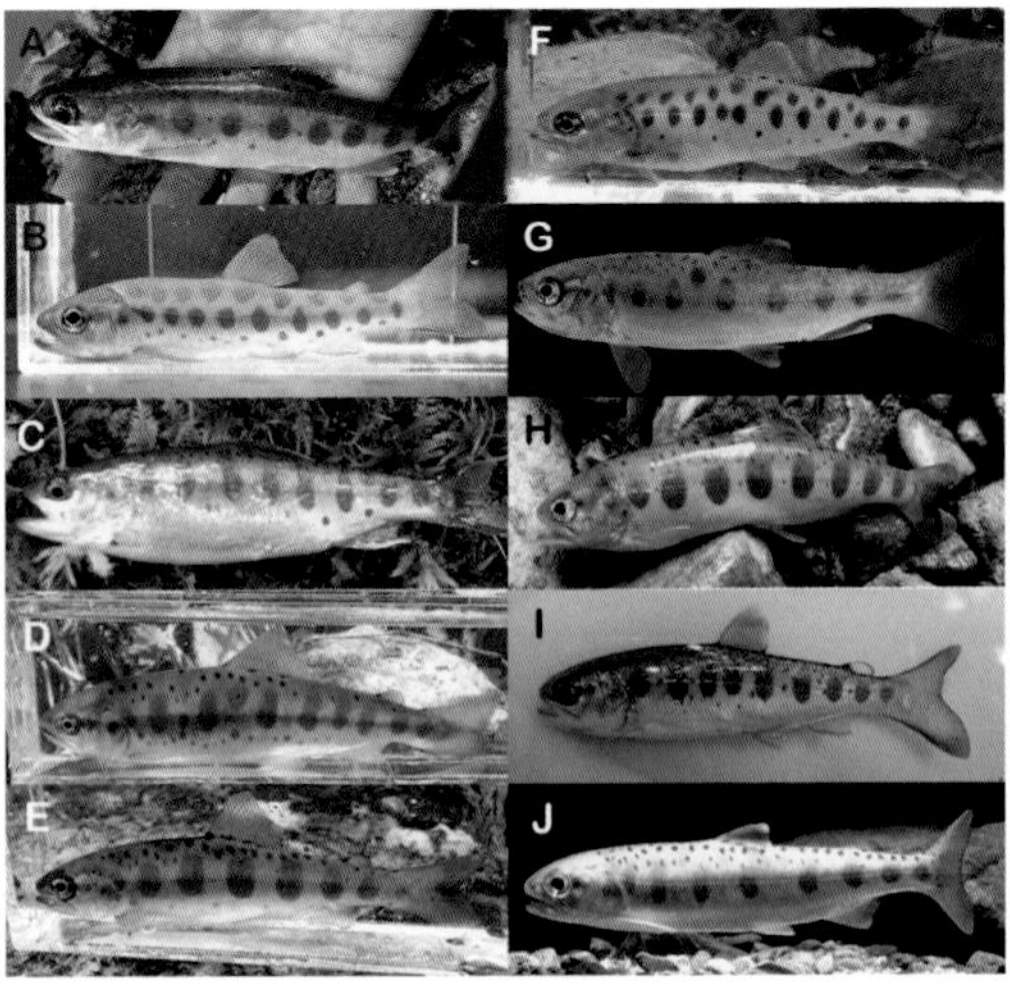

サクラマス類似種群の6グループに属する各地のヤマメ・アマゴ・ビワマス写真. A, アマゴ（創期ヤマトマス）, グループAのA2（図1参照）, 愛媛県仁淀川産, 全長約16㎝, 長島祐馬・関　伸吾撮影（左右反転）; B, ヤマメ（創期ヤマトマス）, グループAのA3（朱点がないのでヤマメと同定）, 宮崎県耳川産, 全長18㎝, 岩槻幸雄撮影; C, ヤマメ, グループBのB1, 北海道千歳川産, 全長15㎝, 末永直樹氏撮影; D, ヤマメ（サクラマス）, グループBのB1, 熊本県球磨川産, 全長18㎝, 岩槻幸雄撮影; E, アマゴ（ヤマトマス）, グループCの未発表ハプロタイプ（微妙な数個の朱点が体側前部両側みられるので, アマゴと同定）, 広島県太田川産, 全長15㎝, 岩槻幸雄撮影; F, ヤマメ（ヤマトマス）, グループCの未発表ハプロタイプ（朱点は一切認められないので従来通りヤマメと同定, 鰓蓋後半附近が赤いのはハリ外した時の出血した色）, 神奈川県酒匂川産, 全長13㎝, 岩槻幸雄撮影; G, ヤマメ（九州ヤマメ）, グループDのD7, 宮崎県福島川産（日本最南限個体群; Iwatsuki et al., 2019）, 全長 14㎝, 岩槻幸雄撮影; H, アマゴ（サツキマス）, グループEのE1, 大分県大野川産, 16㎝, 工藤孝浩氏撮影; I, アマゴ（サツキマス）, グループEのE1, 静岡県都田川産, 14㎝, 丸木秀隆氏撮影; J, ビワマス, グループF, ハプロタイプ不明, 滋賀県琵琶湖産, 全長24㎝, 桑原雅之氏撮影（左右反転）

になる場合もあるだろうし、その逆もあるだろう。視認による判別は不可能だ。ヤマメとアマゴの分布やそれぞれの本当の関係に対する謎は深まるばかりで、もはや大島線を再検証する機会は失われたかのように思えた。

ところが、遺伝子解析の技術が進歩するにつれ、風向きが変わってきた。水産総合研究センター増養殖研究所では、渓流魚のmtDNAの部分塩基配列を指標とした遺伝子解析の研究を継続して行なっている（遺伝的多様性の把握及び個体群の在来・非在来判別手法の開発）。そこに蓄積されたデータベースからは、さまざまな示唆が読み取れる。これらのデータベースの蓄積状況はインターネットで閲覧できるので、興味のある方はぜひご覧になっていただきたい。ただし、あくまでハプロタイプ(haplotype:haploid genotype:半数体の遺伝子型)の違いを蓄積したデータベースのため、ハプロタイプに対する魚体の外観上の特徴は示されていない。データを蓄積することで、渓魚たちの進化の過程や遺伝的特徴を把握できれば、今後の資源保護や環境保全活動に貢献できることは間違いない。瀬戸際救済ツールとしても大いに役立つことだろう。

mtDNA遺伝子解析によって判明した6つの遺伝グループ

2020年6月、宮崎大学農学部海洋生物環境学科教授 岩槻幸雄氏によって「Nature of Kagoshima（かごしまネイチャー）」にたいへん興味深い総説（Iwatsuki et al. 2019の解説）が寄稿された。ヤマメの日本最南限個体を証明するために北西太平洋における地理的遺伝系統の概観を押さえようとしてサクラマス類似種群4亜種の分化が垣間みられる実態が浮かび上がってきたようなのである。

「サクラマス類似種群4亜種における Cytochrome b 全域（1141 bp）解析による6つの遺伝グループの生物学的特性と地理的遺伝系統」

この総説は岩槻博士が20年以上に渡って積み重ねてきた研究の経過報告、ヤマメ・アマゴ編である。岩槻博士は全国の各地域で入念な聞き込み調査を実施しながら、全国内水面漁協や水産試験場の研究者、さらに多くの釣り人から情報を集積し、放流履歴のない河川から広くサンプルを収集した。遺伝マーカーにはmtDNAチトクロームb領域全領域を用いた。チトクロームb領域は呼吸代謝と深く関わっているため、氷河期の環境変化等の影響を受けやすい。部分塩基配列では真の変異は消えてしまい、充分に読み取れないことがあり、全域解析を行なうことにより精度の高い解析が可能になる。

詳細についてはインターネットで閲覧可能なので、そちらを熟読していただければと思う。ここではハプロタイプ・ネットワーク図（P.008上図）を参考にしながら、それぞれのグループについて本文から抜粋した簡単な説明のみを付記しておく。

最も原始的と推察されるグループAから5つのグループへの放散が日本の西南地域で始まった。

HapA1、A2、A3のうち、HapA1は北西太平洋全体に分布する大きなグループだが、HapA2、HapA3は日本列島西南地方で分化した固有の系統である。HapA2は中央構造線とフォッサマグナ以西の西南日本全体に分布する。東北地方に分布しないのは、グループAが最初に進出したのは北日本ではなく、氷河期に沿海州から朝鮮半島に沿って南下したグループAである可能性が高いのではないかとした。

東北地方から道南付近は、150万年前は火山列島の多島海であり、サクラマス類似種群が遡上する陸地が少なかった。そのためHapA1やA2は最初に大陸に沿って西日本へ進出したのではないかという仮説である。

ヤマメとアマゴが分化したのは約129万年前で、日本列島が現在の地形に近づいたのは約70万年前。その間に西日本でグループCとEが分化したと推測できる。

西南日本の源流部に棲むHapA1、A2、A3はパーマークが真円に近い個体が多い。

グループBの分布範囲は大島博士によるヤマメとアマゴの分布境界線（大島線）の範囲とほぼ一致する分布範囲が最も広いグループ。朱点がまったくない普通のヤマメ。北陸以北では降海型が多い。

グループCはグループAのHap A2と同じ範囲に出現する。Hap A2から進化したタイプと推測され、グループAと同じく朱点があったりなかったりする。

グループDはHap A3からHap D1に変異した後、九州一円に広がったヤマメの遺伝グループ。分布は九州のみで、マダラやエノハもこのグループに属す。

グループEは体側に朱点が散りばめた真のアマゴのグループ。グループAのHap A1からグループEのHap E1の間に番号のない小さな丸はミッシングリンク。ミッシングリンクとは、生物の進化過程を連なる鎖と見立てたとき、その連続性が欠けた部分を指す。つまり、祖先と子孫の間に入るはずの中間期にあたるハプロタイプが見つかっていない状況を意味している。絶滅してしまったのか、発見できないのか、今後の調査が必要とされる。グループEのアマゴの朱点は、朱点の出る可能性のあるAやCのグループと較べて、より鮮やかで大きく数も多いことが普通だが、AやCが同所的に棲息している渓では明確でない場合もある。実は朱点の出現パターンやパーマークの形状の相違が、ハプロタイプの違いを判別する基準になり得る可能性もあるので、今後のデータ収集が欠かせない。

グループFのビワマスは、グループDと同様にHap A3から7塩基違いで派生・分化したグループで、琵琶湖で独自の進化を遂げた。Hap A3は日本海で隆盛を極めたグループと思われ、アマゴ域の太平洋岸から瀬戸内海流入河川には見られない。琵琶湖への進出は、日本海へ流入していた上流域が地殻変動による河川争奪の際、琵琶湖流入河川に変わったためではないかと推測できる。

さて、ある意味、不意を突かれたような感覚に陥った人も少なくないのではないだろうか。そして各グループの画像を見て、目から鱗が落ちた人も多いのではないだろうか。朱点のパターンだけでなく、パーマークの形状、背中の黒斑についても参考にするとよいだろう。成熟個体になると体の模様が乱れたり、色合いそのものに変化が起こるので、成長過程にある15㎝〜20㎝、3才魚程度の魚が特徴をつかみやすいかもしれない。

アマゴだと思っていたグループAやグループCの魚に朱点がなくても、不思議ではないのである。自分の経験でも、下流部では朱点のない魚が釣れるのに、支流に入ったり、源流が近づくにつれ、朱点が濃く数も多い魚が増えてくる現象を経験したことがある。視点を変えれば、濃かった要素が下流へ行くにつれ薄まっていく感じだ。ヤマメはどんどん進出してくるが、最源流に濃密な朱点を持つアマゴがいる限り、たとえば下流部にヤマメを放流したとしても、自然再生産が行なわれていれば、朱点が皆無になることはないのである。惑わされていた原因の多くは概ねグループCに隠されていたのだ。つまりグループBとCの存在もなるほどと思う。グループDに関しては九州にいないとなかなか実感できないと思う。九州にはビワマスのグループFを除く、すべての遺伝グループが生息する。

岩槻博士には数年前から頻繁に情報を提供していただきながら、研究の進行についても随時連絡をいただいている。微力ではあるが、地域の情報や魚から切り取ったアブラビレの切片等の提供も行なっている。ミッシングリンクも残されているし、釣り人が協力できることはまだまだある。

これまで私たちが追いかけていたのは真実ではなく、学説や定説という枠組に潜んでいる得体のしれない何かだったのかもしれない。大島線による境界と朱点があればアマゴ、なければヤマメという固定概念は呪縛のようなもので、誤った判断を下しやすくなるので要注意だ。岩槻博士が文末で言っているように、とにもかくにも在来個体群を大切にしていきたい。

イワナの仲間

イワナに関しても地理的遺伝系統による研究が進んでいる。しかしながら、イワナの外観は個性に富んでいて、典型的なタイプ同士を較べればその違いが一目瞭然なのだが、その中間、そのまた中間タイプもあって、なかなか特定することができない。さらに突然途中がなくなったり、意外な場所に意外なタイプが出現することもあってつかみどころがない。そのため、外観的なグループ分けや小系群の判別については現在も混沌とした状態が続いている。その原因は実態調査不足、それによるサンプル不足である。このままでは適切な資源管理が不可能で、希少な在来個体群が絶滅する可能性が高い。生物多様性の意識が高まり、在来個体群を保存しようという機運が高まっている地域もあるが、そうしたことにまったく無関心で、放流義務を果たすだけで精一杯という漁協が多いのが事実だ。漁協の高齢化と組合員の減少は、地域の状況次第でイワナたちの棲息状況に影響を与えることになるだろう。

日本産イワナSalvelinus leucomaenisは、現在も外観上の特徴と棲息地域から4つの亜種に分類するのが妥当とされている。最も分布域が広いのが北日本を中心に分布するアメマス（エゾイワナ）Salvelinus leucomaenis leucomaenisと東北から日本海側の鳥取県付近から関東に棲息するニッコウイワナS. l. pulviusで、ヤマトイワナS. l. japonicsは東海地方から近畿地方の一部、ゴギS. l. imbriusは中国地方に分布する比較的小さな系群である。

東北地方北部から日本海側、そして北海道ではイワナの降海型のアメマスの姿が見られる。アメマスは豊穣な海でたっぷり栄養を摂って大型に成長して、河川に戻って産卵する。河川内には海に降らない魚も残っていて、有事における個体数減少のリスクを防いでいる。滝や堰堤の上流部には、完全陸封タイプが暮らしているが、多くの場合個体数が少なく保護の必要性が高い。

遺伝子解析による地理的遺伝系統の把握や在来・非在来の判別手法も開発されている一方、調査や分析に地域の偏りがあって、全体を網羅しているとはいえない状況である。スポット的な遺伝系統は把握されていても、それらがうまくつながっていないし、報告された研究結果も生かされていないというのが実情である。

そんなわけで、イワナに関しては現在でも瀬戸際リスク満載で全体像がまだ見えていない状況の可能性が大きいように推測される。

ここでmtDNAハプロタイプのネットワーク図について簡単に説明しておこう。ネットワーク図を構成するイワナたちは、調査のうえ放流履歴のない河川から採捕されている。

ハプロタイプは2015年の時点で72種類が発見されている。現在はさらに増えていることだろう。詳細についてはインターネットでも閲覧できるので、主な

イワナハプロタイプのネットワーク図（2015年）

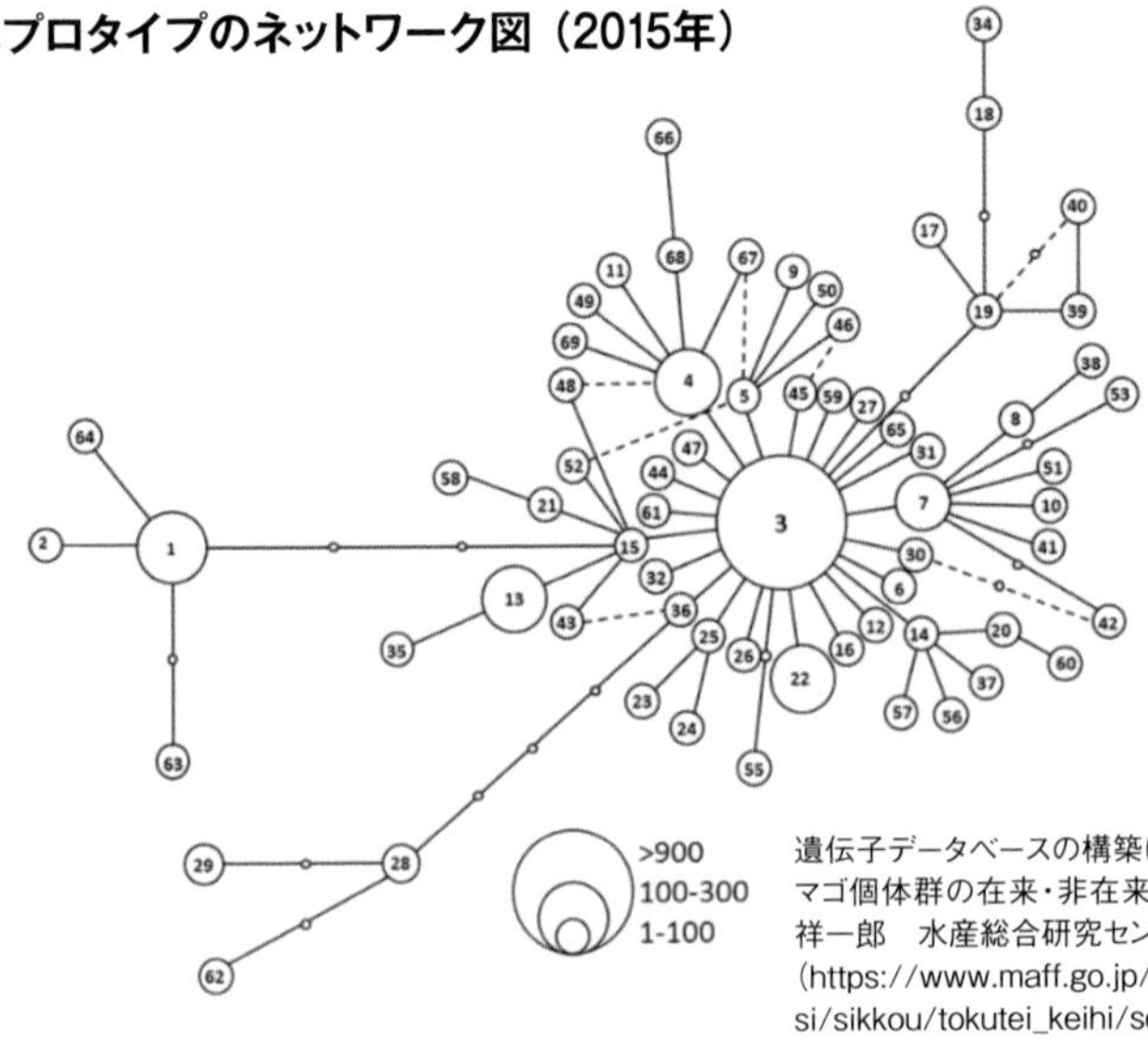

遺伝子データベースの構築によるイワナ、ヤマメ・アマゴ個体群の在来・非在来判明技術の開発山本祥一郎　水産総合研究センター　増養殖研究所（https://www.maff.go.jp/j/budget/yosan_kansi/sikkou/tokutei_keihi/seika_h23/suisan_ippan/pdf/60100342_01.pdf）より抜粋

ハプロタイプとその出現地方や河川、そして今後、何らかの発見の鍵を握りそうなハプロタイプについて紹介したいと思う。

日本のイワナで最も高い頻度で出現するのはHap-3である。Hap-3はロシアから本州南部まで広域に出現する遺伝子型だ。アメマス（エゾイワナ）、ニッコウイワナ、ヤマトイワナといった外観上の相違に関係なく出現するが、ゴギには見つけられていない。

Hap-1とHap-4は大陸側のロシアに多く見られる遺伝子型で、国内では北海道だけに見られ、東北以南のイワナには見つけられていない。つまり外観上はアメマスのみとなる。

Hap-5は日本海側では秋田県の米代川水系あたりから出現し、北陸あたりまで見られるが、太平洋側では利根川や天竜川あたりに不連続で見られる。Hap-7も同様のエリアで見られるが、全領域で読むと中部日本までかなりポピュラーに見られる遺伝子型だという。外観はニッコウイワナのタイプが中心だが、ヤマトイワナとの境界帯に多く見られるように思う。

Hap-14は日本海側の新潟付近から西に向かってみられ、山陰方面で出現頻度が高くなる。しかしながら、東京都の多摩川や山梨県の富士川、兵庫県の千種川にも出現している。ここから派生するハプロタイプも多く、何らかの進化の方向性を担う遺伝子型かもしれない。外観的には橙点の入るニッコウイワナタイプである。

Hap-15はHap-14と同じく日本海側流入河川に散見できるが、信濃川水系の雑魚川水系等の源流部に多く見られるようだ。分布域ではニッコウイワナの範囲だが、外見はヤマトイワナのように背部の白点が少ないタイプが多い。

Hap-17は山陰の鳥取県に多く見られ、福井の九頭竜川や富山の常願寺川でも見つかっている。Hap-18とHap-19は琵琶湖水系に見られる遺伝子型だ。琵琶湖水系にはHap 33（亀甲２０１１）、Hap-34といった遺伝子型も出現する。外観的にはやはりニッコウイワナだが、ヤマトイワナとの境が曖昧な魚体が多くなるように思う。

Hap-20、Hap-21は島根県のゴギである。

Hap-22は天竜川のヤマトイワナに出現する遺伝子型だが、天竜川以東、富士川、相模川、利根川といった広い範囲に出現する。当然ながら、外観はヤマト、ニッコウの両方のタイプとその中間型がいる。そして少し飛んでHap-28は木曽のヤマトイワナである。

ここまでの記述で想像がつくように、Hap-14あたりからHap-28の木曽ヤマトまでの間がごちゃごちゃしてくることが理解できると思う。外観はさておいて、遺伝子的にはニッコウ、ヤマト、ゴギが入り乱れているのだ。白斑のくっきりしたゴギと、白点のほとんどないヤマトイワナが遺伝子的には極めて近い関係なのである。ちなみに紀伊半島のヤマトイワナ系のイワナから出現したイワナのハプロタイプはHap-21とHap-29（Sato et al. 2010：岩槻ら2020）である。Hap-21はゴギとヤマトイワナが重なってしまった。さらに静岡県の大井川のヤマトイワナはHap-23、Hap-24、Hap-25、Hap-26が出現している。

こうなると、何となく進化の流れがイメージできないだろうか。地理的遺伝系統の探索はここまで進んでいる。この状態を日本地図にあてはめ、中央構造線やフォッサマグナの位置を考慮し、どんな年代にどんな地殻変動があったのかを調査し、時間の流れを組み込めば、イワナたちの壮大な進化の歴史が紐解ける日が来るのも近いかもしれない。


渓流魚を取り巻く目視できない世界の広がりは、私たちのような一般釣り人の思考能力ではついて行けない部分も多くなる。それでも研究の基礎となるサンプリングや情報提供等の機会を通じて、渓魚たちの棲息する河川やその周囲の環境保全活動に協力することはできる。地域個体群の固有性や特異性を知ることは、その地域の歴史を知ることにもつながる。釣りを通じて自然と社会との一体感を得られることは、とても幸福なことだ。

参考文献

◎淡水魚別冊「大島正満サケ科魚類論集」
編集兼発行人　木村英造　1981年.

◎ヤマメ域とされる南九州の河川における朱点のあるアマゴの生息
岩槻幸雄・佐藤成史・安本潤一・田中文也・魚矢隆文・山之内　稔・大出水友和・棚原　奎・長友由隆・松本宏人.
2018.宮崎の自然と環境,3: 47-53.

◎サクラマス類似種群 4 亜種における Cytochrome b 全域(1141 bp)解析 による 6 つの遺伝グループの生物学的特性と地理的遺伝系統
(Iwatsuki et al., 2019 の解説)
岩槻幸雄・田中文也・稲野俊直・関伸吾・川嶋尚正
Nature of Kagoshima(かごしまネイチャー)　2020・06・01
http://journal.kagoshima-nature.org/047-002

◎Iwatsuki, Y., T. Ineno, F. Tanaka and K. Tanahara. 2019. The southernmost population of Onchorhynchus masou masou from Kyushu Island, Japan and gross genetic structure of the O. masou complex from the northwestern Pacific, pp. 101-118. In Gwo, J.-C., Y-T. Shieh and C. P. Burridge, The Proceedings of the International Symposium on the 100th Anniversary of the Discovery of Formosa Landlocked Salmon, Taiwan Ocean University Press, 135 pp.

◎遺伝的多様性の把握及び個体群の在来・非在来判別手法の開発
水産総合研究センター 増養殖研究所

◎ミトコンドリアDNA分析による市熱地方産イワナの遺伝的集団構造
樋口正仁　兵藤則行　佐藤雍彦　野上康宏　河野成美
(2011年5月24日受付、2011年7月21日受理)
日本水産学会　　77(6)、10998-1110(2000)
https://www.jstage.jst.go.jp/article/suisan/77/6/77_6_1098/_pdf/-char/ja

◎Phylogeography of a salmonid fish, masu salmon Oncorhynchus masou subspecies-complex, with disjunct distributions across the temperate northern Pacific
Shoichiro Yamamoto Kentaro Morita ¦ Takeshi Kikko ¦ Kouichi Kawamura ¦
Shunpei Sato ¦ Jin-Chywan Gwo
Freshwater Biology Accepted 18 November 2019
※2020年6月の時点では有料配信

◎遺伝子データベースの構築によるイワナ、ヤマメ・アマゴ個体群の在来・非在来判明技術の開発
山本祥一郎　水産総合研究センター　増養殖研究所
https://www.maff.go.jp/j/budget/yosan_kansi/sikkou/tokutei_keihi/seika_h23/suisan_ippan/pdf/60100342_01.pdf

◎渓流資源増大技術開発事業研究報告書　平成25年3月　水産庁

◎世界最南限のイワナ個体群“キリクチ”の保全生態学的研究
淡水生物研究会
渡辺勝敏　原田泰志　佐藤拓哉　名越誠　森誠一
PRO NATURE FUND 第13期　2002年度

◎和歌山県における過去のイワナ(キリクチ)の自然分布の聞き込み調査,イワナの移入の実態, およびキリクチの背部の白斑について
岩槻幸雄・関　伸吾・山本彰徳・森澤友博・稲野俊直・斉藤裕也・平嶋健太郎　Nature of Kagoshima 46: 467-480.

◎琵琶湖水系のイワナ(Salvelinus leucomaenis)の起源と保全管理に関する研究
亀甲武志　滋賀県水産試験場研報 54 (2011)
https://www.pref.shiga.lg.jp/file/attachment/2010020.pdf

◎Sato, T., T. Demise, H. Kubota, M. Nagoshi and K. Watanabe. 2010. Hybridization, isolation and low genetic diversity of Kirikuchi charr, the southernmost populations of the genus Salvelinus (Teleostei: Salmonidae). Transactions of the American Fisheries Society, 139: 1758-1774.

ヤマメ・アマゴ群の
自然分布概念図

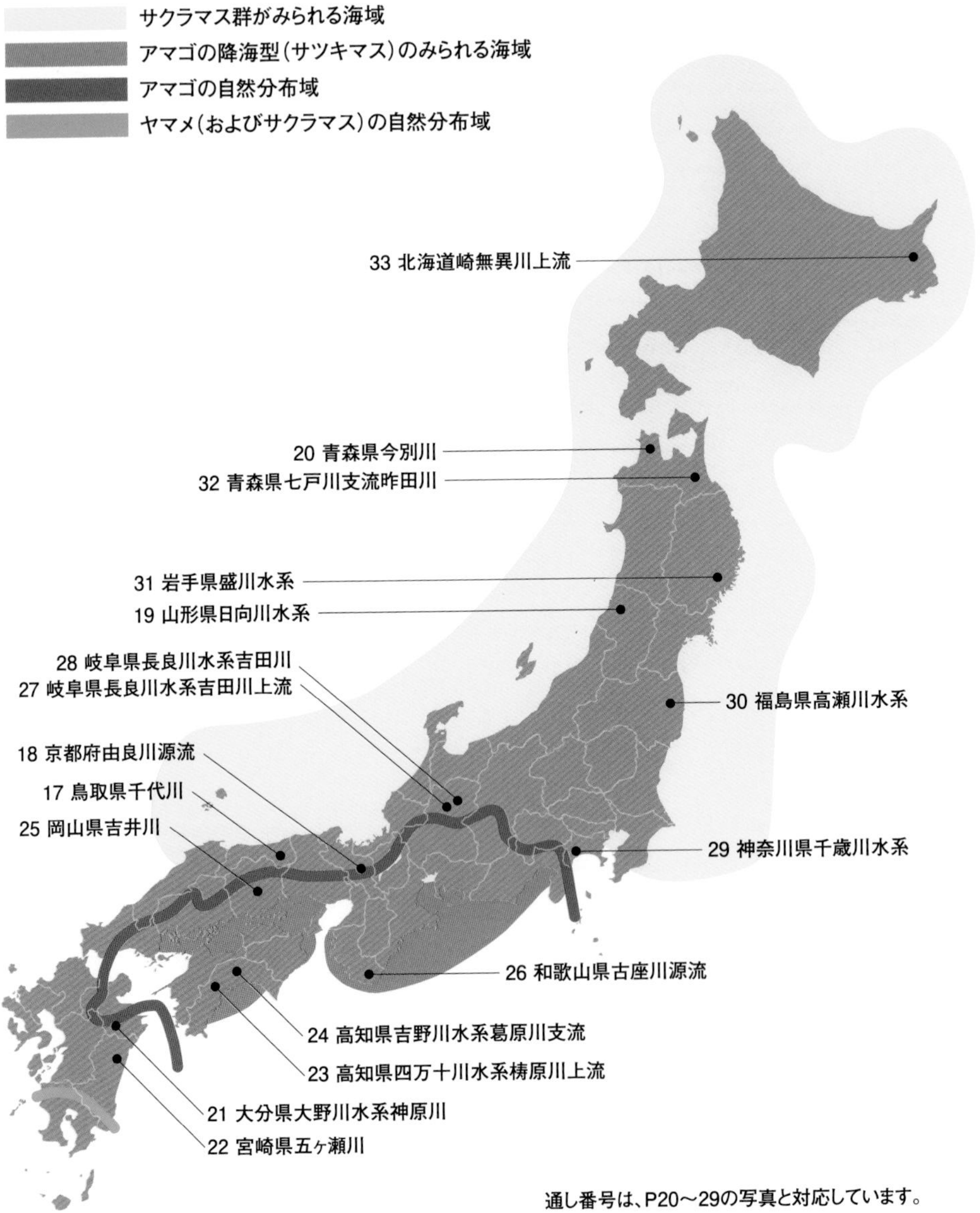

通し番号は、P20～29の写真と対応しています。

日本産イワナ属の自然分布概念図

◎淡水魚保護協会「イワナ特集」「ヤマメ特集」より

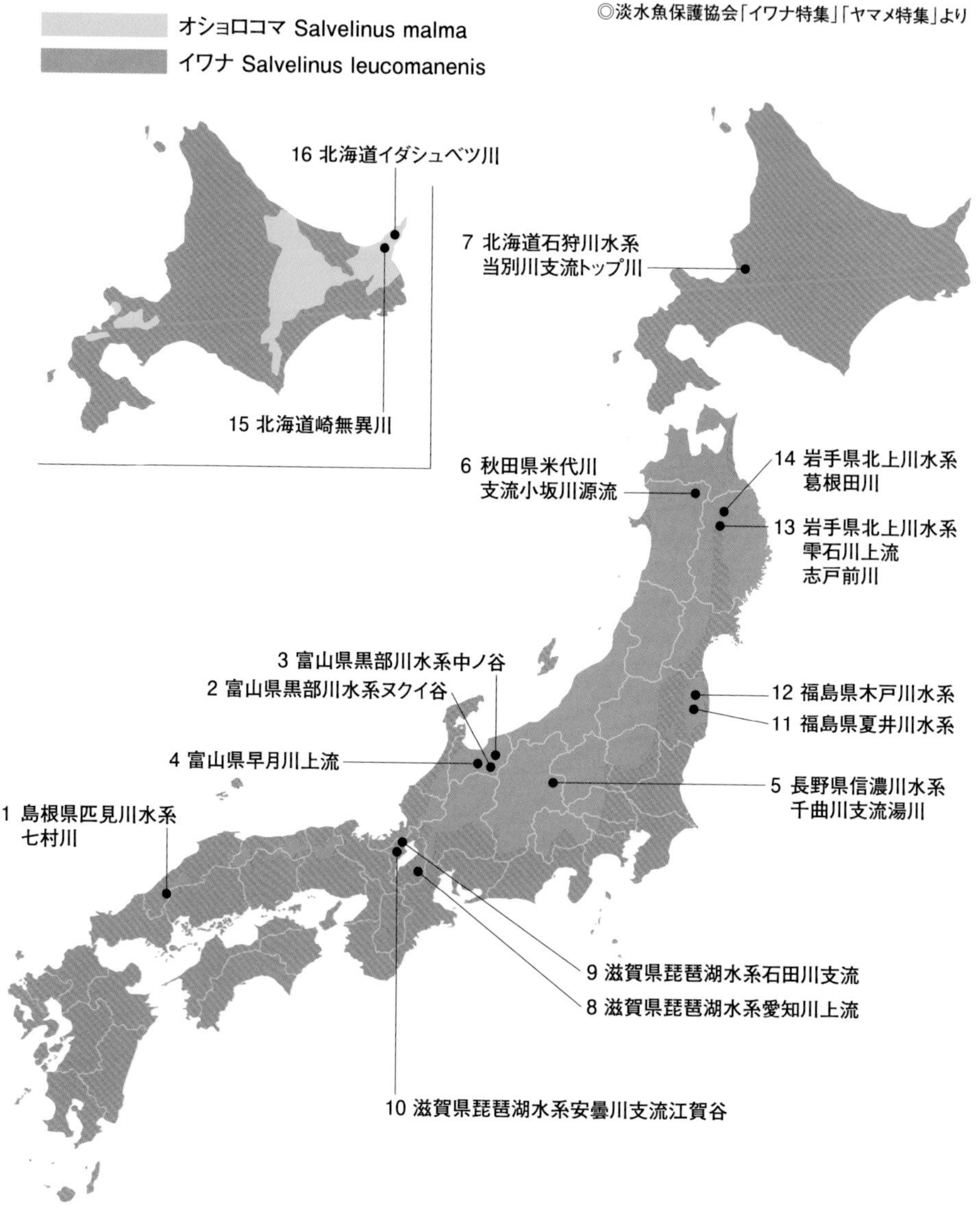

日本海側イワナ

1. 島根県匹見川水系七村川

日本で一番西方に棲むイワナがゴギだ。タイプでいえばF型。頭部にまでくっきりと刻まれた斑紋が最大の特徴。また、背部にこれだけ明瞭に斑紋が浮き出るのは、ゴギとB型イワナ（アメマスあるいはエゾイワナ）だけである

2. 富山県黒部川水系ヌクイ谷

体側に散りばめられたオレンジ色の斑点が鮮やかな黒部川水系のイワナ。支流のイワナは、本流筋の魚よりそれが顕著である。D型ではあるが、北陸のイワナは身体全体の斑紋がぼやける傾向があるように思う

3. 富山県黒部川水系中ノ谷

黒部第4ダムからの遡上魚と思われる個体。ややスモルト化して、銀色に光っている。ダム湖の出現によってもたら された新しい系群ともいえる

4. 富山県早月川上流

典型的な北陸のイワナ。北陸地方で、特に雪代の影響を大きく受ける暴れ川のイワナたちは、大方こんなタイプである

5. 長野県信濃川水系 千曲川支流湯川

千曲川の支流、湯川のイワナ。これは星野温泉よりも下流で多く見られたタイプで、不明瞭で細かい斑点が特徴だった。そのため、全体の雰囲気はむしろヤマトイワナのような感じがする。信越高速道と上越新幹線の工事、そして異系群のイワナの放流によって、ここ何年かの間に激減してしまった

6. 秋田県米代川支流小坂川源流

イワナはその生息環境によって、ベースとなる色調が変わってくる。底石の色が黒っぽい渓ではこんなタイプが多い。着色点のタイプでいえば、D型とC型の中間といったところか

7. 北海道石狩川水系 当別川支流トップ川

石狩川水系までくると、さすがに上流域に入ってもA型の特徴が失われない。河川型のエゾイワナの典型である。もっと斑点が大きくて揃っていてもいいのだが……

photo by Kenji Nishii

太平洋側イワナ

8. 滋賀県琵琶湖水系愛知川上流

これも湖東に流入する愛知川水系のイワナ。これを見るとE型、つまりヤマトイワナ系に代表されるキリクチに近い系群だとも思えるが、同じ川にはD型のニッコウイワナのタイプに近い魚も普通に棲んでいる

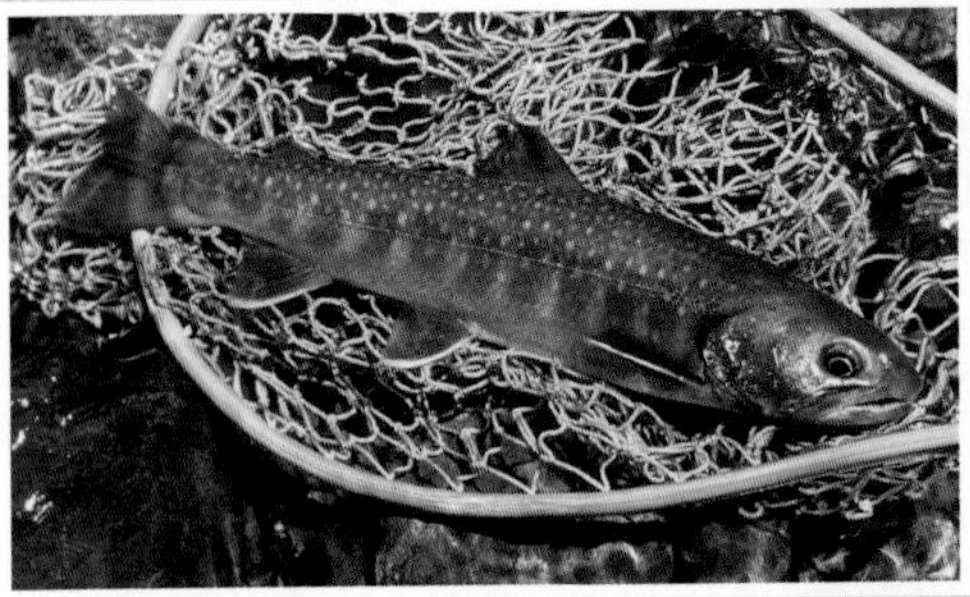

9. 滋賀県琵琶湖水系石田川支流

琵琶湖西側の流入河川、石田川支流のイワナ。この魚に限っていえばD型イワナだが、同じ川にE型も棲んでいる。それは湖北の知内川などでも同じである

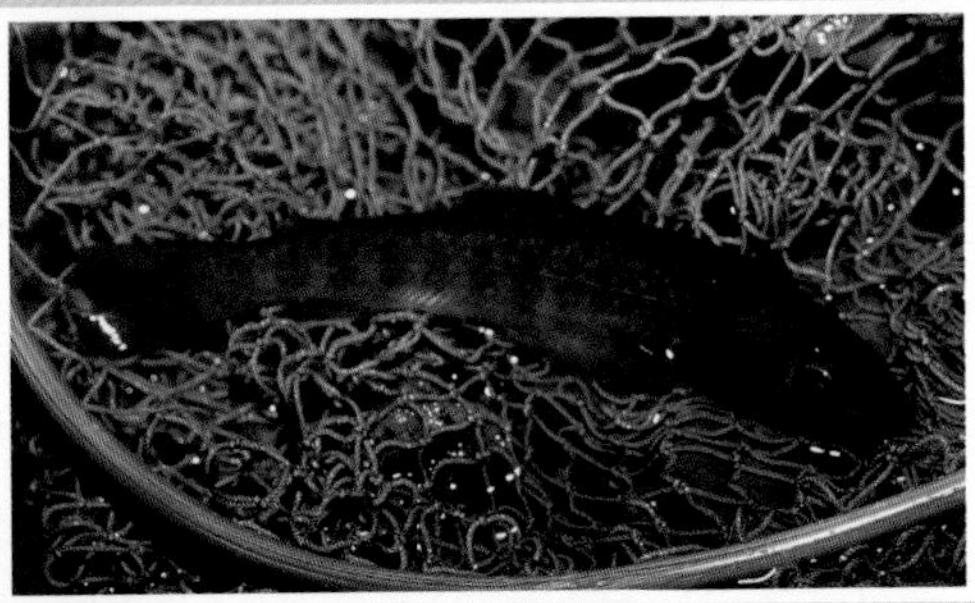

10. 滋賀県琵琶湖水系安曇川支流江賀谷

安曇川水系のイワナはだいたいこんなタイプが多い。劣悪な生息環境のせいか、一様に暗い表情をしている。放っておいてくれと、訴えるような視線が悲しい

11. 福島県木戸川水系

このイワナは完璧な東北型、B型のイワナである。ただしこの魚は比較的下流部の開放的な流れで釣れたイワナで、放流魚の可能性もある。もう少し北に上がって阿武隈川水系まで行けば、このタイプがそれなりに多く見られる

12. 福島県夏井川水系

太平洋側のD型とB型の境界周辺、阿武隈山系の貴重なイワナ。偏狭な生息地に小集団で棲んでいる瀬戸際のイワナたちだ。タイプは限定しがたい

13. 岩手県北上川水系 雫石川上流志戸前川

生息箇所によっても、やはりタイプの異なる個体が見られることは多い。この川では、通常の流水部ではやや体色の濃いタイプが多く、大きなプールの止水に近いようなところには、体色の濃淡のコントラストが強く、ふっくらとした体型の魚が多い

14. 岩手県北上川水系葛根田川

北上川水系のイワナはエゾイワナの棲息核心地とされているが、右岸に流れ込む大きな支流の最上流には、明瞭な着色点を有している個体が普通に見られる。葛根田川、竜川、和賀川、胆沢川等の大支流ではその傾向が顕著だ。タイプとしては米代川や雄物川のイワナに近く、エゾニッコウ的な外観なのである。地理的にも過去に河川争奪が起こっていたとしても不思議ではない

オショロコマ

15. 北海道崎無異川

根室海峡はイワナとオショロコマの勢力争いの最前線。知床半島に近づくほど、オショロコマの勢力が強くなる

16. 北海道イダシュベツ川

知床半島は、邦産オショロコマの最後の楽園である。森とヒグマ、そして厳しい自然環境が、オショロコマを北海道につなぎとめている

日本海側ヤマメ

17. 鳥取県千代川

もはやヤマメたちは、その川の特色を外見に残すことは少ない。放流事業が日本全国のヤマメの純血に多大な影響を与えてきた。この魚も、ワイルドではあってもネイティブではないだろう。このヤマメは比較的大きな支流が流れ込むあたりの本流筋で釣れた

18. 京都府由良川源流

ネイティブと呼べそうなヤマメは、極めて偏狭な水域に残された小集団の中の個体だけだ。しかも西日本では、そんな地域はないに等しい。これはその可能性を秘めた由良川源流のヤマメである

19. 山形県日向川水系

ヤマメとはこういう魚……という特徴をすべて備えた優等生的外観を持つヤマメ。ただし、ネイティブであるかどうかは別問題だ

20. 青森県今別川

本州最北端、津軽半島のヤマメ。ここまできてもネイティブの保証はない

太平洋側ヤマメ・アマゴ

21. 大分県大野川水系神原川

大野川水系あたりが、九州におけるヤマメとアマゴの境界地域になっている。神原川の上流には、イワメを産するメンノツラ谷があって、そこは禁漁区になっている。このアマゴは禁漁区に入る少し下流で釣ったものだ。したがって、イワメの血脈さえも受け継ぐネイティブである可能性がないわけではない

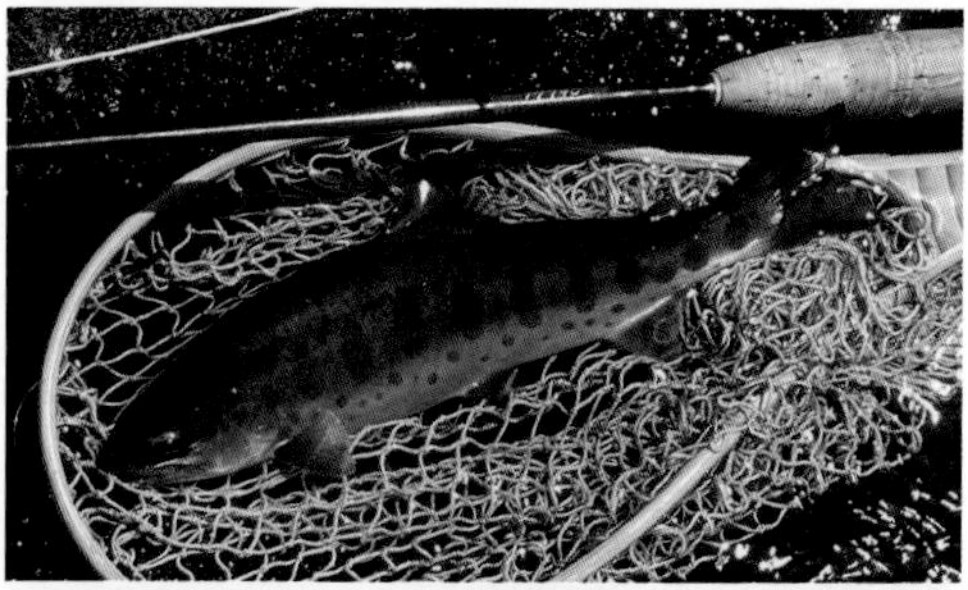

22. 宮崎県五ヶ瀬川

九州のヤマメ。しかも本流筋だから、間違いなく放流魚の末裔だろう。その証拠に、アマゴの影響を示す赤点が黒点に被さってにじみ出ている。この魚は抜群のコンディションのように見える

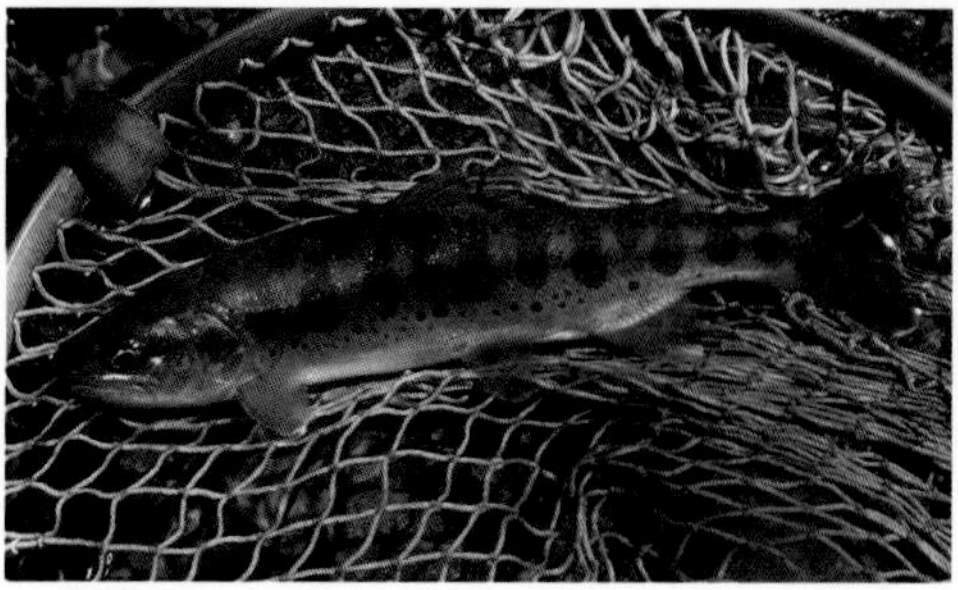

23. 高知県四万十川水系 梼原川上流

最後の清流、四万十川は、アマゴの生息域という点ではそれほど広くない。それに実際には流域にダムがいくつかあって、その上流部は漁業権がない渓もある。そんな水域にもアメゴは残っていて、こんな魚も手軽に釣れる

24. 高知県吉野川水系葛原川支流

これはおそらく、生粋のネイティブ・アメゴだろう。この渓に放流の記録はなく、その意味もない偏狭な流れで育った四国のアメゴである

25. 岡山県吉井川

地元の人曰く、このタイプのアマゴが吉井川水系の天然魚だという。パーマークの数、形、赤点の配置などで分かるというのだ。こうしたことはひじょうに感覚的なものであり、外来者には判断しづらい

26. 和歌山県古座川源流

水温が高く、しかも暗い渓に棲む魚は、よくこんな色合いになる。それも感覚的なものであり、ネイティブの指標とはならない。しかし、南紀の渓の最源流に棲んでいたアマゴであることは確かだ

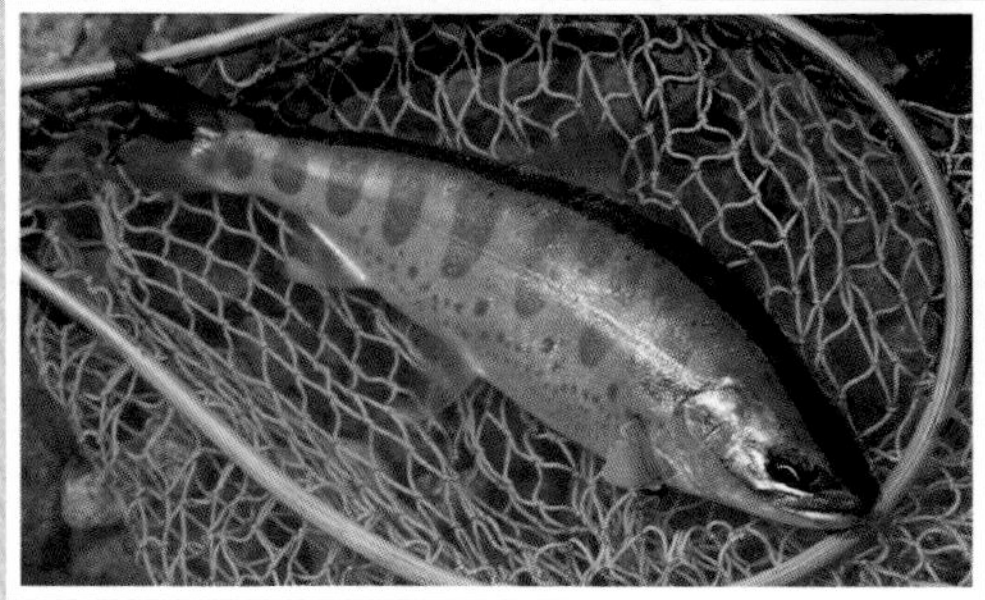

27. 岐阜県長良川水系吉田川上流

いわゆる郡上アマゴである。素晴らしい体型と、敏捷な動き、しかも狡猾である。心情的にはこれが吉田川のネイティブだと思いたいが、実際はどうなのだろうか?

太平洋側ヤマメ・アマゴ

28. 岐阜県長良川水系吉田川

長良川河口堰建設とその利用は、20世紀末の大罪と呼ばれることになるだろう。河口堰は、やはりサツキマスやアユに多大な悪影響を与えている。こんなサツキマスがフライフィッシングで釣れることは、もはや望めないのかもしれない

29. 神奈川県千歳川水系

ヤマメとアマゴの境界地帯の核心部に棲む、どちらかというとアマゴかな、と思われる魚。その真実は誰にも分からない

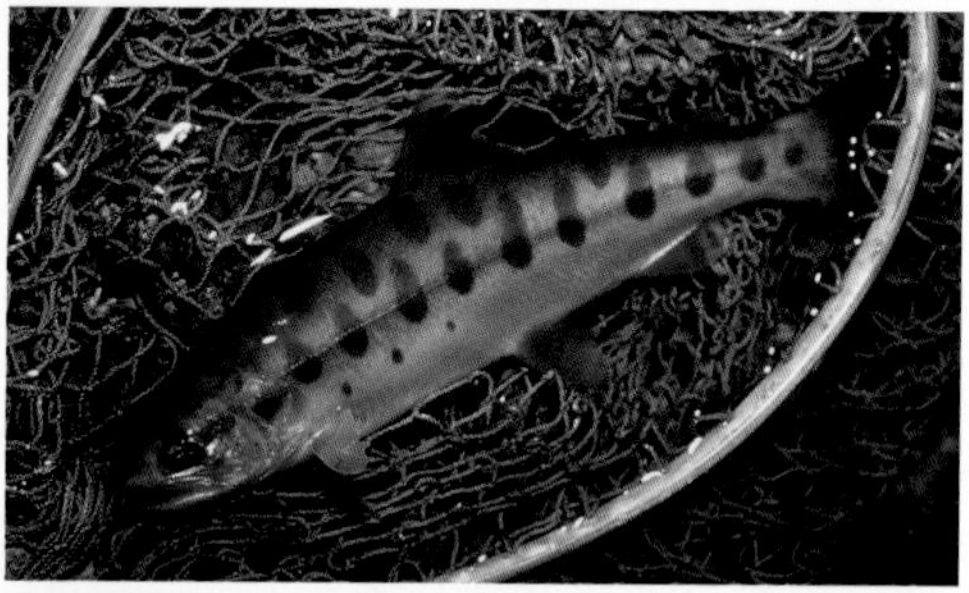

30. 福島県高瀬川水系

くっきりとしたパーマークはあるが、黒点はわずか数個のヤマメ。未確認だが、この渓ではムハンヤマメが採捕された報告がある。釣った人は、それを食べてしまったそうだ。残念……

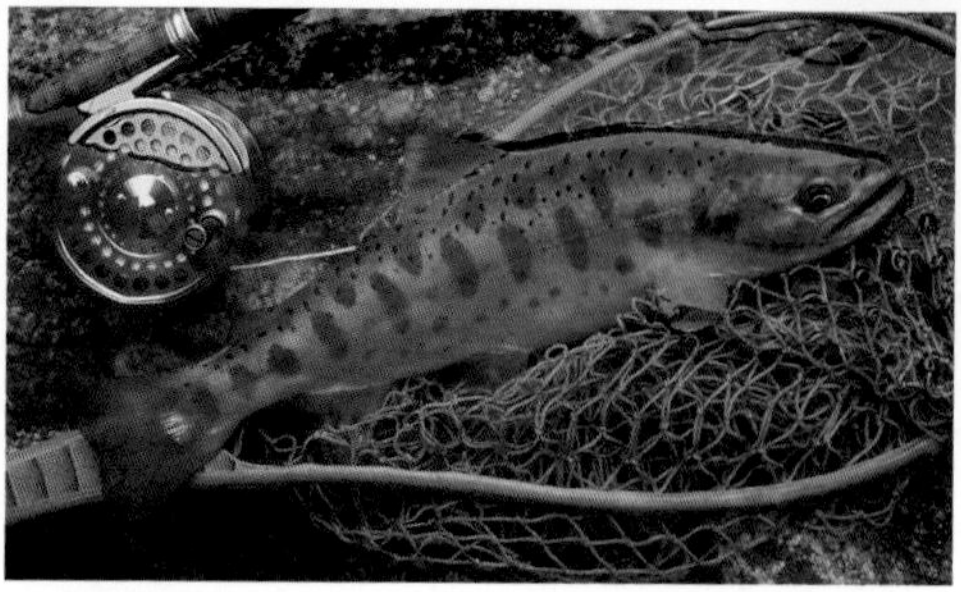

31. 岩手県盛川水系

まったく見事な♂ヤマメ。こうしたヤマメがしっかり成熟して、海から遡上するサクラマスと交配するのが正しい自然現象なのだが……

32. 青森県七戸川支流昨田川

下北半島近く、この川とその周辺には、驚くほどきれいなヤマメが棲む小渓がいくつかある。とてもわざわざ出かけるような規模ではなく、生息区間も短いのだが、その血脈は確実に受け継がれている

33. 北海道崎無異川上流

知床半島の近くのこの川でオショロコマを釣っていたら、偶然ヤマメが釣れた。北海道では、どれがサクラマスで、どれがヤマメなのか、その判断が明確にできないことがあるので困る。しかしこの魚は子であることだし、河川残留型のヤマメだと判断した

鹿児島県で確実にヤマメがいるという情報を得られた霧島川。ブヨ類の集中羽化に誘われて、貴重なヤマメと出会えた

第1章 鹿児島県

ヤマメの南限を求めて

すりかえられたヤマメの南限を探して

（1991年4月取材）

関東の釣り人から見た九州。その存在と印象

宮崎県の耳川上流椎葉村一帯、五ヶ瀬川の高千穂から祖母傾周辺、熊本県では球磨川上流の五木村から五家荘にかけての本支流、大分県の耶馬渓や北川水系など、これらのフィールドはヤマメの1級の釣り場として関東地方でもその噂を時々耳にすることがある。いずれも深い山間を縫って流れる豪放な谷で、大型のヤマメが数多く生息するという。そして、大きなヤマメを釣りたければ九州へ……という情報は何年も前から関東地方にも伝えられていた。「サケみたいなヤマメが釣れるんですよ」という体験者の弁は羨ましかったし、御池や池田湖のニジマスの情報も魅力的だった。しかし九州はあまりに遠く、その実情については想像の域を脱していなかった。自分の周囲に実際に釣行した経験のある友人はなく、間接的な情報ばかりで、具体的で信憑性のある情報はなかなか聞くことができない。釣り雑誌などの紹介記事だけでは、その質や内容にもよるがそれを参考にして行ってみようという気軽な行動は起こせなかった。

今回の取材でようやく訪れる機会を得たものの、とにかく釣りに関しての情報ばかりでなく、ヤマメの生息状況や学問上での研究報告が少ないのには閉口した。各県の水産関係者にしても内水面漁場に対しての関心はあまり高くない様子で、渓流魚の禁漁期間さえ知らない人がいたのには驚いた。どうやら内水面に関しては鷹揚で、あまりうるさいことは言わないらしい。

「このへんは雪は降らないし、1年中川に入れるからいつでも来てください。正月あたりが釣れるみたいですよ」

電話の応答に出たある県の水産関係者からはこんな発言が聞かれた。あとで調べたらその河川には遊漁期間が定められていて、もちろん正月といえば禁漁期の真最中である。私の住む群馬県では考えられない

ことだ。しかし、それは海という偉大な漁場を抱えているのだから仕方がないのかもしれない。ただし、応対などは例外なく好意的で親身になってこたえてくれた。やはり関東に較べると少し違う。川のヤマメも朴訥なのだろうと思った。

九州のヤマメとアマゴ。そして釣り場の現状

九州にはヤマメとアマゴが天然分布している。現在では一部の地域でイワナも見られるが、それらはすべて放流されたもので、本来はイワナの天然分布はないとされている。

九州を代表する鮭鱒類はヤマメで、アマゴは瀬戸内海に流れ込む大分県や福岡県東部を中心とした河川の上流部に見られるだけだ。しかし現在では放流の影響で、その区分けも明確なものではないようである。ヤマメ域とアマゴ域の境付近では、おそらく関東の箱根近辺と同じようにその形態や分布に特徴的なものがあるのかもしれない。しかし、もはや調査不能だろうから、それに関する文献も少ないのではないだろうか。

何本かの九州の渓を釣り歩いて感じたことは、降水量の多さと伐採の影響で意外に荒れていて、土砂の堆積が目立つことである。しかしこれは全国共通の傾向だ。花崗岩質の渓の両岸は、葦や猫柳で覆われていて、東北あたりの渓とよく似た渓もある。渓の周辺の植物相はさすがに常緑樹や竹林が多くてエキゾチックな感じがする。しかし、全般的にはある程度の標高がないとヤマメの適水温が確保できないためか、関東周辺のヤマメの渓の様子と大きな違いはないようだ。

ある渓でこんなことがあった。地元の人の案内で入った宮崎県の渓の話である。

そこは渓相のとてもよい渓で、放流も定期的に続けられており、釣果に関しては堅実であろうというこ

とでその渓が選ばれた。このあたりから……ということで入渓したのだが、確かに入れ食い状態で呆れるくらいに魚が多い。ただし明らかに放流直後といった魚体の15㎝前後の小ヤマメばかりで、すぐに飽きてしまう。しかし、こんな下流にヤマメはいないという意見を振り切って、従来では考えられないような下流域に入った同行者は、上流部では見られないような型揃いのヤマメを何尾も釣った。そしてその渓の下流部には、やはり大きなダムが建造されていたのである。

関東地方の渓で鉄則になりつつある釣り場探しの方法のひとつに、ダムの存在を考慮することがある。つまり、実際の放流箇所や従来の生息区域にこだわらず、ダムからの冷たい水の放水によって、水温が下がる区間をねらうのである。それにダム上の大きな淵と瀬が続くような単調な渓相の区間をねらうこと。この二つの法則は特に早期に有効で、水温上昇前の春先ならかなりの確率でほかの釣り人の裏をかける。ダム下ではしばしば大型化した魚が釣れるし、ダム上の土砂が堆積した淵では上流で放流された魚が落ちてきたものが溜りやすい。そういった箇所では初期のユスリカの類の羽化が多く、春先には魚たちにとって格好の生息域になるのだ。

このような近代日本の環境悪化に端を発した釣りの法則は、九州でもどうやら通用するようである。放流による生息域の拡大と、ダムによる環境の変化によって、常識的な先入観はもはや通用しなくなっているのかもしれない。目には目をというようなどこかの宗教に則るわけではないが、釣り人は釣り場の荒廃を機会に、それならばと本能に目覚めて釣れる場所を考える。そうしなければ楽しい魚釣りがなり立たないのである。

九州では渓流の釣り人の絶対数がまだまだ少ないため、釣り場の開発の速度が全般的に遅いようだ。しかも固定観念にとらわれている面があり、現実的な状況判断もシビアになされていないようである。それだけのんびりしているのだろうが、道すがらに見える渓の様子を見る限り、釣り場には事欠かないような気がするし、季節を限定して釣り場を見出だそうとすれば、いくらでも素晴らしいフィールドを開拓できるようにも思えた。

椎葉谷からの教訓。荒れ果てた谷底からの慟哭

ダム湖である日向椎葉湖から上流の耳川本流の椎葉谷とその支流群は、九州を代表するヤマメ釣り場として有名である。

カメラマンの津留崎氏は九州出身。そして椎葉谷は彼が幼少の頃から親しんだ思い出の流れである。久し振りに訪れた椎葉を見て、彼は「ずいぶん砂で埋まってしまった。川が白くなった……」と呟いた。流れはほかの九州を代表する渓流群と同じく、典型的なフリー・ストーンの様相を呈している。水量は豊かだが、確かに砂が多くて底石の隙間は砂に埋もれている。どう見てもよい状態にあるとは思えない。はたして釣れるだろうか……。

不安は的中し、結果はあまり芳しいものではなかった。この春先に放流されたものだろうか。小ぶりで釣るのが気の毒なサイズのヤマメばかりである。同世代の魚ばかりというのは集団にとって好ましいことではなく、むしろ最悪の傾向である。

この川で感じたことは、実際には河川残留魚でヤマメの生存が維持されているわけではなく、下流のダム湖からの遡上魚と放流魚によって支えられているのではないか、ということだった。川の状況を見ても、大きなヤマメを育めるほど豊かな環境ではない。この後、水温の上昇に伴って川底が安定し、さらにダムからの遡上があれば状況はガラリと変わるのだろうが、4月の川としてはあまりに貧しすぎる印象を受けた。これがあの椎葉なのだろうか？　そんな疑問でいっぱいだった。

さらに悪い事実があるようだった。ダムからの遡上魚を捕らえるための刺網がバック・ウォーターに張られるというのだ。それは地元の人の仕業で、しかも漁協の組合員だという。そんな最悪の行為が平然と行なわれているらしいのだ。組合員の特権とはいえ、何とかならないのかと思ったが、小さな集落のために咎めることはなかなか難しいという。このままでは自分の首を絞めるだけなのに、目先のことにとらわれて一向にやめる気配もないらしい。

地元の人たちの困惑した表清の向こうに白く輝く椎葉谷が見え、芽吹いたばかりの川辺の木々が流れに影を落としている。底石の隙間を水が通ることで感じる、あの深みのある心地よい水音は聞こえない。そのかわりに、砂に埋もれた白い谷から響く悲しい叫び声に似た水音だけが、深い山間に木精していた。

九州ヤマメの南限を探して。不明瞭なその実態

さて、九州本島におけるヤマメの南限はどこなのか？　これに関しては明確な記述のある文献がない。そこで放流が実施される以前の南限地を確認するために、まず鹿児島県の水産課に問い合わせてみたところ、鹿児島県水産試験場指宿内水面分場と連絡を取ることを勧められた。そこで得た話を簡略すると、以下のとおりである。

「厳密な天然分布に関しては、はっきり分かりません。しかし鹿児島県内で確認されているのは、八代海に注ぐ米ノ津川上流の紫尾山系から流れ出す一支流で、そこには昔から天然のヤマメが生息していたらしいのです。そこは熊本との県境の近くになります。河口の南限でいえば東シナ海に流れ出す川内川で、ここでは上流部の羽月川源流部に生息していたようです。今では両河川ともに放流魚が入ってますから、天然の個体を捕獲するのは難しいのでは……。薩摩半島や大隅半島の何本かの川にもヤマメの放流は実施さ

れていて、どこが現在の南限なのかは判断しがたい……。緯度でいえば、もしかすると宮崎県下の川のほうが南になるかもしれません」

その言葉にしたがって、宮崎県水産試験場小林内水面分場に問い合わせてみる。

「宮崎県の天然分布の南限は、日南市で太平洋の日向灘に注ぐ広渡川水系、酒谷川上流部になっています。しかし、放流を行なっているので天然魚となると……」

これらの話によると、どうやらヤマメの天然分布の南限は鹿児島県ではなく宮崎県にあったらしい。北緯32度を跨ぐように存在する紫尾山系や羽月川源流部よりも、またその河口部の位置からしても、南限は北緯31度38分付近にある宮崎県日南市の広渡川水系にあったようだ。いずれの河川も源頭部の標高は900m程度である。標高があるとはいえ、その緯度はアメリカではテキサス州のダラス近辺、中東ではエルサレムのあたりに相当する。もちろんそれらの土地に天然の鮭鱒類の生息報告はない。単純には比較できないが、これは日本という島国の地理的位置と海流が仕組んだ奇跡なのかもしれない。

しかし、ここで迷ってしまった。

宮崎県にあるらしい九州ヤマメ本来の南限地でその末裔に出会うことを期待するか。あるいは鹿児島県で、現在のヤマメ分布における南限地を探すか。どちらにするかで迷ったのだ。結局は幻の末裔に出会うよりは、現時点における南限を確認しようということになり、薩摩のヤマメを追う旅が始まったのである。

霧島川から大隅半島へ。薩摩のヤマメを追って

天然の魚を求めるのは不可能なので、とりあえず鹿児島県下で唯一、最近の情報を得られた霧島川へと向かう。しかし、少し時期が遅いのではという危惧があり、あまり期待しないようにと釘をさされた。

霧島川は由緒ある霧島神宮の脇を駆け下り、鹿児島湾へと流れ込む。そしてこの川の下流部は、天降川というロマンティックな名前が付けられている。

桜は満開。しかし何年に一度という寒波のために、とても九州にいる気がしない。その割に水温が高いので、朝の川面からは湯気が立ち昇っていた。水量、渓相ともにまあまあだが、底石や砂は火山地帯の渓によく見られるような灰色をしている。水の透明度は高く、ヤマメに相応しい流れだ。ヤマメを放流する以前は、いったい何が棲んでいたのだろうか。

釣り始めてはみたものの、これといった羽化はないので、アダムスの#14で探りを入れてみたが、魚の気配を感じない。どんな水生昆虫が羽化するかと気に懸けてみるが、羽化はほとんどない状態である。気温が低すぎるのだろうか……と思っていたら、大型の黄色いメイフライが飛んでいるのを見つけた。モンカゲロウ、いやフタスジモンカゲロウかなと思って捕まえてみたら、なんとキイロカワカゲロウのダン。関東周辺では比較的流速の遅い中下流部に多い種で、ヤマメの生息域ではあまり見られないカゲロウだ。それに羽化期は7月頃のはずである。サイクルが根本的に違うのか何かの拍子で羽化してしまったのか。いずれにしろ集中して羽化が来る気配はない。石をめくってみると、ヒラタカゲロウやコカゲロウの仲間のニンフが少数見られる。しかし、羽化が近いような形態はしていない。すでに羽化は終わってしまっているようだった。

いいポイントが続くがヤマメはおろかカワムツさえ姿を見せない。フライをライト・ケイヒルのウエット・パターンに換え、存在感のあるフライで水中を広く探る戦略を取ることにする。これは状況がまったく分からない渓で魚の姿を確認するためにはよい方法だ。魚の反応を促すにはこれが一番手っ取り早い。

それから数分後、深瀬の中にフライを入れて流心を浮上させたとき黒い影が走った。赤味がかった銀色の線が反転する瞬間に軽く合わせると、すかさずジャンプ。それですぐ魚の正体が分かってしまった。野生化した25㎝ほどのきれいなニジマスだった。

このあたりがこの時期における鮭鱒類の限界点だったのか、それからわずかな間に2尾のヤマメが姿を見せてくれた。1尾は赤味が強く、いかにも沢のヤマメといった体色をしていたが、体つきはふっくらとしている。もう1尾は大きなプールで始まったブヨの類の集中羽化に誘われたらしく、その流れ込みでライズをしていた。こちらは関東の里川のヤマメと同じような体型、体色をしたごく一般的なヤマメだった。

霧島川を午前中で切り上げ、一応の下調べをしてあった大隅半島へと向かう。半島の南端、佐多岬手前の何本かの川に過去にヤマメを放流した報告があるというのだ。その後の追跡調査に関しては白紙状態だが、その子孫がもしかすると現在でも残っているかもしれない。

佐多岬といえば北緯31度線の直下である。台湾のサラマオマスは別にして（こちらは標高1700mが生息のボーダー・ラインといわれている）、標高1000m程度の山が連なる大隅半島に生息しているとすれば、放流とはいってもそれはそれで価値があるように思えた。

高隅川のヤマメ。南国に見たパラダイスの予感

最初にねらいをつけたのは、佐多岬の手前20㎞付近の根占町で鹿児島湾に流入する雄川という渓である。区間によっては大きな滝を連ね、両岸はゴルジュ帯の連続。地図で見る限りその険しさは群を抜いている。南の最果てのヤマメの棲家には相応しいように思えた。しかし、ニジマスの生息は確かめられているもののヤマメの放流実績はないらしく、地元の人もヤマメは見たことがないという。それにしても入渓の価値はあると未練がましく考えていたのだが、核心部に入るにはヘリコプターを使わなければ無理。正確な測量もいまだされていない状態で、近いうちに本格的なチームを編成して調査に乗り出すらしい。それほど

の悪渓では太刀打ちできない。そんなことを聞くと気分は一気に萎えるもので、あっさりと身を引くことにした。

そうこうして、一本一本の川を調べていくと、最終的に残ったのは鹿屋市の北を流れる肝属川水系串良川上流の高隅川と、佐多岬まで10数㎞という位置にある辺塚川という小渓の2本に絞られた。どちらもここ数年以内の放流実績はないが、現在生息していれば立派に再生産して子孫が残されていることになる。そんなわけでまずは高隅川へと向かうことにした。

鹿児島市から鹿児島湾に沿って国道２２０号線を南下する。道ぞいには南国を思わせる植物が並び、山の斜面にはビワの栽培が盛んに行なわれていた。とてもヤマメ釣りという雰囲気はなく、やはりこんなところにヤマメはいないのでは、という気持ちになってくる。

大隅半島の肝属平野から北は、太平洋側から緩やかにせり上った斜面が、鹿児島湾に向かって急激に落ちているのが地理的な特徴である。そのため国道２２０号線から見える山の頂上が分水嶺になっている。それだけに国道から見上げる山の斜面は急で、かなりの圧迫感がある。

一度鹿屋市に出てから県道鹿屋福山線を北上し、高隅貯水池に向かって走る。高隅川のヤマメはこの貯水池から上流に生息しているらしい。

高隅貯水池は満開の桜に包まれ、その花色が緑の水面に映ってそよそよと揺れている。けれどもその雰囲気は何だか房総半島の山中の湖とよく似ている。それだけにヤマメが棲むという感じは稀薄で、ヘラブナとかブラックバスが棲んでいそうな感じがする。しかしそんな印象はバック・ウォーター上流の流れを見て一掃された。まさに日本の渓流。惚れ惚れするような渓相なのだ。これならば、という期待感が一気に込み上げる。舗装された車道が渓沿いに走っているので、まずは上流に流に向かって渓全体の様子を確認することにした。

途中、対岸へ渡る何本かの橋の上から渓を覗き込む。何本目かの橋の直下で流れに遊ぶヤマメを発見。それほど大きくはないが、体側のパーマークまではっきりと見える。渓の流程や堰堤の位置などをひととおり確認してから早速渓へ入る。

しかし魚影は思いのほか薄く、なかなか釣れない。ただし釣れれば立派な魚体で、それが生息環境の状態を表わしているようだった。撮影用に確保できた魚は結局1尾だったが、生息を証明できたことには満足した。そしてこれが九州最南の1尾になった。

高隅貯水池の位置は北緯31度32分。緯度では宮崎県日南市の広渡川水系の酒谷川河口とほぼ同一だが、実際の生息地としてはこちらの方が南に位置している。

バック・ウォーターから入った友人は、遡上魚を掛けたがバラしてしまったと、興奮気味にその様子を話していた。夕刻、イブニング・ライズを期待して入ったバック・ウォーターでは、はるか沖に大型魚のライズを見ることができた。どうやら湖でサクラマス化している個体もかなりいるようだ。それが子孫を維持するのに役立っているらしい。

それにしても、この高隅川は素晴らしい渓相の川である。土砂の堆積も少ないし川が生きている感じがする。不安なのは4月初旬の水温が17℃もあったこと。しっかりした水源林があるのか、夏季の最高水温がどれくらいまで上昇してそれが何日続くのか、そして水位の変動はどの程度あるのかなどを調査して、本格的なヤマメの増殖計画を練れば、将来は安定したヤマメの川になるように思う。ボーダー・ラインにある川としては、かなりの期待が持てそうだ。

辺境の地、辺塚集落にて。辺塚川の絶望的様相

もう1本の候補地、辺塚川は太平洋の荒波が押し寄せる大隅半島東側の辺境地にある。

悪路を縫ってここまでくると風景はもはや南国そのものである。亜熱帯の様相を呈した植物相は、庵美群島のそれとあまり変わりがないほどだ。

辺塚川には数年前に地域振興の一貫としてヤマメが放流されたという。放流箇所は洞ヶ原という地区で、そのときの様子が書かれた記事は地元紙にも掲載されているから、その事実に関しては疑いようもない。問題は辺塚川そのものの状態である。どうしてこの川が選ばれたのか不思議でならない。

常緑樹の森の急な斜面を大岩を縫って流れる辺塚川は、流程わずか4㎞ほどの水量乏しい小さな渓である。そして、流れと周囲の様子から推すと、水位の変化が激しい荒れ川であることが想像できる。土砂の堆積が石の間を埋めている。通常の水量は乏しいけれども、一度のスコールで、一気に水が押し出されそうな渓なのだ。水温を計ると約20℃、夏季の水温はおそらく30℃を越えるだろう。とてもヤマメが棲めるような環境ではない。3人で数時間に渡り徹底的にヤマメを探したが予想に違わず、ヤマメの魚影はおろか、ほかの魚類の影さえ見られない。かつて放流されたヤマメたちは、その翌日にでも太平洋に逃れたのではないだろうか。そんな気がしてならなかった。

上／初めての川で初めてのヒット。最高のひととき……（霧島川）　下／霧島川のヤマメ。多摩川のヤマメの面影が、ふと目の前を横切った……

我々はさらに南へ。大隅半島の突端、佐多岬近くの辺塚川は渓魚が生息する環境ではなかった

上／群馬から何キロ離れているのだろうか……初めての川でいるかどうかわからないヤマメにあの手この手でプレゼンテーションを繰り返す……。段々畑と竹林に澄みきった流れ、この風景がもっとも九州の渓には似合う（高隅川）　左／大隅半島にもヤマメはいた。それもほれぼれとする渓相のなかから、素晴しい魚体が躍り出た（高隅川）

20年前、屋久島に放たれたヤマメは、清冽な流れと深い森に育まれ、今もその血脈を絶やさずに生き続けている

第2章 鹿児島県

屋久島のヤマメ

世界遺産に登録された島のヤマメたち

（1993年4月取材）

巨岩の谿

谷間の斜面は、柔らかな春の光を照り返す緑で覆われていた。川に沿った森林軌道跡の歩道から谷底を見下ろすと、そこには巨大な岩石が転がり、冷やかなグレーの岩肌を鈍く光らせていた。谷底から吹き上げる風には、濃厚な緑の香りに混じって、かすかに水の匂いがした。

川へと続く、湿ったつづら折れの小径を辿って先を急いだ。生い茂る樹木の間から見える谷底の巨岩群は、近づくにつれ、よりいっそうの迫力をもって視界に飛び込んできた。もはや関東では見られなくなった豪快な谿。深みのある川音が谷間に木精していた。

河原に降りて、遥かに波打つ稜線の彼方を見渡すと、そこには春の彩りも鮮やかな、絢爛たる色彩の世界が広がっていた。ほのかな春霞で輪郭が少しぼやけている。どんな手法をもってしても、とても描きようがない絶妙な色合いである。南海の小島で、こんな風景に出くわすとは夢にも思わなかった。

一息ついて腰を降ろすと、何ともいえない充足感を覚えた。谷間の空気は少しざわざわしていて……それは森の妖精の囁きとか、山の神たちの話し声なのだろうか。自分の中にある自分の知らない部分で、確かに特別な何かを感じ取っていた。眼を閉じて、すべてを投げ出すようにリラックスしていれば、疲れているはずの身体の隅々に活力が漲ってくる。そして、自分を囲むすべてのものとひとつになるような、不思議な一体感を覚えるのだ。東北のブナの森でも、そんな体験をした。それと同じものが、今ここにある。

豊饒な森から放出される霊波（のようなもの）は、そこに佇む人間をしばしば戸惑わせる。それは懐かしくもある反面、しばしば恐怖にも似た感覚に人を陥れる。それは多分、自然から放出される快いエネルギーを、人々が忘れ去っているからなのだろう。本来であれば、それを受け止めることで、怖いくらいに身体が震え充実した活力を感じるはずなのだ。だからこそ、我々は遠い昔から山や森を崇め奉ってきた。しかし今、そうした感覚を忘れ去ってしまった人たちがあまりにも増えたために、山は刈られ、野は荒んだ……。

巨岩の隙間を縫うようにして、透き通ったグリーンの流れがきらめいている。角度によって、それはアイス・ブルーの冷たそうな色になったり、無色透明の水晶のようにも見えた。

私は一際大きな岩によじ登り、そんな流れを見下ろすことにした。するとすぐそこに数尾のヤマメが遊んでいるのが見えた。大きくはないが、とても快活な身のこなしで、水の流れを楽しんでいるようだった。ときおり暗い岩陰の中に消えては、再び元の位置に戻ってくる。素早い動作で水中を翻るたびに、銀色の軌跡が走った。それを追いかけているだけで、とても幸福な気分になった。

やはりヤマメはこの流れに棲んでいた。たった20年ほどの年月ではあるものの、屋久島の川はヤマメを育み続けた。巨岩の谿の主として、ヤマメたちはその激しく奔放な流れに君臨していたのである。

屋久島に初めてヤマメが放たれたのは、1970年3月のことである。淡水魚保護協会の前身、関西淡水魚保護協会によって、安房川支流荒川に400尾の稚魚が放流されたのを皮切りに、翌年には同協会と上屋久町が共同で10000尾の稚魚を安房川本流の小杉谷に、200尾の成魚が荒川に放流された。以後、同協会と上屋久町が中心になって、島内の数河川に放流された記録か残っている。それから現在に至るまで、不定期ながら放流は繰り返されてきた。未確認ではあるが、地方の釣り団体による放流も何回か行なわれたという情報もある。

屋久島には元来ヤマメの生息はなかった。ヤマメの南限地は台湾の大甲渓上流であり、そこに棲むヤマメは〝サラマオマス〟と呼ばれている。九州本島では、宮崎県の広渡川上流部が天然分布の南限といわれ、そこが日本列島における南限地に相当するはずなのだが、このあたりにはすでに放流が繰り返され、原種が残る可能性はひじょうに薄くなってしまっている。また、鹿児島県内においても、川内川上流部や米ノ津川上流部に天然ヤマメの分布があったにも関わらず、やはり放流による系群の攪乱で、現在では原種の確認は困難になっているようだ。このあたりの放流ヤマメは、多摩川産のものが中心になっているそうで、屋久島に放流されたヤマメも、多摩川産のヤマメが使われたようである。

本書でも、『ヤマメの南限を求めて』というテーマで九州ヤマメの生息限界を取り上げた。そのときに確認できた南限生息地は、大隅半島の肝属川上流、高隅川だったが、この川に棲むヤマメも放流魚の末裔であった。

さて、ここで問題になるのは、なぜ屋久島にヤマメが放流されたのかということである。

放流を最初に行なった淡水魚保護協会は、「ヤマメの保全水域の確保」という目的を掲げ、さらに「ヤマメの生態調査に利用する以外は、ヤマメの自由の天地として、そののびやかに遊泳する姿を見て、人の心を和ませる……」といった情緒的な存在価値を強調している。さらに「釣り場として一般に解放するのは、原則的には反対するが、定着状況や自治体との意見交換によって、釣り場として解放することも考えている……」との意向を示していた。

しかし現在では、淡水魚保護協会は解散して、活動を停止してしまった。たとえ活動していたとしても、放流したヤマメに対する同会の権利を保証する法律は何もない。したがって放流されたヤマメたちは今、ただ放流されただけで何の保護も受けていない。自治体にも独自で保護する手段はなく、今後、保護のために考えられる方法としては、漁業法第67条による内水面漁場管理委員会の指示による禁漁指定、もしくは都道府県の漁業調整規則による保護水面の指定である。しかし、現時点ではそれらが行なわれた形跡はない。

屋久島には漁業権のある河川は1本もなく、したがって内水面の漁協も存在しない。なぜなら、もともと純然たる淡水魚の生息がなかったからだ。多くの河川は急峻な斜面を一気に駆け下り、一直線に海へと流れ込んでしまう。つまり淡水魚にとって、その子孫を繁栄できるだけの条件が整っていないのである。そのため、淡水部を生活の場に利用しているのは、ヨシノボリ、ボウズハゼ、オオウナギといった程度の魚類しかいない。荒川にダムが完成し、初めて大きな止水部ができてから、コイやウグイ、ニジマスといった魚が移入されたが、漁業権を設定するには至らなかった。

こうした事情の中、いくつかの同好会的組織、あるいは個人によって繰り返し放流されたヤマメは、島内のいくつかの川に定着しているようだ。

3日間お世話になったタクシーの運転手さんの話では、数本の川で釣れるということだった。運転手さん自身も釣ったことがあるそうで、今ではそれほど珍しくないとも言っていた。

ヤマメの自然分布がない地域に、ヤマメを放流することは、ある面では自然破壊につながる行為である。現時点でヤマメが生息可能な条件を満たしていても、過去に自然分布が確認されていないのなら、そこには必ず何らかの理由があるはずだ。水温的に相当の高地でなければ棲息は難しい。実際、九州本島から台湾の間に点在する島嶼にヤマメの自然分布はない。

屋久島の川に定着して、完全に生態系の中のニッチ（隙間）に取り入れられたように見えるヤマメだが、それが永久に続くかどうかは分からない。たった1回の台風で、一気に死滅してしまう可能性もはらんでいる。屋久島の川が牙を剥いたときの恐ろしさは想像を絶する。あの巨岩が川の中を転げ回り、衝突しては火花を散らすという。それがまた、渓流に生息する魚類の定着を拒んできた大きな理由になってきたのである。

放流の是非に関しては、放流を開始した当時の淡水魚保護協会機関誌にもいくつかの批判文が掲載されている。読んでみると、批判する側にはそれぞれに正当な根拠がある。地元には、「かつてのイギリス人のような真似をして」とあからさまに批判する人もいた。南半球の各地に生息する鮭鱒類のすべては、イギリスをはじめとした欧米からの移殖である。それが原因で駆逐されたネイティブの魚たちも数多いのである。

屋久島のヤマメ放流に関して、唯一救いなのは、ヤマメを放流した水域に生息域を争うような遊泳魚の生息がなかったことである。けれども、実際には河川の中の生物間で何が起こっているのか。我々にはそれを知る術もない。

しかし私自身としては、この放流問題を否定も肯定もできない。なぜなら放流当時の淡水魚保護協会の意向は充分に理解できるからだ。

近い将来、日本国内で陸封型のヤマメの保護水域を設ける必要性が生じることは充分考えられることだ。そのためにも、とりあえず場所を確保するための試験放流は、やはりやむを得なかったと思う。選ばれた場所が、たまたま屋久島だったということだけの話だ。なぜ屋久島だったのかという疑問は残るが、当時としてはそれが最善の策と判断されたのだろう。

ただひとつ、いえることがあるとしたら、これは結果論になってしまうが、保全に関する対策なりビジョンを明確にしておくべきだったことだと思う。そして多摩川産のヤマメではなく、せめて九州産のヤマメを放流して欲しかった。

現在、結果的にヤマメの存在は宙に浮いたような形になっている。保護なら保護を、放っておくなら放っておくなりに、何らかの合法的な対策を講じておく必要があるのではないだろうか。ヤマメが生息しているのは事実なのだから、ヤマメの立場も考慮するのが筋だと感じるのは私だけだろうか。

屋久島の現在

九州本島の南海上、約70㎞の地点に種子島と並んで浮かぶ屋久島は、南北に24㎞、東西に28㎞というように、ほぼ円形の島である。面積は502・6㎢、これは択捉島、国後島といった北方領土を除いた日本国内の島では、7番目の大きさに当たる。行政区分では鹿児島県熊毛郡として扱われている。

1年に400日雨が降るといわれる屋久島は、島全体に緑が生い茂り、厚みのある独特の植物相を誇っている。周囲わずか105㎞の島に九州の最高峰、宮之浦岳（1935・3m）があるのだからそれも頷ける。標高を基準にした植物相は下記のとおりである。

標高150mまでは亜熱帯常緑広葉樹林帯、700mまでは暖帯常緑広葉樹林帯、1500mまでは暖帯性雲帯林帯……ヤマメの生息はこの間である。さらに1700mまでは温帯性雲帯林、そこから宮之浦岳山頂に至るまでは亜高山低木帯となる。

樹齢1000年以上の杉、いわゆる屋久杉は標高600mから1800mの間に見られる。日本最大の杉の巨木〝縄文杉〟は標高約1300m地点にある。1600mを超えればシャクナゲが見られるくらいだから、関東地方の山岳部の植物相とさして変わらないように思う。また、固有植物は55種にものぼり、今後はその保存にも尽力しなければならないだろう。

変化に富んだ植物相は、当然ながら劇的な気候の変化を物語っている。海岸線にはブーゲンビリアの花が咲き、宮之浦岳山頂は冠雪といった不可思議な現象……そんな光景を目撃できるのは、世界広しといえども、屋久島だけなのではないだろうか。

動物類に目を移しても、屋久島は貴重な島だ。それは植物相に応じた変化なのだから、当然なのかもしれない。けれども、115種類にも及ぶ鳥類がいるはずなのに、山深く入るほど、どういうわけか鳥のさえずりが耳に入らなくなる。森全体の音量という点では極めて貧しいような気がした。森はいつも森閑として、押し黙っていた。

また、屋久島にはハブはいないがマムシはいる。しかもマムシの生息地としては南限にあたる。マムシにとっては瀬戸際の地なのである。

数10年前、屋久島は〝鹿、猿、人、それぞれ2万〟といわれていた時期があったように、ヤクシカ、ヤクサルはよく知られている存在だ。現在では鹿も猿も人間も減って、鹿と猿は数千頭、人間は1万5000人前後に減少している。

野生は失われつつあり、町は過疎に悩まされる……日本の田舎では普通の現象だが、屋久島でもそれは同じようだ。

1993年12月、屋久島は『世界自然遺産』に登録された。ということは、その自然環境の保全に努めること、そして無闇やたらな開発をしないことを、世界的に義務付けられたわけである。しかし、島内のすべての人が世界遺産に登録されたことを喜んでいるわけではない。

屋久島にはこれといった産業がない。だからこそ、世界的に貴重な自然が残されてきたのだろうが、その反面、島民の生活は決して豊かではないようだ。島民1人当たりの年間所得は144万円（89年度）で、これは全国平均の55％である。そのためか、一部では「公共事業に依存した島……」という批判も出ている。その関連で、上屋久町の前町長は92年5月、公共事業発注に絡んだ収賄事件が発覚して辞任に追い込まれた。全国どこにでもある茶番劇かもしれないが、公共事業による雇用対策は、一部の島民にとっては死活問題なのである。

けれども、公共事業による自然破壊もまた深刻な社会問題になっている。沿岸部ではサンゴ礁が破壊され、消波ブロックが並べられている。山岳部では道路工事や河川改修をはじめとした、治山、治水工事で自然が痛めつけられている。山岳部の問題は、直接的、間接的に周辺海洋部の生態系にも影響を与える。同じく世界遺産に登録された白神山地でも、山岳部の伐採が海洋部に大きな影響を及ぼし、漁業に深刻な被害をもたらしている。

現在、自治体では島の開発規制を盛り込んだ「環境保護条例」の設置を95年度を目途に急いでいるというが、今はどうなっているのだろう。鹿児島県でも「屋久島環境文化村構想」を打ち出し、地域振興と自然保護を両立させようと模索を開始した。

そうした事情を背景にしながら、屋久島は現在、未曾有の観光ブームを迎えている。92年度、屋久島に訪れた観光客は24万人で、これは4年間で倍増した計算になる。93年以後はさらに増加していることだろう。89年、鹿児島からのジェット・フェリー『トッピー』が就航して以来、鹿児島港からのジェット観光客は増加の一途を辿っているのである。

観光客が増えれば、それに伴って宿泊施設も増やさなければならない。世界遺産人気もあるし、最近の自然回帰ブームの影響も大きい。ホテルの建設計画やリゾート構想も持ち上がっている。そうなると、それに伴う建造物建設による環境破壊の問題も浮上してくることだろう。「環境か、観光か……」屋久島は今、難しい選択を迫られている。

今回滞在した宮之浦町では、かなりくたびれた古い旅館に泊まった。地方の駅前によくあるような、2階建てのこぢんまりとした宿だ。そんな風情とは裏腹に、宿のおかみさんは現代的な美人で対応も親切だった。食事の内容は豪快そのもので、ボリューム満点の海産物料理が次々に出された。たいていは丼にガバッという感じの盛り付けの家庭料理だったが、私にはそれがかえって嬉しかった。

宮之浦は小さな港町である。地方の例外に漏れず、やはりここも過疎化が深刻な社会問題になっているようで、町に活気はあまり感じられなかった。

夜、街灯もまばらな裏通りを歩くと、カラオケ・スナックから演歌が聞こえてきた。やけに目立つ看板を見上げるとフィリピン・パブだった。世界遺産の島とはいえ、人々の生活様式が大きく変わることはない。

これから

屋久島の自然は素晴らしかった。運よく好天に恵まれ、3日間を丸々山歩きに費やすことができたので、島の自然を存分に堪能できたのである。

宮之浦岳の山頂を極めたかったが、時間的にどうしても無理があり、それはこの次までのおあずけになった。そのかわり、川をひたすら歩き回って、ヤマメや水生生物の生息状況を観察して回った。

川を歩いて気が付いたのは、沢によっては、ものすごい量の沢ガニがいることだった。そしてそんな沢では、生息条件が整っているにも関わらず、ヤマメは成魚しか見られない。おそらく沢ガニによる卵の食害があるからなのだろう。しかしヤマメの成魚は沢ガニを飽食しているものがあった。生物間の駆け引きは、さまざまな形で行なわれている。

水生昆虫は決して豊富ではない。水量の増減が激しく、川床が安定していないためか、シマトビケラやヒゲナガカワトビケラなどの造網性のカディス類は極端に少ない。それでもヒラタカゲロウ類やコカゲロウの仲間はかなり見られた。しかしそれとて、ほかの本州の河川に較べれば大したことはない。河川の上流部は生活廃水など一切入らない環境ゆえ、流れはひたすら貧栄養状態にある。水生昆虫の種類、量ともに乏しく、特に川床の状態に依存度が高い水生昆虫の種類はほとんど見られなかった。

もうひとつ気付いたことは、川には浮き石が多く、足をちょっと掛けただけで、直径2mもあるような大岩がグラリとする場面もあった。川歩きに慣れていないとかなり危ないのである。特に巨岩の連なる本流筋では、岩と岩の間が深くえぐれ、そこに落ちたらまず助からないといったような場所ばかりだ。ちょっと足を滑らせたらそれまでである。基本的な遡行技術はもちろん、相当な筋力と跳躍力がなければまともに歩ける川ではない。たまたま渇水状態の中を歩けたからよかったものの、増水では遡行に苦労するばかりでなく、大変に危険な状態になることが予想できた。鉄砲水など日常茶飯事だろう。川を知らない人は近寄らないほうが賢明だ。川を歩かなくても、登山道はしっかりしているから、縄文杉くらいまでなら誰でも気軽に歩ける。

これから屋久島はどう変わっていくのだろうか。少なくとも、世界遺産に登録されたことがマイナスにはなって欲しくないと思う。屋久島の問題は、今や世界の問題なのである。だからといって、屋久島と同時に世界自然遺産に登録された白神山地で論争されているように「立入禁止」といった措置を取るようなことは、絶対にやめて欲しいと思う。保全と立入禁止を同次元でとらえるような倒錯は国民の迷惑である。真っ先に世界遺産に登録されたアメリカのイエローストーン国立公園にしても、一般に広く解放されているからこそ、その素晴らしさや重要性を誰もが認識できるのである。

自然を体験することによって、自然を愛する心が生まれ、それが自然を守ろうとする気持ちにつながる。また、地元の人たちにとっては、世界遺産であろうと何であろうと、自分たちが古来から親しんできた自然そのものなのである。そこには地域の文化があり、生活が息づいている。それを勝手に否定されてはたまったものではない。自然を封印してしまおうとする裏側には、しばしば何らかの好ましくない下心が存在する。よくよく見ると、周囲の森林の利権やら、別の何かに利用しようとする悪意が見え隠れしている。現代の妖怪は神出鬼没、善意の仮面を被って跋扈する。

屋久島のヤマメはネイティブではなく、放流ヤマメである。しかし様々な状況を考えると、屋久島そのものがすでに瀬戸際に置かれている。だからこそ、我々日本人の大切な遺産として、世界の遺産に登録された屋久島の自然を見詰め直そうという趣旨のもとに、この原稿を書き進めた次第である。

世界遺産条約のあらまし

1972年、世界的に重要な文化遺産、自然遺産を保護するために、ユネスコ総会で採択された条約。加盟国136カ国には、自国の遺産を守る義務が生じる。保護費用を自国でまかなえない場合には、加盟国の拠出する世界遺産基金による援助が受けられる。

日本は1992年、条約を批准。93年10月に委員国に選ばれた。年1回、21の委員国で構成する世界遺産委員会が開かれ、新たな世界遺産や世界遺産基金の運用方法を決める。92年の遺産委員会までに遺産リストに登録されたのは世界378ヵ所となっている。日本では世界自然遺産として、白神山地（青森、秋田）、屋久島（鹿児島）が登録済み。また文化遺産では姫路城（兵庫）、法隆寺（奈良）、94年12月には京都が登録された。

世界では、カナディアン・ロッキー山脈公園（カナダ）、ヨセミテ、イエローストーン、グランドキャニオンの各国立公園（アメリカ）、ガラパゴス諸島国立公園（エクアドル）、キリマンジャロ国立公園（タンザニア）、グレートバリア・リーフ（オーストラリア）、コモド国立公園（インドネシア）など。中国の万里の長城や秦の始皇帝陵、カンボジアのアンコールワット遺跡なども文化遺産として登録されている。

春霞に谷間の空気が揺れ、その向こう側には、春に彩られた絢爛たる色彩の世界が広がっていた

ヤマメは健在である。屋久島の流れに相応しい色艶と体型が印象的だった

巨岩が敷きつめられた谷底。平坦な区間であっても遡行はかなりきつい。そして水はあくまでも透き通っている

源流部にさしかかると、屋久島の川は急激に落差を増す。このあたりでは、魚類が生息できるような条件はない。滝、また滝の連続である。遥か遠く、九州最高峰の宮之浦岳山頂が見える

上／屋久島の川の水生昆虫ではヒラタカゲロウの類が最も多く見られた　下／東北地方では7月に羽化するウエノヒラタカゲロウだが、ここでは4月に羽化していた軌道跡の登山道を歩いていると、ヤクシカがよく姿を現わす。人間を見てもそれほど驚かないようだった

上／これが日本最大の杉“縄文杉”である。根回りはなんと43mもある。けれども縄文時代から生きているから縄文杉というわけではない。縄文の所以は、縄のような樹皮にある。昭和1966年に発見されて以来、樹齢7200年とされてきたが、実際は2200年ほどで、しかも合体木だといわれている　左／白谷林道から宮之浦港を臨む。眼下に深く切れ込んでいる渓は白谷川

タイムスリップしたような気分になる宮之浦の町。人通りは少ない

容姿端麗なマダラ。背部、腹部だけでなく、頭部にまでちりばめられた黒点が特徴。南九州の渓が育んだ芸術的姿態をじっくり見て欲しい

第3章　宮崎県

〝マダラ〟と九州ヤマメ
南九州の渓に息衝く野生

（1997年4月取材）

一通の手紙から……

昨年（96年）の夏、一通の手紙がフライフィッシャー編集部に届けられた。差出人は都内在住の渡辺隆宏さんという方である。理路整然とした文章で綴られたその手紙には、宮崎県、大淀川水系のとある渓に棲むヤマメについて記されていた。そのヤマメは地元では〝マダラ〟と呼ばれ、古くから親しまれてきていること、そして渓の途中にある滝から上流にはヤマメの放流記録が見当たらないという説明をしたうえで、このマダラと呼ばれるヤマメたちが、九州に残された天然系群なのではという推測が付け加えられていた。そして手紙には4枚の写真……いずれもマダラを撮った写真……が同封してあった。

その写真を見て最初に感じたのは、とにかく黒点が並外れて多いということだった。中でも腹部から撮影したカットには気味悪さを覚えるほどだった。しかしそんな特徴は現実的にはそれほど珍しいことではない。性的に成熟した個体や産卵後で体力の回復しきっていない個体、それに環境的なストレスで体調を崩し気味の魚はそれが肌に現われ、黒点を多く見せる原因になる。

また、春先に釣れる越年魚で、体力の回復していない個体では、墨汁に浸けたように魚体が黒ずむ「サビ」が見られることがある。皮膚の表皮を保護する粘膜がうまく機能しないのか、パーマークや黒点も薄ぼけて見えるのがサビの特徴だ（これは鮭鱒類全体に共通する）。これは高水温などによるストレスなどによっても同様の現象が起こる。その結果、普通の状態ならば目立たない色素までもが表出してくるのだろう。それが必要以上に黒点を多く見せることもある。それだけでなくストレスで生理的機能が破綻して粘液の分泌が低下するため、身体のあちこちにスリ傷を残すものも多い。そして身体の線もどこか崩れている。

それとは別に、黒点が不自然に多い個体は養魚場などでよく見かける。何が直接的な原因になってそういう現象が起こるのかは分からないが、やはりストレスや過密な飼育状態による生息環境の悪化が影響しているのだろう。ただし養殖魚の場合はパーマークが乱れたり、黒点が異常に増えたりといった現象がよく起こる。野生魚ならばどんなに黒点が多くても、それがニジマスのように側線周辺にまで及ぶことは稀である。

しかし、よほどコンディションに優れた魚は別にして過剰な黒点は病的なイメージさえ抱かせる。さらに学術的には黒点の大きさや数は集団や系群の特徴として扱われることはなく、またそれらを判別する基準にもなりえない。単なる個体変異の範囲で処理するのが通例になっている。

そもそも魚の紋様というのはその魚の体調を直接的に現わす。錦鯉や金魚、それに派手な色調を持つ熱帯性の海水魚などでは、体調によってまったく別の魚に見えてしまうほどだ。体調が良好なほど紋様が鮮やかに浮き出て、そのコントラストがはっきりする。それが見た目の美しさにつながるわけだ。ヤマメにしても同じで、コンディションのよい個体ほどパーマークや黒点がくっきりと浮かび上がる。淡いサーモンピンクの体側に浮き出る濃紺のパーマーク。背部のオリーブ・グリーンやブルーの地色と真っ白な腹部には、墨汁を滴下したような黒点がリズミカルに散りばめられる。胸ビレは山吹色に染まり、尾ビレの上下には真紅のラインが走る。そして黒点で区切られた金色の輪の中に輝く瞳の凛々しさ……精悍な表情。これらが山岳渓流に棲む生命感溢れるヤマメたちに与えられた絶妙の配色と雰囲気である。（注：里川に棲む成長の早いヤマメは、生理的にサクラマスに近付くためか、そうした配色を伴わない）

そんな体調抜群のヤマメとは縁遠い、不自然に多数の黒点を散りばめたヤマメたちの写真。4枚の写真のうち確かに3枚はこうした特徴を示す写真だったのだが、しかし残りの1枚が問題だった。そこには記念撮影された4尾のヤマメが写っていた。シャープな体の線や肌艶の状態から判断する限り、コンディションは抜群である。それほど遅くない春に釣られた魚のようだったが、これらは冬の間も瀬の中を活発に泳ぎ回って熱心に就餌していた個体で、前年の産卵に参加したようすも見られない。そしてその中で一番大きなヤマメの下腹部と背部に散りばめられた黒点に目を引かれた。コンディションのよい魚としてそれはちょっと異質に思えた。もちろん例外はあるが、ここでマダラという呼称を思い起こした。ヤマメをマダラと呼ぶのなら、そう呼ばれるべき特徴を備えていなければならない。それを思うとその魚は確かにマダラと呼ぶに相応しい紋様を持っている。パーマークと異常に多い黒点のコンビネーションは、見る人によってはグロテスクに感じるかもしれない。体調にかかわらず、この渓の魚は黒点が並外れて多いことが、その魚の容姿で確認できたのである。

南九州の渓へ

渡辺さんの話では、放流魚の多い下流部を除いて最源流に至る流域全体に、マダラの特徴を持ったヤマメが棲んでいるということだった。下流部は地元の渓流釣りのメッカで、禁漁期にも釣り人がかなり入っているという。しかし林道の途中にゲートがあり、そこから上流部に至る林道への一般車両の乗り入れは禁止されている。滝はゲートから約５km上流部にあるため、入渓者は上へ行けば行くほど少なくなるらしい。そしてマダラの数が年々減少の一途を辿っていることが何よりも気掛かりだというのだ。

渓の名前を教えていただき、半年先の取材計画を立てた。源流部は九州でもかなり冷涼な地域なので、4月以降のほうが確実ということだった。地図で場所を確認すると、本当にこんなところに……という感じがして驚いた。瀬戸際の渓というのはやはり意外な場所にあるものだと実感した。それからしばらくして、渡辺さんから詳しい現地の地図を送っていただいた。この地図が取材時にたいへん役立った。この場を借りて渡辺さんにお礼を述べたい。

そして97年の4月、九州へと旅立った。もしも3月中に熊本の白川や大分の大野川水系で釣りができれば、尺ヤマメの顔を拝める可能性は非常に高い。できれば出発を早めたかったが、先に述べた理由で瀬戸際シリーズを犠牲にするわけにはいかない。それでもせっかく九州に行くのだから、せめて2日間くらいはライズの釣りをしたいと思ってそのぶん余計に日程を取った。ところがそんな不純な考えを神様がお怒りになられたのか、出発の寸前になって九州各地で地震が頻発した。おまけに九州に着くと、春雨前線の停滞による豪雨に見舞われて川はドロドロ大増水。何とかライズを見つけて一投入魂。それでようやく1尾の尺ヤマメを釣った。しかし状況は最悪で、あとは釣りそのものができない状態だった。後で思えば最初で最後のチャンスを生かしたことになる。少しの運をこのとき感じた。

本番の南九州の渓へ向かう頃になってようやく天気が回復した。運が巡ってきたのだ。

福岡と都城の友人たちと連れ立って目的の渓へと急ぐ。やはり地元ではかなり有名な釣り場ということで、同行した全員が何度か足を運んだことがあるという。しかし、滝上には誰も入ったことがなくて、皆が皆興味津々といった面持ちだった。

そしてその渓は想像していたよりもはるかに立派な渓だった。渓相、水色ともに申し分なく、雨後ということもあって水量も豊富だった。車止めのゲート付近に車を置いて、まずは約3km上流の支流の出合い付近から釣り出した。ところがこれまた想像以上に魚が多い。しかもサイズが一律で、釣れてくるのはマダラとは縁も所縁もないような普通のヤマメばかり。フライを捕食するのが下手なうえ、ドラッグがかかってもおかまいなしにフライを追う。淵を覗くと同じようなサイズのヤマメがひしめいている。どうやらこの区間には相当数の魚が放流されているらしい。

そこで早々に渓から上がり、再び林道を歩いて約2km上流の滝上まで一気に詰めることにした。

マダラ

滝のすぐ下には落差３mほどの堰堤があった。この堰堤上から世界が変わるはずだと判断して……というよりも、何かピンとくるものを感じてガレた斜面を転げ落ちるように渓へ降りた。

おあつらえむきの深瀬が続く流れ。手前側のポイントを軽く流しながら、視線は最初から流れの中央に居座る大岩の前のポイントに向けられていた。大岩にラインを乗せてフライを流れに投じると、やはり出てきた。ゆったりとした動作で深みから浮上する魚影は、明らかにそれまでの魚とは違っていた。フライを捕食するまでのほんの数秒、いや1秒か2秒の間でその違いが分かるほどだった。流速とその変化を体得していなければ決してできないような無駄のない動きで、その魚はいとも簡単にフライを吸い込んだ。

フッキングした魚は反転してすぐに流心の強い流れに入った。６フィート半、＃２のロッドは見事な半弧を描きながら小刻みに震えていた。焦ることなくロッドをそのままの状態に保って強引に引き寄せ、すみやかにネットへと導いた。

ネットに横たわるその魚体は、まさにマダラという名をそのまま現わしていた。しかもそのシャープな身体の線、精悍な顔つき、艶やかな肌は生命感に満ち溢れている。そして何よりも素晴らしいのは、その鮮やかな色彩のコントラストだ。サーモン・ピンクの体側にくっきりと浮かび上がる濃紺のパーマーク、わずかの滲みさえ見られない黒点は、背部に腹部に目一杯まき散らされていたが、それらは不思議な秩序で打ち込まれているようにさえ見えた。そして私は夢中で写真を撮りまくった。

というふうに、ここまではよかった。しかし、これから後は最悪だった。まず、滝の下のプールを釣っているとき、いきなりバキバキバキと木枝の折れる音がしたかと思うと、直径50㎝もあるような岩が破壊的な勢いでプールに飛び込んできた。私が立っている位置から10ｍも離れていない。水飛沫が飛んでくるくらいの距離だ。突然のことでびっくりしたが、頭の中に閃いたのは友人の1人が滝を高巻いている最中なのではということだった。それで、彼に何か危険なことが起こったのかと勘違いした私は、思わずロッドを置いて岩が落ちてきた直下に走り寄り、崖を見上げた。後から考えてみると、人が落ちてきたのではなく岩が落ちてきたのだから、そんなに心配する必要はなかったのかもしれない。それどころか続けて落石があったら自分の命が危ないではないか。相次ぐ地震と雨で地盤は緩みきっていた。落石の危険のある場所からは、すみやかに撤退するのが鉄則である。

滝を越えてとりあえず小さな魚をいくつか釣った。しかし性的に未成熟な個体ばかりで黒点はそれほど顕著ではなく、マダラというほどの魚体を持つ魚はなかなか釣れない。それでも腹部の黒点の並びかたは比較的整然としていて、その個体なりのリズムをもって配置されているように見えた。興味深かったのは、真っ白な腹部、つまりおなかの部分をよく観察すると、そこには極細のペン先で彩色したような極小の黒点が散らばっている。そう、おそらくこれがマダラの素なのだ。魚体が成長するにつれて、この極小の黒点も成長する。成熟期を迎えて体色を濃くする頃になると、さらにその濃度が増してきて立派な黒点として表出してくるのだろう。あるいは疲れや高水温などによるストレスによっても表出するのかもしれない。それに気付いて観察していくと、釣れる魚の80％くらいがこの微小な黒点を持っている。今までこんな特徴のある魚に出会ったことはない。何だかすごく大きな発見をしたような気分になった。

しかし自分としては、もう少し大きい魚を釣って、それらを比較検討したかった。最初に釣ったマダラと同等か、あるいはそれ以上のマダラらしいマダラを釣りたかったのである。それでうるさいくらいにピヨコピョコとフライに飛び付いてくる小型の魚はあえて合わせず、たとえフッキングしても、ラインを緩めて外れるようにしていた。バーブレス・フックならさほど難しいことではない。しかし、そんな生意気なことをやっているとやはりバチが当たるものなのか。いいサイズの魚までもを次々と合わせ損なってしまったのである。少なくとも決定的な魚を5尾くらいは逸した。私の釣りを後ろで見ていた友人たちは、さぞかし楽しかったろうと思う。

荒れ果てた沢筋

次の日、林道のゲートから少し先で杉林の間伐作業をしている人たちに会った。挨拶すると、すかさず「マダラ釣りか!?」と問い掛けてきた。そんな何気ない会話の中に当たり前のように出てくる言葉。そんなところに日常性とか普遍性のようなものを感じる。ああ、やっぱりここではヤマメはマダラなのだと、素直に頷ける瞬間だった。

この日は、何本か入っている支流を中心に釣ってみようと思った。もしも同一系群ならば、支流筋に棲む魚のほうが色調は濃くなるのが通例で、よりマダラらしい魚が釣れると予想したからだ。支流の魚たちは環境的に行動範囲が制限されるため、捕食に適した場所も制限される。そして行動範囲や捕食場所が狭くなればなるほど、魚たちは定着性を強める。その結果、新陳代謝の悪化などの要素も加わり、色素が沈着しやすくなる。例えば、腹が赤いイワナに代表されるように、待ち伏せタイプの捕食方法を主体としている魚は、成長が遅く体色が暗いトーンでまとまっている。優れた遊泳能力で捕食を繰り返せる魚は、成長も早く体色も淡いトーンになる。こうした理由で生じる同一集団内での個体変異を、釣り人はしばしば種の違いだと勘違いする。

このように生息環境の違いによる形態の相違を観察しようというもくろみで、そこそこに水量がある支流を選んで入ってみた。しかし、支流は思いのほか荒れていて渓の状態が極めて悪い。水量が少ないとか、土砂の堆積が多いとかいう一般的な理由ではなくて、渓を囲む山そのものの状態が悪いために渓が傷んでいるのである。それは無謀な植林事業の影響だと思えた。

今さら存在の意味さえ持てなくなった杉ではあるが、手入れの行き届かない杉林ほど不様なものはない。支流の沢筋にある杉の植林地では、根元から抉り取られるようにして斜面から滑り落ちた杉があちこちに見られた。しかもそのままの状態で放置されている。小規模な崩落地もかなりある。また、自然木を伐採したものの、置き去りにされたそれらが雑然と折り重なり合って沢に落ちている。それはまるで木の墓場のようだ。土壌そのものが杉を植えるには無理があったのだろうか。闇雲に森林を利用しようと試みて失敗した揚句、後始末もせずに放り出しているという感じなのだ。そのせいで支流筋にヤマメは少なく、たまに釣れてくるのは色が黒くて具合の悪そうな小さな魚ばかりだった。それに渓の状態が悪いだけに、本流筋よりもタカハヤの生息量が多かった。

九州の大多数の山岳地帯と同様に、この渓の周囲の山々にも本流筋、支流筋を問わずたくさんの杉の植林が見られる。しかし急斜面も多いので山全体が杉の植林地ということはない。自然林と植林とが交互に現われ、まるでマダラ模様のような森林構成なのだ。そして斜面の所々に様々な規模の崩落地が見られる。それは決まって植林地内で起こっていて、山の地肌が醜く露出している。そうした崩落が渓にいい影響を及ぼすはずがない。山のマダラ模様はいつしか渓のマダラの生活を蝕んでいく。支流筋だけでなく、本流筋にも悪い影響を及ぼす日が来るのも近いのではないだろうか。

それはネイティブなのか?

さて、マダラの存在について自分なりに結論してみようと思う。心情的にはネイティブ……つまりまったくの天然系群と信じたいが、林道が渓の最奥付近まで伸び、数10年も前から植林が行なわれていた実績がある渓だ。流域には民家の跡も確認できたし、かなり上流部に石垣で護岸された形跡があり、炭焼き小屋の跡らしきものも見かけられた。山仕事の人たちにとって古くから馴染み深い渓だったことは、こうした点からも容易に想像できる。

人間との関わりが深いほど、当たり前の予想が通用しない出来事が起こり得る。毒流しで全滅したことがあるかもしれないし、マダラの減少を憂いて、個人的に放流を試みた人が過去にいるかもしれない。そうでなくても台風や豪雨の影響を受けやすい土地柄だから、壊滅的な天災を被ったかもしれない。どちらかというと一本川で、これといった支流がない。そのほとんどが急斜面を駆け降りるように注ぎ込んでいるため、種沢になるべき沢が見当たらないのである。こういった渓は天災によるダメージに弱い。植林の多さと考え併せると、大雨による増水はかなり急激に起こるような気がする。

また、滝があったとしてもそれが絶対的な隔絶要因になるかというと、この渓の場合はそうは思えない。写真でも分かるように落差はせいぜい3ｍといったところ。一枚岩を広い面積で滑り落ちるような滑滝ではなく、絞り込まれた水がズドンと落ちるタイプの滝である。滝壺の水深もあるから、増水時には遡上可能な落差だ。滝下の堰堤にしても同程度の落差で、やはり水深はかなりある。したがってこれもまた遡上の妨げとはならない。ということは、下流部に放流されたヤマメたちの影響をまったく受けていないとは思いづらい。血の交流は、それが日常的ではなくても、まったくないとはいえない。もちろん滝から下には魚が落ちるから、下流部にもマダラの姿は見られるだろう。そして下流部は下流部なりに繁殖している可能性もある。こうしたいくつかの理由で、滝上の魚たちが完璧な純系とは断定しにくいのである。

このように物理的、生理的に純系を維持することが難しい条件が揃うと、この渓のマダラがネイティブであるという確信は持ちづらい。しかしマダラは、たとえネイティブではなくても限りなくそれに近いワイルドだということはいえる。それにはやはりいくつかの理由がある。

少なくとも滝上の魚に関しては前述したような特徴に均一性があり、各世代の魚がそれなりに見られた。そして、稚魚の真っ白な腹部に見られる微小な黒点という特徴は特に印象的だった。それは個体の特徴ではなく、明らかに集団、あるいは系群の特徴にほかならない。もしかするとこれは南方系のヤマメに共通する特徴なのかもしれない。ご存知のように、日本のヤマメの天然分布の南限は、日南市で日向灘に流入する広渡川上流部とされている。この渓はそのすぐ北側に流入する大淀川水系にある。つまり生息地としては、まさに瀬戸際なのである。さらに九州の太平洋側はアマゴの侵攻による影響を少なからず受けているはずだ。アマゴとヤマメの境界地帯も混沌としたままで、現在ではそれを確かめる術がない。こうした地域ゆえに、何か特殊な形態を示す集団や系群があっても不思議ではないと思える。マダラという呼称も独特で、これは九州の主なヤマメ産地におけるその呼称〝エノハ〟と一線を画している。エノハと呼ばずにマダラと呼ばれたこと……これが形態的な差異が過去から認められ、区別されていたことを証明する唯一の証しである。単なる方言だと割り切ってしまってはつまらない。あの容姿に対するマダラという呼称は実に素直な表現だと思う。もちろん独立種ではなく、小さな集団にすぎないと分かっていても、それはそれで貴重な存在であることに変わりはない。こうして何だかんだと書いてみても、自分には南九州一帯のヤマメに関するデータの絶対量が不足している。せめて大淀川のほかの支流、そして一ツ瀬川や小丸川水系、さらに川内川や球磨川あたりの渓を歩かなければ、いつになっても明確な見解を持つことはできないだろう。

マダラという名のヤマメには、とりあえず出会うことができた。それはまったくもって不思議な、そして魅力的な魚だった。渡辺さんが心配するようにこの魚が年々減少しているようなら、何らかの手段を講じる必要があるだろう。山は確かに日々荒廃を重ねている。それにつれて渓も荒廃の速度を増す……。幸いにして、九州には渓魚を愛する人たちがたくさんいる。そんな人たちが名もなき渓のささやかな野生を、少しでも大切にしてくれたらと思う。この渓の瀬戸際を無言で見送るようではあまりに寂しい。

マダラのマダラらしき腹部の黒点。冬の重さを背負ったままの魚体である

渓相は素晴らしかった。立派な中規模渓流である。所々に大淵を配しているが、全体的には落差が少ない。しかし魅力的なポイントが多くて、なかなか釣りをやめられなかった

淡いエメラルドグリーンに透き通った渓水。南九州とはいえ、4月の流れはまだまだ冷たい

上／この滝から上がマダラの聖地なのか？ しかしこの滝の形状と落差なら、増水時には遡上が可能と思われる　左／滝上の渓相。落差を強め、男性的な流れになる

滝上の小さなマダラたちの真っ白な腹部には、微小な黒点が打たれていた。これが本物のマダラとなるための必要条件のようである

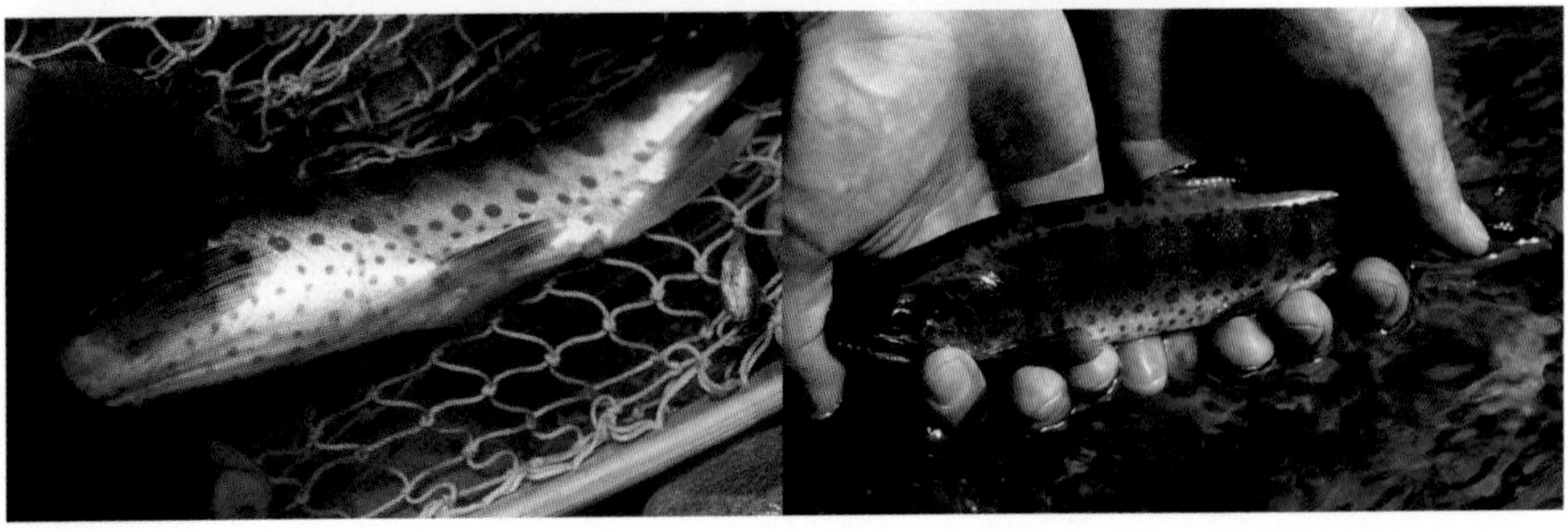

産卵を経験したメスとその腹部。サビを残して痛々しくはあるが、確かにこれを見ればマダラという呼称に納得できるだろう

対馬、佐須川上流のヤマメ。この川に限っていえば、ヤマメはすっかり定着した感がある。立派な体躯が印象的な素晴らしいヤマメだ

第4章 長崎県

国境の島に棲むヤマメ

国境の島とヤマメたちの侵攻

（1994年4月取材）

対馬アラカルト

天気がよければ、水平線に浮かんで大陸の山並みが見渡せるはずだった。対馬の北端近くの高台にある韓国遠望所から朝鮮海峡を隔てた大陸までの距離はほんの50㎞程度しかない。しかしあいにくの曇り空で、この日は残念ながら大陸を遠望することはできなかった。薄い雲の向こう側に陸地の輪郭だけが見えるような、見えないような。そのかわりすぐ足元に見える海栗（うに）島に建設された基地群が、対馬が国境の島であることを無言で語っていた。

〝対馬〟という地名の由来の一説に、韓国の釜山からこの島を見たとき2頭の馬が背中を並べているように見えるから……という説がある。対馬から釜山が見えるということは、釜山からも対馬の輪郭は見えるはずだ。しかし九州本島からの距離は最短で１３２㎞ある。つまり大陸側からは見えて九州側からは見えない。だから日本の一部でありながら、大陸側から見たときの印象が地名につながっているわけだ。

そんな地理的事情から、対馬は大陸から伝えられた文化や物資の中継点として大きな役割を果たしてきた。それだけに対馬に関する記述は古くから様々なかたちで残されてきている。その最初は魏志倭人伝。そこには当時の対馬の状況がかなり具体的に語られている。さらに古事記（ここでは津島という名で記されている）や万葉集（対馬に関わる歌は42首）などにも、しばしば登場している。

このように、あらゆる面で日本本土と大陸との架け橋的な役割を担ってきた対馬は、その後もさまざまな歴史の波に翻弄されてきた。13世紀の元寇（文永、弘安の役）、秀吉の朝鮮出兵などの事件では、対馬の存在が一際大きかった。そして近代ではロシアのバルチック艦隊と東郷元帥率いる連合艦隊の日本海海戦の際にも、対馬沖がこの大海戦の舞台となった。このとき日本海軍は、対馬の西側の浅茅湾から東側の久須保に抜ける〝万関瀬戸〟という戦艦が通れる大運河を築いた。この運河は現在でも漁船や商船にとって重要な海路となっている。

さて、どうしてこんな観光ガイドのような説明をするのかというと、一般の人たちにとって対馬はあまりに遠く、その輪郭すら描けないのではないかと思ったからである。もちろんその存在を知らぬ人はいないが、具体的な情報は極めて少ないと思う。意識して情報収集しない限り、対馬を身近に感じることはとてもできないのである。

今回の取材に出かける際にも2万5千分の1の地図を全部揃えてみたのだが、どうしてもイメージが膨らまない。地図上には町があり、山があり、そして川があるのだが、その規模や風景が想像できないのである。それはあまり聞き慣れない地名と、その語韻のせいなのかもしれない。

例えば、厳原（いずはら）、豆酸（つつ）、雞知（けち）、阿連（あれ）、千尋藻（ちろも）、女連（うなつら）、舟志（しゅうし）、佐須奈（さすな）等々……。正確に読めないものから、読めても不思議な語の響きがあるものまで様々だ。方言にしても、コラシイ（退屈）、オシ（君）、オンド（私）、アッポスル（遊ぶ）、タウ（届く）、タワン（届かない）、ヤカヤカ（ワザワザ）等々、列挙すればきりがない。

ところがいざ訪れてみると、対馬は極めて魅力的な島だった。独特の石垣が続く町並みはエキゾチックで、民家のたたずまいにしてもその風貌はどことなく大陸を思わせる。町外れの朽ちかけた廃屋の様子は、まるでそのまま映画の〝チャイニーズ・ゴースト・ストーリー〟の舞台になりそうな妖気が漂っていた。

対馬の空気は澄んで、海は驚くほどきれいだ。もちろん新鮮な魚介類はとびきり美味しい。山は緑に包まれて、杉の植林も本州ほどはひどくない。地元の人たちは親切で優しく、人情に厚い。どうしてこんな素敵な島の情報が充分に伝わってこないのだろう。それがとても不思議に思えた。現在、対馬へは福岡と長崎から飛行機の便がある。いずれの空路もほんの40分程度で到着できるからけっして遠くはない島なのである。

最初から話が逸れてしまったが、なぜ対馬に来たのかというと、この島にヤマメが棲んでいるという情報を得たからである。それが天然なのか放流なのかを確認するため、そして生息の可能性のある川をしらみつぶしに調べてみようと思ったからだ。

けれどもその気になって事前の調査をしてみたものの、これが見事に何も得られない。対馬の鮭鱒類に関する正式な論文やら報告は一切なく、ヤマメやイワナの自然分布はないというのが定説になっている。しかし淡水生物に関わる調査すら、もしかすると詳細に行なわれた記録がないのでは……と思えるほど、文献や資料に乏しいのである。

対馬へ

地理的に見れば、対馬にヤマメがいたとしても何ら不思議ではない。日本海に浮かぶ島ではあるが、その両側の朝鮮半島や北九州の山間部にはヤマメが生息している。それを考えると対馬にヤマメが棲んでいないほうが不自然なようにも思える。もしも棲んでいれば日本海側で最西端の生息地になる。

日本国内では山陰地方あたりまでなら、現在でもサクラマスが遡行する河川があるので（朝鮮半島側は未確認だが）、対馬の周辺がサクラマスの回遊コースになっている可能性がある。外海との交流の可能性があれば、河川内に生息する確率も増すはずだ。その点では本書でも紹介している屋久島の場合とは条件が大きく異なっている。だから、もしも対馬にヤマメが棲んでいないのならば、それは島内にヤマメが棲めるだけの規模、水質、水温を有した河川があるか否かの問題だと思った。

そして4月のある日、対馬へと旅立った。東京を昼頃に出る便で福岡へ飛び、対馬行の便に乗り換えれば、対馬には午後4時前に到着してしまう。そして空港の近くにあるレンタカー会社で車を借りて、とりあえず対馬最大の町、厳原へと向かった。

予約しておいたビジネス・ホテルにチェック・インしたものの、時刻は午後4時を少し回ったばかりでまだ日が高い。ヤマメが棲んでいるという噂の渓は、地図で見る限り厳原から30分くらいで行けそうな距離にあった。それならやはり行かない手はないだろうと判断して、釣り具を抱えてそそくさと出発した。

小さな峠を越えると道路脇には透き通った水を湛えた小渓流が流れていた。思わず車を止めて流れを覗き込むと、いるわいるわ、小魚がワンサカ泳いでいる。ただしすべてタカハヤ（関東でいうアブラハヤ）のようだ。しかし、その群れから離れたあたりにはやや大きい個体の魚が4～5尾かたまっている。その定位場所から判断する限り、もしかするとヤマメなのでは……という気がしてきた。ワクワク、ドキドキ……よせばいいのに、そういう期待感は願望からくる思い過ごしに決まっているのだ。で、試しに釣ってみると、案の定、丸々太ったタカハヤばかり。ヌメヌメした粘液が気持ち悪く、しかも生臭い。その区間はかなり上流部に当たるはずだったし、水温も10℃そこそこと低かった。それなのにタカハヤしかいないとは……。本当にこの渓にヤマメはいるのだろうか？

一抹の不安を胸にかかえながら、ほんの30分ほどの不本意な釣りを終えて町に戻ることにした。峠の頂上からは、残光に輝く波頭を引き裂いて、沖へ向かうイカ釣り船の一団が遠望できた。

厳原町・佐須川のヤマメ

次の日の朝、福岡から友人の大塚和彦氏が駆け付けてくれた。今回の取材では情報収集や現地でのスケジュール調整に至るまで、氏にすっかりお世話になってしまった。

厳原町役場にはヤマメ放流に関するしっかりとしたデータがあった。町では佐須川上流部、日掛（ひがけ）集落周辺に、平成1年度４０００尾、2年度７０００尾、そして4年度にも７０００尾の稚魚放流を行なっている。すべて長崎県産ヤマメの稚魚放流、再生産もすでに確認しているとのことだった。目的は地域振興……つまり将来的には本土から釣り客を呼びたい……そのための試験放流ということである。見せていただいた写真には、94年度の秋に採捕されたという婚姻色に染まった♂ヤマメ、28㎝が写っていた。こうした放流は是非の判断が難しいもので、たまたま同席していた現地の観光組合の役員の方の一人は、はっきりと反対の意見を述べていた。もちろん理由は生態系の混乱というわけだが、そういうからにはヤマメの生息が従来の生態系に対してどれくらいのインパクトがあるのか、もう少し具体的な調査の必要があると感じた。

それから、あらかじめ取材の趣旨を連絡しておいた観光商工課の原田善紀さんの案内で、早速佐須川上流の日掛集落付近に出かけることになった。原田氏は対馬で生まれ育った根っからの対馬人。温厚で物腰の柔らかな紳士である。

「このあたりで……」とうながされ、集落の中ほどに架かる橋のところで車を止める。そこは、昨日の夕方1人で釣った場所よりは2～3㎞も下流だった。こんな下流で大丈夫なのかと思ったが、水量はけっこうあって渓相もいい。上流部よりはずっと落差がある。いつものクセで橋から渓を見下ろすと、その直下の小さなプールの流れ込み付近に、上流に頭を向けて定位する25㎝前後の魚影が見えた。それは白泡の消えるあたり、水面下50㎝くらいの位置だ。水がよどんでいるあたりにはタカハヤの群れ、最深部の砂底には尺を越えるようなユダ（ウグイ）が数尾並んでいる。それらの魚とは一線を画したシャープな魚体と定位場所は、まさにヤマメそのものだった。

「ヤマメに間違いありません！」

自信タップリに宣誓して即座に釣り支度を整えた。原田氏は興味津々といった表情でその様子といでたちを見ている。原田氏はどんな釣り方であれ、ヤマメ釣りというものを見たことがなかったのだ。

しかし、ヤマメの魚影を確認したものの、その定位場所から判断する限り、決して釣りやすい魚ではないことが予想できた。魚の位置が完璧すぎるだけでなく、透明度の高さも気になる。確かに捕食動作は取っているのだが、流下物を判別しやすい波に入っているため、フライをあまりにはっきりと見られてしまう。こんな魚の場合、ドライフライで一発で決めなければあとは運まかせ。そうでなければ小さなニンフを的確な捕食層に送り込むしかない。いずれにしろスレている魚なら偽物と判断した途端、一目散に逃げ出すだろう。逃げ出さないまでも、投げれば投げるほど釣りづらくなるパターンだ。

とはいえ、釣り人など滅多にいないはずだから、少なくともフィッシング・プレッシャーはないと甘く見て、まずはアダムス・パラシュートの#16を使うことにした。これを慎重に流れの筋に乗せて流し込む。ヤマメはすかさず鋭く反応してフライの5㎝ほどのところまで接近し、そこでサッとUターン。思わず手がピクリと動くがそのままフライを流し切る。でも、これで釣れる確率は50%以下に落ちた。

2投目も同じフライで同じ筋に乗せるが、ほんの少し反応するだけでもはや完璧に見破られている。逃げないだけよしとしておくべきだろう。

次はライト・ケイヒルのウェット#12。水面下に入れて魚の頭上に送り込む。しかし近くまで追ってくるものの、捕食までには至らない。

それからいくつかのフライをローテーションしてはみたものの、なかなか手強くてどうしても口に入れてくれない。結局、グリフィス・ナットの#22を沈め、かろうじてフッキングできたのだが、そこまでの過程が長過ぎたために食いが浅く、すぐに外れてしまった。あまりの悔しさに地団太を踏む私を見て、原田氏たちは苦笑いというよりは呆れていたに違いない。

その日、日掛集落付近では私は釣果ゼロ。大塚氏はかろうじて1尾。しかし釣れたのはヤマメでなく、アマゴだったという。

佐須川支流、日見川(ひみがわ)

日掛集落の下流にはかなり大きな砂防ダムがある。したがって下流部からの遡上はそこで断たれるのだが、上流部から下流部への下降による侵入は可能である。

原田氏の話では、ダム下で佐須川に流れ込む日見川という支流にヤマメが入っているという。それが本当なら日掛付近から下流部に落ちた魚が入り込んだことになる。

しかしいざ入渓してみると、護岸が多くて水量もかなり少ない。しかも落差もあまりないのでそれほどの期待は持てないような気がした。奥で渓が二つに分かれる付近の水量といったら本当に頼りなく、釣る前からあきらめていたほどだった。

おまけにタカハヤの魚影は濃く、遊泳力のある大型の個体（とはいってもせいぜい15cmだが）が流心に入り込んでフライを追うから始末が悪い。そのせいで釣りがついつい投げやりになってしまう。沢が分かれる手前付近まで来ると、樹木が覆い被さり少し暗い感じになる。雰囲気としては釣れそうなのだが、どうもやる気がしない。

けれども、それまでとは違った鋭い身のこなしでフライに反応した魚を釣りあげると、何とそれはヤマメ、いやアマゴだった。続いてもう1尾。やはりそれもアマゴだ。アァ、よかったと胸を撫で下ろした次第だが、アマゴという点に少し納得がいかなかった。長崎県産の稚魚にアマゴがいてはいけない。長崎県にアマゴの分布はないし、そもそも日本海にアマゴ（サツキマス）の分布はないのだから……。

上県町、佐護川のヤマメ

この日の夕方一気に70㎞ほど走って対馬の北端の町、上対馬町の比田勝にある国民宿舎に泊った。

次の日は上島でヤマメが生息できそうな河川をつぶさに調査する予定だった。しかしその前に多少は何かの情報があるかもしれないということで、上県町の役場に立ち寄ることにした。そしてここで思わぬ情報を手に入れたのである。それは何と、対馬に天然のヤマメがいた……今でもいるかしれないという情報だった。

「平成元年だったと思いますが、佐護川の支流の仁田内川のユダ淵というあたりで、ヤマメが採捕されています。それから二本木というところではサクラマス。それにサクラマスは河口近辺で捕れたこともあるようで……。それは確か県に報告してあるはずですが……」

上県町の水産観光課の士肥熊男さんは、実際にヤマメとサクラマスを採捕したことがあるという同僚まで連れてきて、親切にそのときの様子を聞き出してくれた。

「ヤマメは確か真夏だったかな。ヤマメのほうはこう模様があって……、大きさは20㎝くらい。マスは銀色で大きい。40㎝くらいはあったかな、捕れたのは秋口だった……」

さらに、沿岸部でもときどきサクラマスが捕れることがあるという。それは漁師さんからよく聞く話ということだった。まったく驚くべき情報である。

佐護川は河口から3～4㎞あたりで、いくつもの流れに分散する。いずれも大きくはない川だが、仁田内川もそのうちのひとつで、二本木というのは河口から約6㎞の地点、ユダ淵はそこからさらに1㎞ほど上流にある。佐護川にサクラマスが遡上するのは疑いようのない事実である。

早速、仁田内川へと走る。しかし二本木のあたりも、ユダ淵も、とてもヤマメが棲めるような状態ではなかった。ひどい渇水で、水はほとんど流れていないし、底にはタカハヤが真っ黒に群れている。思わず失望してしまったが……。

対馬の地理を検証する

しかし、ガッカリすることはない。対馬を一回りしてみれば、なぜそういう現象が起こるのか充分理解することができる。

そうなのだ。対馬はヤマメたちの侵攻候補地なのである。ヤマメ（サクラマス）たちは対馬沿岸部を毎年のように偵察に来て、侵攻の機会をねらっているらしい。ヤマメたちに国境はない。国境は人間が勝手に引いた線にすぎない。機会があれば、すべての生物はその勢力圏の拡散に努める。

例えば、もしも対馬に冬季の雨量が増し、夏季の温度が下がって渇水を免れさえすれば、ヤマメたちはすかさず対馬中の河川に溯り定着し、タカハヤと勢力争いを繰り広げ、徐々に優勢に転じることだろう。しかしながら現在の状況では、それは叶わぬ夢といったところだ。

しかし、秋に雨の多い年ならおそらくサクラマスは対馬のどこかの川へ、必ず遡上しているのではないだろうか。そうでなくても、どこかほかの地方の川へ遡上しそびれたり、たまたま海流や何かの都合で迷ってしまったサクラマスが入り込む可能性は大だ。なぜなら対馬は、本来的に彼女らの生息圏内なのだから、河川にオスさえ残っていれば、溯上したサクラマスとの自然交配は可能なのである。

こうした攻防が繰り広げられているかどうかは別にして、ここであらためて対馬の地理と自然を検証してみることにしよう。

氷河時代、日本海がまだ湖だった頃、対馬は大陸と陸続きだった。それが地球の温度が上昇し始めた間氷期のあたりを境に、東シナ海からの潮流が対馬の周囲を取り囲んで、対馬は島として独立することになった。

それだけに対馬の自然は独特である。有名なツシマヤマネコとツシマテンという固有種は、国の天然記念物に指定されているだけでなく、レッド・データブックでも絶滅危惧種に指定されている。もうひとつの固有種ツシマジカは、一部の生息地に関して捕獲を全面禁止する地域指定の天然記念物に指定されている。そのほか齧歯類でも固有種があり、水生動物では、ツシマサンショウウオという固有種が生息する。また、かつて大陸と陸続きだったことを証明する大陸系の動植物が数多いのも、対馬ならではの特徴である。

このように対馬という島は、ある意味では島全体が瀬戸際の島であるのかもしれない。大陸から切り離され、取り残された生物たちが独自の進化を遂げている……そんな特殊な自然環境の中にある島なのである。

そこで次に肝心のヤマメがどうして今現在自然分布していないのかという点について推測してみよう。

まず、対馬の上島にはこれといった高い山がない。標高300m前後の山が丘陵状に連なっているだけである。上島最大の川、佐護川にしても河口の規模はそこそこで、淡水の海域への流入量はそれなりにあるように思える。しかし、流れが内側へ入るにしたがって、まるで毛細血管のようにいくつもの小さな谷間へと分散してしまう。また、険しい谷間も少なく、深い渓谷を形成するような断層地帯もない。そのため、そうした落差の乏しい平坦な小河川では、渇水期には水が枯れ、あるいは伏流水となり、わずかな水溜まりくらいしか残さない時期があるのだろう。その結果、かろうじて水さえあれば息をつなげるタカハヤだけが、山間部河川の唯一の遊泳魚種、優先魚種としてその勢力を維持できる。ヤマメとサクラマスの採捕記録のある佐護川水系も、やはりそんな現象が生じている。支流の本数が多いにも関わらず、常に豊かな水量を確保している渓が皆無なのである。

また、沿岸部の独立小河川に関しては、山が低い割りには全体的に断崖絶壁が多く、それらの川の多くは一気に海へと流れ落ちる。したがって回遊性魚類の生息は望めない。これは全島共通である。

下島もまた基本的には上島と同じである。しかし、現在ヤマメが生息している厳原の佐須川だけは別だ。源流部には対馬の最高峰、矢立山（標高649m）をはじめ標高500m以上の山々が連なる。それだけにこの川だけは一般的な渓流の様相を呈し、しかも水が枯れることもない。そして、自然産卵して孵化した稚魚が、いきなり海へと流されないだけの流程を持っている。これだけ条件が揃っているのに、どうしてこれまで生息が確認されなかったのか？

かつて佐須川の流域には亜鉛、鉛の鉱山があった。鉱山から流れ出す廃液で佐須川は死の川だったのである。鉱山が閉鎖されたのは1973年。したがって、現在のような状況になってからまだ月日が浅いのである。それを考えると、もしかすると採掘以前の佐須川には、由緒正しい天然ヤマメが棲んでいた可能性がある。それを調査する方法があればぜひ確認してみるべきだろう。もしそれで生息の証拠が確認できたとすれば、佐須川にヤマメを呼び戻す価値は充分にある。

最後の日の釣りでは、日掛集落のすぐ上流での1時間ほどの間に3尾のヤマメが釣れた。このほかにも姿だけ見せた魚が2尾いたから、区間による生息密度はそれなりに確保されているとみていいように思えた。また、サクラマスの侵攻も平成元年だけに限ったことではないだろう。たまたまその年に捕獲、確認されただけのことであって、実は毎年のように遡上の機会を伺っているのかもしれない。

このように様々な憶測はできるが、とりあえず佐須川に放たれたヤマメたちは順調に定着しつつある。それはそれでけっこうなことだと思う。黙っていてもサクラマスが入り込む条件が整っているわけだし、ヤマメの存在がこれからの対馬に、あらゆる意味で影響を与えることもあるかもしれない。

国境の島のヤマメたち。そして彼女らの侵攻の瀬戸際で揺れる地域、それが対馬だ。我々は今はまだそれを静観するしかないようである。

佐須川支流、日見川のアマゴ。放流された魚は、純粋なヤマメではなかったようだ。この付近の小さな沢では、シュリンプの類が重要な栄養源になっている様子で、それが美しい赤色色素の源となっているようだ

対馬の渓の王者は、タカハヤ（アブラハヤ）。ちょっとした水溜まりでも、へっちゃらの逞しい生命力には驚かされる

対馬の典型的な山岳風景。低山地帯は、こんな丘陵のような小さな山がいくつも連なっている。こうした山々の隙間を縫って、小さな沢が毛細血管のように流れている。そのため、それらのひとつひとつは、極めて小さな規模になってしまう

佐須川、日掛集落上流部の流れ。小渓流ながら、まとまった渓相をしている。佐須川では標高100mを超えるあたりからヤマメが生息するらしい

そして日見川の水は透き通り、滋養深そうな底石の状態がうかがえる

上／対馬のヤマメの平均サイズはこのくらい。流量が少ないだけに、生息数が多いのは、ある程度の落差と深みのある部分に限られる　右／かつてヤマメが採捕されたという、仁田内川、ユダ淵付近の流れ。しかしこの時期、よどんだ水にはタカハヤの魚影しかなかった

手箱谷のイワナ。まだサビが抜けきっていないため、白点が不鮮明に見える。しかしタイプ的にはニッコウイワナ系であることは否めない

第5章　高知県

四国山地にイワナを追いかけて

吉野川源流域に生息の可能性を辿る旅

（1993年4月取材）

四国にイワナはいるのか？

それはもちろん一般的には否定されている。日本国内におけるイワナ属の天然分布は、四国、九州では正式に確認されていないのだ。したがって、魚類研究者に四国のイワナ云々といった話を持ちかけても鼻であしらわれるだけだろう。科学的にはもはやけりがついている話題でしかないようだ。

それでも過去に何回かは「四国にイワナがいた！」という怪情報が流れたことがあるらしい。しかしそれらのすべてはアマゴを誤認していたり、何かの拍子に尾ヒレが付いて出回ったお伽話にすぎなかったのである。

それにも懲りず、釣り人の間では四国のイワナについて議論が交わされ続けている。天然のイワナが四国山地の奥深くにひっそり棲んでいるという噂は、いまだに釣り人の間を駆けめぐっている。

そんな噂は何処からともなく耳に入ってくるというよりは、耳に入れるようにしているのだが、それらの多くは確認するまでもなく間違いであることが判明してしまう。また何回かは雑誌に紹介された関連記事を読んだこともある。しかしこれまでのそうした噂やら記事というのは、何となく胡散臭く、信用のおけるものではなかった。噂に関しては、その出所とか指定された地域に疑問を感じることが多かったし、関連記事に関しては、記述の内容や四国のイワナとして掲載されている写真に疑問が残った。それはたいていニッコウイワナ系の魚で、特ダネっぽい記述様式と併せて判断すると、かなりいい加減な内容のものばかりだった。

そうはいっても、従来の分布図やら四国の地理的位置、そして四国独特の険しい山岳地域とそこを流れる清冽な渓を思い浮かべると、どうして四国にイワナが残されていないのだろうという気がしてくる。イワナの生息環境としては申し分ない条件が現在でも揃っているのである。やはり過去に起こった何かの要因によって、イワナの勢力圏が四国に及ばなかったと考えるしかないのだろうか。あるいは一時的に生息していたものが、何らかの理由で滅びてしまったのだろうか。

また、文献上でイワナの南限とされている和歌山県日高川の河口は、紀伊水道を挟んで四国側の那賀川、吉野川といった大河川と向き合っている。このことからも、過去に四国の河川にイワナが入っていたことは充分推測できる。しかし近代から現在にかけて、四国でイワナが発見されたという正式な報告はないのである。

それでも一部の研究者の中には、四国にイワナが生息していないことを不思議に思っている人もいるらしい。

そういった人たちの考えでは、前述したような地理的な条件に関することばかりでなく、イワナ属最後の南方進出期以来（ウルム氷期以降、1～2万年くらい前とされている）、四国には目立った火山活動や地殻変動はなく、生息域が壊滅的な打撃を受けることはなかったという説が加えられている。このような視点から推測すると、現在でも活発な火山活動が見られる九州にイワナが生息していないことは納得できる。

こうした背景や現実があるのに、今回あえて四国にイワナを探釣に出かけたことにはいくつかの理由がある。

ひとつには個人的な考え、あるいは希望的観測として、前々から四国山地にイワナ（タイプとしては、もちろんヤマトイワナ系だ）が生息していることを何となく信じていたこと。また、信頼できる筋からの情報が得られたこと。さらに、大阪の知人から得た奇妙な情報が気になったこと。そして決定的だったのは、これら二つの外部からの情報が偶然にも同一地域に重なっていたことである。

食堂に飾られた魚拓の謎

その地域というのは高知県土佐郡本川村内の吉野川源流域である。流程194㎞に及ぶ四国最長河川の最源流部がその舞台というのだから、それだけで何か特別な感じがする。標高もかなりあって、本支流の源流部は優に標高1000mを超える四国有数の寒冷地でもある。

まず、最初に入手した情報では、吉野川源流部の支流、手箱谷という小渓に天然のイワナが生息しているというものであった。ただしこの周辺には以前イワナが放流された実績があり、ほかの支流群に生息するものはすべて放流魚で（この件についてはすでに調べてあった）、天然イワナが生息するのは手箱谷だけという注釈付きである。なぜ手箱谷だけなのか？　それも妙な話だなと疑ってみたが、その理由は行ってみれば分かるということだった。どうやらものすごい落差の中流部を越えたところの源流部一帯が、イワナの聖地になっているらしいのである。

さて、もうひとつの情報……例の奇妙な情報とはこんな内容である。

吉野川上流部の大支流のひとつに、葛原川という渓がある。この渓に沿って国道194号線が走り、寒風峠を経て愛媛県側との重要な交通路になっている。そして渓沿いのこの1本道が急勾配となって、寒風峠へとせり上がる少し手前に1軒の食堂がある。その食堂の店内にはアメゴ（四国ではアマゴをこう呼ぶ）とイワナの魚拓が何枚か飾られているという。問題なのはその中の一枚である。

この周辺にかつてイワナが放流されていることは、大阪の知人も承知している。そしてその末裔がすっかり定着して今ではごく普通にハリに掛かることも、彼は身を持って体験している。しかし、食堂に飾られたイワナの魚拓に記された日付が、放流された時期以前のものだったという気がするというのだ。場所は葛原川上流部のいずれかの支流、そして大きさは30㎝くらいという記憶はあるが、はっきりとした日付は思い出せない。ただ、このあたりにイワナが放流された時期よりは前だという。もしもその話が本当ならば、さらにその裏付けが取れるのなら、四国に天然のイワナが生息している可能性（あるいはしていた可能性かもしれないが）は俄然高くなる。

以上の情報がすべてだった。手箱谷には本当に天然イワナの末裔が棲んでいるのだろうか？　そして深山の峠道の傍ら、小さな食堂に飾られた1枚の魚拓。とにかくそれをこの目で確認しなければ気が済まない。ほのかな期待感を抱きつつ、私は松山へと向かう飛行機に飛び乗った。里では桜の花も散り、穏やかな春の陽射しが眩しい4月中旬のことである。

手箱谷

急勾配の登山道を一気に登り詰めると、軌道跡の平坦な道に出る。ここまでは本当に辛い上り坂だった。渓は沢音さえ聞こえないほど深い谷底を流れ、恐ろしいほどの落差で山の急斜面を駆け下っていた。その落差に合わせた急坂の登山道は、距離にすれば大したことはないのだが、冬の間に鈍った身体には充分過ぎるほどのダメージをもたらした。太腿とふくらはぎの筋肉がプルプル震え、身体全体が急激な運動に驚いていた。急坂を登りきった地点の標高は約１０２４ｍ。１・５㎞ほどの間に約３００ｍもの高低差をクリアしたことになる。

途中、岸壁を削り取って添え付けられた登山道から下流部を覗き込むと、その落差の激しさに再度驚かされた。この区間に魚は棲めまい。けれども眼下に広がる景色はなかなかのもので、吹き抜ける涼風に汗もスーッと引いていく。頭上を覆うオーバーハングした岩壁から、今にも岩のかけらが落ちてきそうで怖かったが、気分は爽快そのものだった。

そこからしばらく歩くと、穏やかな渓相に美しく透き通った水を湛えた手箱谷につき当たった。そこからは渓に沿って登山道が続いている。渓の上流部は、豊かな森の中に吸い込まれていくようだった。まだまだ冬景色の面影を残していたが、幾重にも重なる山並みからは、この山塊の奥行きの深さが感じ取れた。

手箱谷上流部はこのすぐ先で二つに分かれる。上流に向かって右の沢は最源流までアメゴのみ。しかし左の沢にはイワナが多く、最源流部ではイワナのみになるという。いずれも落差の少ない穏やかな渓相で、高巻きの箇所はほんの数箇所しかない。

もちろん、左の沢を詰めることにする。もしもここでヤマトイワナ系のイワナが釣れれば、それがネイティブであることの信憑性は高まる。けれどもニッコウイワナ系の魚ばかりだったら、放流説に素直に頷くしかないだろう。

おりからの渇水で条件はよいとはいえなかった。峠は春が2週間ほど遅れているらしい。雨も少なく、澄みきった水に勢いは感じられなかった。

それでもアメゴは適当に釣れてくる。渇水のためにかなり神経質になっているようだったが、さすがにフライは見慣れていないのだろう。好奇心タップリといった面持ちでフライにちょっかいを出してくる。

肝心のイワナはなかなか姿を見せない。いかにもイワナが好みそうなポイントにフライを入れても、その周辺でうろうろしているアメゴがすかさず襲いかかってくる。しかし後で確認したことだが、この渓のアメゴこそ完璧なネイティブだった。過去から現在に至るまで、この渓でアメゴの放流が行なわれたことは一度もないのである。

2時間ほど釣り上がる間、イワナらしき魚が2~3尾出てきたが、アメゴに較べるとあまりに遅い動作に惑わされて全然タイミングが合わない。時間差攻撃を仕掛けられているようなものだ。しかもイワナのくせにフライを一度しか追わない。やはり渇水のせいで過敏になっているのだろう。多少気持ちが焦ってきた。ようやく最初のイワナを釣ったのは3時間を過ぎる頃だった。しかし、予想に反してニッコウ系のイワナなのでがっかりした。どことい って特徴のない見慣れた外観である。

渓は徐々に落差を強め、巨岩を縫うように流れる水の量も乏しくなってきた。このあたりから上流はイワナ一色……しかも天然のイワナの聖地のはずだった。けれども釣れてくるのはニッコウイワナ系の魚ばかり。それでもこの手箱谷のイワナが、100％ネイティブではないとは言い切れないかもしれない。しかしあらゆる角度から判断しても、この渓にはヤマトイワナ系のイワナ……つまり紀伊半島のキリクチと類似したイワナがいなければ不自然なのである。マクロ的に見れば大した違いはないかもしれないが、とイワナに関しては、あらゆる面でミクロ的な判別が要求されることが多い。そうしたうえで考慮を重ねると、四国にこうしたタイプのイワナがいてはならないのである。

真相

今回の取材では、本川村漁業協同組合長の山中伯夫氏、同村教育委員会勤務の和田守氏らと話し合う機会を持った。両氏から得られたイワナに関する情報は次のとおりである。

①昭和48年、葛原川源流部の支流、長又川の二つの沢に富山県産のイワナが合計2000尾放流された。

②現在、葛原川沿いにある宿泊施設『寒風荘』の敷地内に、かつて養魚場があった。その養魚場では、数種類の鮭鱒魚類が飼育されていたが（アメマス系のイワナやオショロコマ、それにイトウまでいたそうだ）、昭和52年秋の台風で壊滅的な被害を受け、飼育されていた魚のほぼ100％が葛原川に逃げ込んでしまっ

た。

③手箱谷のイワナに関して分かっていることは、昭和52〜53年頃、和田氏の友人A氏が17尾のイワナを上流部二又まで運び上げ、そのとき生き残った14尾が手箱谷に放たれたという。現在の手箱谷のイワナは、おそらくその14尾の子孫であろう。

④手箱谷の件と同様に、この周辺のほとんどの渓の源流部にイワナは放流されている。当時はA氏だけでなく、数人の釣り人がこうした小規模な自主放流に精を出していたらしい。

⑤イワナはこのような経過をたどって、本川村内の吉野川本支流に定着した。富山県産の2000尾がそのルーツになっているのは確実だが、養魚場から逃げだしたほかのイワナ属との混血ができあがっている可能性もある。

アア、何という非情な真相であろうか！

両氏ともに本川村出身で、何10年もこの村で生活している人たちである。これらの話はすべて筋が通っていて疑いようもない。手箱谷は和田氏の幼少時代の遊び場同然の渓だというし、今回も氏に同行していただいた。四国山地のイワナは本当に幻に終わってしまうのだろうか？　だけど待てよ、食堂に飾られているはずのイワナの魚拓、あれをまだ確かめていない。こちらに来るときはあいにく休業中で、店内を覗いてくることができなかったのだ。あきらめるのはそれを確認してからでも遅くない。

一の谷ドライブインにて

この周辺の水系にイワナが放たれたのは昭和48年であることが分かった。今から20年前である。ということは、例の食堂に飾られたイワナの魚拓の日付は、それ以前のものでなければならない。

その食堂は『一の谷ドライブイン』という店名だった。店のすぐ前は『一の谷の館』という旅館で、森に囲まれてひっそりと佇んでいる。

少しの期待と、あきらめようとする気持ちが入り混ざったような心理状態で食堂に入る。ちょうど昼時だったので数人の営業マンらしきお客がいた。寒風峠は愛媛県の西条市周辺から高知県に入る主要道路だから、こんなお客がけっこう入るのかもしれない。何しろ本川村から峠を降りるまで、食事ができる店はここ1軒しかないのだから。

店内の壁には10枚以上もの魚拓が飾られていた。店のおばさんはかつては都会に住んでいたことが一目で分かるような垢抜けた感じの人で、ちょっと驚かされた。とりあえず「魚拓をちょっと見せてください」と頼んで、一枚一枚を念入りに眺めさせてもらうことにした。そのほとんどはアメゴのものだったが、イワナの魚拓も数枚混じっている。魚の大きさは無視して日付だけを追う。

しかし、昭和48年、あるいは西暦1973年以前のものは見つからない。あきらめきれずに何度も読み返すが、見つけることができない。イワナだけでなくアメゴの魚拓に記された日付でさえ、それほど以前のものではないのだ。大阪の知人からの情報は誤報だったのだろうか。不安が胸を突き上げてきた。

それでも気を取り直し、不審そうな表情で自分を見つめるおばさんに再度尋ねてみた。古い魚拓は順次取り外してしまうことも考えられるから、この際しつこく迫ったほうがいいと思ったからだ。

「あのォ〜、もっと古い日付の魚拓はないのでしょうか?」

おばさんはニッコリ笑いながら、完璧な標準語で答えた。

「この店がオープンしたのは昭和48年だから、それより前のはありませんよ。ここの魚拓はよくお見えになるお客さんの希望で飾ってありますから、何かの間違いだと思いますけど……」

それはまるで、僕を慰めてくれるかのような優しい口調であった。しかしながらその瞬間、すべての希望が音を立てて崩れ落ちた。それにしても、この周辺に富山県から移入されたイワナが放流された年に、この店がオープンしているとは……何という偶然なのだろう。

こうして四国山地に幻のイワナを探し求めた旅が終わった。徒労だと言われれば確かにそうかもしれないが、自分なりにこれでひとつのケジメがつけられたような気がしている。結局のところ、実際に瀬戸際だったのは、放流イワナに追いつめられていた手箱谷の天然アメゴだった。皮肉な結果となってしまったが、情報に惑わされてはいけないという教訓を、痛いほど味わった取材であった。

かつて、地球の寒冷化に乗じて太平洋の南下を企てたイワナたちの群れは、紀伊半島の河川の最奥に、わずかながらもその子孫『キリクチ』を残すことに成功した。しかし紀伊水道の向こう側の四国まではたどり着けなかったらしい。たとえたどり着いていたとしても、子孫を残せるほどの数量は遡上できなかったのだろう。日本海側では山口県までの南下（あるいは西方への進出）に成功して、やはり河川の最上流部にあの愛嬌者の『ゴギ』を残している。けれども日本海側においても、関門海峡や玄界灘を越えて九州への進出を果たせなかった。四国と九州はイワナたちにとって、その生命力の外側に位置する遠い島々だったようだ。

しかし、広島県の瀬戸内海に流れ込む河川の最上流部に、なぜかゴギがちゃっかり生息しているように（この場合は源流部から分水嶺を越えて進出したという裏技を使ったという説が有力）、どさくさに紛れて、普通では考えられないようなところに姿を見せるのもイワナたちの特徴である。そういった神出鬼没な性格から推せば、四国の天然イワナ生息説をここできっぱり否定する気になれない。何か予測もしない条件やら状況によって、四国山地のどこかの渓にその生命を脈々と維持していそうな気がしてならないのだ。

だから、まだあきらめてはいない。もう一度情報をかき集め、幻の四国のイワナを追いかけてみたい衝動にかられている私に、誰かとびっきりの情報を与えてくれないでしょうか……！

右／手箱谷、上流部の渓相。イワナが多くなるのは、こんな小滝とプールが連続するようになってからだった。水はあくまで透き通っている　左／手箱谷の下流部はこんな瀑流帯の連続である。水量が増えれば迫力ある流れになるだろう。はるか下方に地主（土地名）の集落が見える

上／瀬戸際だったのは、手箱谷のこの天然アメゴだった。やはりまだサビを残しているが、初夏になれば麗しき素肌となって釣り人を魅了するに違いない　右／手箱谷のアメゴのアベレージ・サイズ。そして真円に近いバーマークと側線の上下に集中した赤点が特徴である。この魚は♀で、産卵床を掘るための長い尻鰭がそれを証明している

これも手箱谷で釣れたイワナである。これならば、ちらっと見るかぎり、ヤマトイワナといっても通用するかもしれない（いや、ダメかな）。背部の白点が鮮やかすぎるのが気に入らない

そして参考までに、岐阜県長良川支流の吉田川のイワナを紹介しておこう。これが本当のヤマトイワナである。背部の白点のほとんど見られない背部、そして体側の朱点とその大きさに注目して欲しい。こうして並べると、たったそれだけの違いでも、よく分かると思う。四国のイワナがいるのなら、これに近いタイプでなければならないのだ

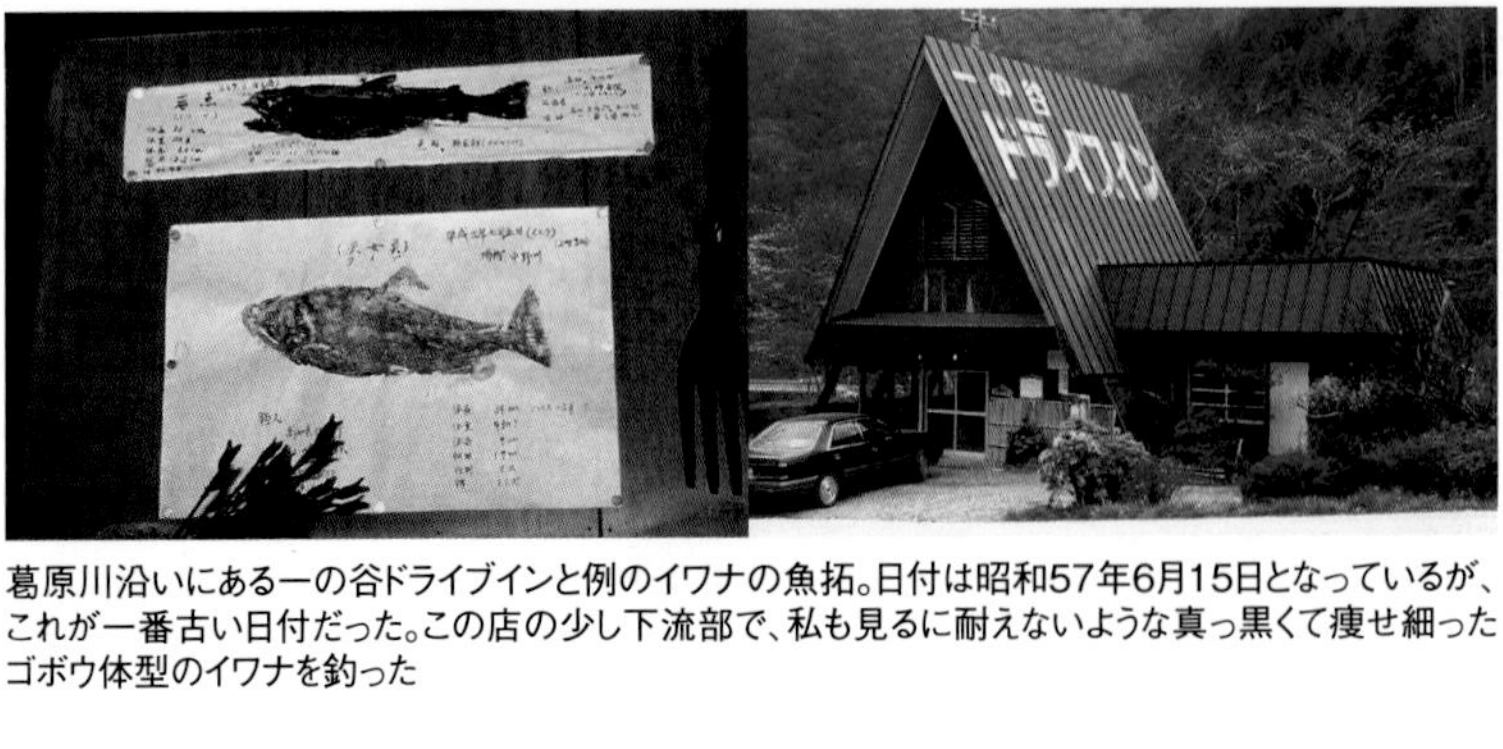

葛原川沿いにある一の谷ドライブインと例のイワナの魚拓。日付は昭和57年6月15日となっているが、これが一番古い日付だった。この店の少し下流部で、私も見るに耐えないような真っ黒くて痩せ細ったゴボウ体型のイワナを釣った

手箱谷も最源流付近になると、こんなポイントが現われる。気の遠くなるような年月による浸食で形成された滑壺である

左上／しかし、こうしたイワナを見てしまうとニッコウイワナ系であることが歴然としてしまう。これも手箱谷のイワナでしかもかなり上流で釣れた魚である。完璧なニッコウイワナの特徴を呈している。この魚も昭和52〜53年頃、手箱谷に運ばれた14尾のイワナの末裔なのである
左下／吉野川本流で釣れたイワナ。やはりニッコウ系ではあるようだが、本流育ちのためか、顕著な着色点が見られない。混沌としたタイプである

四万十川支流の源流部で釣れたアメゴ。野生ではあっても、四万十アマゴの血脈を伝える個体との確信は持てない……

第6章 高知県

四万十川と天然アマゴ

最後の清流とアメゴたちの現在

（1996年4月取材）

瀬戸際の清流、四万十川

南国土佐の四万十川が〝最後の清流〟と称されるようになって久しい。四万十川下流部の穏やかな流れは、そこに初めて訪れる者にさえ、どことなく懐かしい印象を与える。源流部から河口部に至るまで、充分な透明度を保っている水色は、今となっては奇跡に値するのではないだろうか。それでいて人々の生活と川に一体感がある。開豁な谷間をつなぐ沈下橋が風景に溶け込み、たおやかな山並が青い空にくっきりとした輪郭を描く。そこに私たちは、日本人の心の片隅にある原風景を見出すのだろうか。増水時には水面下に潜ってしまう沈下橋を歩いてみると、川がとても身近に感じられる。そんなところに、四万十川の存在と魅力が凝縮されているのかもしれない。

四万十川に棲む魚たちの主役をつとめるのは、何といっても清流のシンボル、アユだろう。そしてウナギやゴリ、それにカワエビやモクズガニ、アオノリといった生物群も四万十川が育む貴重な川の幸である。そして源流部の冷水域ではセイラン（カワノリ）が採取できることでも有名だ。

しかし温暖な地域を流れ、おまけに日当たりがよく、夏季の水温上昇が激しいこともあって、冷水性の魚類であるアメゴ（アマゴ）の生息範囲はそれほど広くない。それでも各支流の上流部や源流域では昔からアメゴが棲んでいたという。それどころか以前は降海型のアマゴ〈サツキマス〉ならぬ四万十マスの遡上もあったという。しかし、梼原川にある四万十川水系最大の津賀ダムと、本流筋の家地川堰堤の出現によって、四万十マスの遡上は完全に断たれ、その存在自体が幻になってしまった。実際には本支流で放流されたアマゴが降下したり、降下した魚が再び遡上する現象は見られるかもしれない。けれどもたとえ遡上があったとしても、産卵可能な場所までたどり着くのは難しい。自然再生産して命をつなぐことができなければ、一過性の現象ととらえるしかないのである。

サツキマスでもサクラマスでも、今では放流事業によってそれらの出現は簡単に演出できる。自然産卵による孵化、稚魚の降海、海洋での成長を経て、再び産卵のための遡上という一連の行動が行なえることで、サツキマスやサクラマスは初めてその存在感を際立たせる。長良川のサツキマスは、今までそれが立派に成り立ってきたからこそ貴重な存在だったのだ。四万十川の場合は、そうしたサツキマスの行動を保持できるだけのバック・ボーンを、ずっと以前に失っている。

それは四万十川の重要魚種、アユにしても同じことがいえる。現在ではここにも琵琶湖産のアユが大量に放流されているし、むしろそれだけに頼っている地域もある。かつて〝津野山アユ〟と賞賛された梼原川上流部の野アユ（天然遡上のアユ）も昭和19年、軍事政権下における国家政策により、住民の反対を押し切って建設された津賀ダムによって葬られてしまった。尺アユなどは当たり前で、その大きさもさることながら、均整のとれた素晴らしい体躯が津野山アユの特徴だったという。

四万十川水系には現在6ヵ所の水力発電用のダムがある。そのほか支流群には無数の堰堤がある。イメージ的に、四万十川にはダムがないと思っている人が多いかもしれない。また、一部では四万十川本川にはダムがないとされていることがある。

しかしこれは解釈次第でいかようにも受け取ることができる。四万十川を梼原川と松葉川の合流点より下流と定義すれば、海から合流点の間にダムはないと解釈することができる。また、四万十川を渡川（わたりがわ）という一般には聞き慣れない名称に転じて、国民の関心の矛先をかわすような手法も取られている。さらに、ダムという言葉の解釈にもいろいろあって、例えば建設省では壁面の高さが15m以下のものはダムとは言わないそうだ。しかし広辞苑でダムという言葉を引けば、ダムはつまり堰堤であると記されている。そして現実には全長196㎞の四万十川を辿っていくと、蛇行する四万十川の中流付近、太平洋に最も近付くあたりの家地川にある家地川堰堤（佐賀ダム）によって四万十川の水が吸い取られ、まったく別の水系の伊与木川という川に流されているのが分かる。要するに、家地川まで流れてきた水のほとんどがこの取水堰によって搾取され、別の川を経て太平洋に流されているのである。さらにこれはコンクリートの壁面を持つタイプのダムではなく、開閉式になっている。だから、それならと上に持ち上げてしまえば川は一瞬にしてつながるのだ。このように、解釈次第で変幻自在の言い逃れができるから厄介だ。しかし、実質的には川を寸断するに必要充分な機能を有した構造物であることに間違いはない。このダムの水利権の更新は２００１年、四万十川の清流を蘇えらせようとするならば、そのときにはこれを絶対に撤去しなければならない。

現実とはこんなもので、四万十川とて全国どこにでもある寸断された川のひとつなのである。けれども、まだこの程度で済んでいる理由として、川と生活をともにしてきた地域住民による抵抗の歴史を忘れてはならない。まず、昭和25年には堤高１００ｍの渡川ダムが建設されそうになった。そして昭和37年は大正ダム、昭和44年には梼原ダムというように、四万十川流域のダム建設計画は後を断たなかったのである。ところがそれらのすべては、地域住民の徹底した反対運動によってことごとく中止に追い込まれた。そして昭和62年には津賀ダムの水利権更新における撤去運動が盛り上がったが、最終的には国策というたてまえと四国電力の既得権という壁に阻まれ、残念ながら撤去には至らなかった。もしもそれが今なら、国策だとか既得権といった謀略的権利など、押し退けてしまうだけの国民の支持が得られるに違いない。

このようにして四万十川の魚たちは、寸断された川によって打撃的な被害を受けてきた。もしも政府の計画がその思惑通り実施されたら、四万十川は大小13のダムでボロボロに切り刻まれていたのである。そうなっていたら〝最後の清流〟という言葉など生まれようもなかったのだ。

ダムによって葬られた魚たち、そして大量の水。今ならそれらを取り戻すことも可能である。最後の清流とはつまり、瀬戸際の清流と同じ意味だ。もう後がない、ぎりぎりのところにあるのが四万十川なのである。

四万十川のイメージ

96年3月28日の読売新聞朝刊、編集手帳に興味深いことが書かれていた。その要旨を紹介すると……。

「四万十川の水質汚染や森林荒廃を救うために、あなたはいくら負担してもいいですか?」という設問で、京都市と東京都三鷹市の住民を対象にアンケート調査を行なったところ、何と一世帯平均で1万4000円という数字が出てきた。これは高知県が京都大学に委託して行なわれたもので、仮にわが国の全世帯がその金額通り支払えば、総額は6150億円にもなる。この結果は、都市住民が四万十川の豊かな自然にそれだけ高い価値を見いだしている表われだろう…(中略)…近年、環境保全による便益、損失を金額で評価する環境経済学の研究は盛んになった。列島全体の大気汚染、水質汚濁などの損失を経済企画庁が年間8兆4000億円(1990年)とはじいてもいる。環境破壊のツケがいかに高くつくか。四万十川の「高値」は、それが充分理解されている証拠でもある……住専処理で似た金額の公的資金導入問題を抱える政府の、うらやましげなため息も聞こえてきそうだ」

何という喜ばしい調査結果なのだろう! 四万十川はまさに国民的財産……そうした自覚を国民の1人1人が持ち始めている。しかも四万十川とは全然関わりのないところで暮らしている人たちの解答がこれである。またこの調査結果は四万十川流域で川と生活を共にし、自分たちの財産である四万十川を必死に守ってきた人たちにとっても、希望をつなぐ一筋の光明と思えたのではないだろうか。

また、ある別の調査によると、日本が世界に自慢できることは……? という設問に対するナンバー1

の返答は、これまた驚くべきことだが、何と『美しい自然』だったそうだ。数年前までは『治安のよさ』というのがナンバー1だったようだが、オウム心理教のテロ事件以来、治安のよさは3位に転落したという。

その一方でどんな森林が最も美しいと思いますか？　という設問に対する回答のナンバー1は、『京都の北山杉』の林。そして2位は『高原のシラカバ林』というから、これには頭をひねってしまう。北山杉は立派な人工林だし、高原のシラカバ林にしても、多くの場合は伐採後の2次林なのだ。世界遺産の白神のブナ林や屋久島の古代杉群などに対して、多くの人はそれほど美しさを感じないらしい。そういえば、あの歴史的大惨事、日航機の御巣鷹山墜落事件のとき、テレビのアナウンサーはしきりに「原生林の中へ墜落した模様です……」を繰り返していた。しかしテレビの画面に写っていたのは、山全体に植林されたカラマツ林だった。

つまり、自然が大切なのだと思いながらも、本当の自然の姿というものを忘れてしまっているのが現代の日本人なのである。求めているものが何なのか、それをよく分からずに「自然は大切にしなければ……」と思い込んでいる。その一方で、我々の最大の自然破壊は水田の開拓だと極端な意見を唱える人もいる。しかし今となってはそれが日本の気候や風土に大きく影響しているわけだし、水田を埋めて木を植えろとわめいたところで、誰も相手にしてもらえないだろう。自然との共生という観点で、人々の生活の身近にある自然と、その豊かさを享受できるような環境を整える。それが一番大切なことであり、自然なのではないだろうか。そこから出発しなければ、自然との共生は成立しない。

こうした点からも四万十川は優れたイメージを持っている。だからこそ国民全体の力で四万十川を再生できれば、それは国民の大きな喜びにつながる。それを思うと津賀ダムをダイナマイトで破壊したら痛快だろうし、今さら用もない家地川の堰堤を撤去してしまえば、魚も水も増えるわけだから、これは早急に実行すべきだと感じる。とはいっても、そこには水利権とかダム湖の底に堆積したヘドロの処理などの問題もあり、ストレートにそんな行為に走るわけにはいかない。しかし、四万十川に対する国民のイメージを大切にしながら、四万十川に昔の景観と豊かさを望もうとするのなら、それは具体的な手法として、選択肢の中に入れておくべきだろう。

四万十川源流域へ

四万十川に天然アメゴは残っているのだろうか？

この疑問は以前から抱いていたが、その存在についてはそれほど期待していなかった。地理的にアメゴの生息に適していそうなところは少ないようだし、四万十川のアメゴ情報というのも、支流の黒尊川や四万川の噂がときどき耳に入ってくる程度である。高知県においては仁淀川、物部川、奈半利川といった各水系のアメゴ釣り場のほうが、四万十川水系よりはポピュラーな感がある。

高知県には高知市に拠点をおくＴＦＦ（土佐フィールド・フォーラム）というグループがある。中野川川のフライフィッシング・エリア設定は、本川村漁協の前向きな姿勢をＴＦＦのメンバーが後押しした結果実現したといってもいい。今回の取材は、ＪＦＦ（ジャパン・フライフィッシャーズ）の中野川川ミーティングがＴＦＦの主催で行なわれ、それにたまたま出席したことから始まった。事前にＴＦＦの方たちとコンタクトを取り、四万十川の情報を入手しながら、天然アマゴが残っている可能性がありそうな渓をピック・アップしていただいたのである。

そこでまず最初に出かけたのは四万十川の1支流、Ａ川の源流部だった。そこは地図で見てもちょっと見落としてしまいそうな場所で、何となく期待が持てそうだった。渓に沿った最終集落の上に堰堤があり、放流はその下までで、上流部には放流された記録が見当たらないというのだ。

実際その渓には、確かに美しいアメゴがたくさん棲んでいた。その体型、色艶、いかにもアメゴらしい機敏な動作といい、文句のつけようのない野生のアメゴだった。25㎝を上限にこの冬生まれたばかりの稚魚から、数世代の魚が混生していたから、この渓で繁殖していることは間違いない。しかし、釣り上がるにしたがって、朱点の数がやけに少ない魚が混じりはじめた。完全に朱点の欠如した個体に巡り合うことはなかったが、両体側でほんの数個の小さな朱点しか確認できない魚が何尾かいた。また、朱点が黒点に滲んでいるような特徴を持つ個体が多く、それはちょうど『東日本編』でも取り上げたヤマメとアマゴの境界線の魚たちとよく似ている。これはアマゴ生息域の核心にありながら、ヤマメ（サクラマス）の影響を強く受け継いでいる個体に見られる特徴のひとつである。

四万十川水系における同様な傾向の原因は果たしてどこにあるのか？……それについては、この渓の魚が完全な在来種であると仮定すれば、次のような推論が成り立つ。

つまりこの渓の魚は、ヤマメから分化したアマゴの一群の支配下に置かれる前に、海との交流が何らかの理由で絶たれ、ヤマメの影響が色濃く残ってしまったのではないか……。その場合は地理的な隔絶によって血の交流が絶たれるといった物理的な要因が関与していなければならない。しかしこの四万十川支流の場合は極めて平坦な渓の最上流部だ。今でこそ、堰堤という人造物で下流との交流が絶たれているが、過去において交流が絶たれて独自の進化を遂げたという証拠を見出だすことができない。可能性があるとすれば、地理的な隔絶ではなく、高水温による交流不能という理由が考えられるが、そんな高水温期間が、一系群を形成するほど長い間続いたとは考えにくい。

そうなると、朱点の減少傾向の理由は、過去に何らかの理由でヤマメが、またはヤマメの血を色濃く体内に宿したアマゴの一群が放流されたのではないか？……と単純に考えたほうが自然に思えてくる。渓に沿って林道は通っているし、周囲の山々はほぼ人造林である。過去に人間の干渉を受けていたとしても、無理はないロケーションなのである。

次に梼原川源流付近の渓に入渓した……ここも堰堤によって下流との交流が絶たれている……。この渓は水色が素晴らしく渓相も抜群。いかにも四国の渓らしい落差があって、釣れるアメゴも素晴らしいコンディションで元気一杯だった。できればこの渓のアメゴこそ四万十川原産の天然魚と思いたかったが、やはりロケーションがあまりに開放的でそうした確信が持てない。

最後に、四万十川本川の源流とされている船戸集落から上流の松葉川源流部に入った。ここには養魚場があり、生息するアメゴが天然という可能性は最初から稀薄だった。そして数尾の美しいアメゴを釣った後、その上流部のプールで見た光景は、現在の四万十川を象徴するものだった。大岩を乗り越えてプールを見下ろすと、そこには数10尾のニジマスが群泳していたのである。しかも、胸ビレや尾ビレが欠損しているのがよく観察できる。で、実際に釣ってみると、ヨレヨレのゾウキンニジマスが入れ食いになった。すぐ上に養魚場があるとはいえ、天下の四万十川源流部で、こんな光景に出くわすとは情けない。この流域に関しては、もはや瀬戸際は通り越しているようだった。ここにはやはり、四万十川ならではの美しいアメゴが群れていてほしかったのだが……。

内水面振興の先進県、高知

このように、四万十川源流域におけるアメゴの生息状況ひとつ見ても、そこには否定できない瀬戸際感がある。これからいったいどうなってしまうのだろうか？

しかし高知県という地域は、その内水面水域の管理システムについて、実に独特の手法をもって対峙している。そのいい例が中野川川のフライフィッシング専用エリア設定までの経過だった。漁協、漁連、自治体、行政、そして一般の釣り人とがまさに一体となって、半年足らずの間にそれを実現してしまったのである。そこには大きな障壁もあっただろうし、反対意見も多かったことが想像できる。そういった決定には予想をはるかに越える時間が必要だ。全国には同じような試みで、地域の活性化や内水面の振興を図りたいと思っている自治体や漁協がたくさんある。しかし、そのほとんどが決断できずにいるのは、各機関の意思統一が難しく、反対意見によって目的が達せられない場合を考えてしまっているからである。

高知県の場合、そうした様々なしがらみを自らふりほどき、地元独自の意思でものごとを決定し、実行しようとする士気が感じられる。中村市在住で、黒潮福祉専門学校校長で『四万十川水辺利用を考える会』会長の澤良木庄一氏の意見を聞けばそれも頷ける。

「四万十川を復活させようと思うならば、超法規的なルールづくりが必要になるでしょう。国の意見を打診したり、解答を待っているだけでは何も進まない。身近な例では4WD車の河原への乗り入れ問題があります。これは早急に禁止しなければなりません。河原の石を圧縮して水生生物に悪影響を与えてしまうからです。そして四万十川は、昔から住民とともに生きてきた川ですから、すべてのルールは住民の意思で決定されるべきでしょう。観光資源としてだけでなく、もっといろいろな意味で世の中に貢献できるシステムを考えていかなければなりません。最後の清流として残していこうとするのなら、やはりそれなりの活動とルールづくりに着手し、それを全国に対して発信できるようなシステムにしなければ……。幸いにして高知県では現在、さまざまな機関が集まって四万十川復活への協力体制が整いつつあります。その結果が楽しみですね」

澤良木氏の専門は植物を中心とした生物学である。現在も高知大学理学部生物学教室非常勤講師をはじめとして、いくつかの生物系の学術機関で活躍されている。それだけに四万十川流域で実施されてきた無秩序な植林に対しては、たいへん頭を悩ませている。スギやヒノキといった針葉樹の植林、単一種一斉植林はいろいろな面で自然界を貧しくさせる。そしてこれが四万十川の水位低下の元凶にもなっているのだ。大雨が降ればすぐに増水して、すぐに減水する。つまり山の保水能力が著しく低下しているのである。これからは従来の自然林を復活させ、本当の意味で豊かな山づくりに着手することが、四万十川復活の大きな課題なのである。

また、澤良木のご子息、亮一氏はTFFの中心メンバーであり、もちろん生粋のフライフィッシャーである。中野川川の件でも活躍され、今回の取材でもたいへんお世話になってしまった。

さらにもうひとつ、高知県の内水面管理システムで驚いたのは、四万十川源流部の梼原町と東津野村に漁協がないことだった。そのかわり各町村の自治体に魚族保護会というセクションを設け、そこが実質的な河川管理を行なっているのである。そして遊漁料金という名目ではなく〝遊漁協力金〟という名目で遊漁者に対して一定の料金を徴収している。このシステムに関する詳しいことは時間がなくて調査不充分なのだが、漁協がない釣り場の管理手法として参考になりそうだ。たとえば管理者不在のために無法地帯化している河川が全国には数多く見られる。さらに今後、高齢化と後継者不足で漁業権を放棄する漁協が増加する一方であることが問題視されている。そうなったときの対策を講じておかないとたいへんなことになる。

四万十川という国民共通の財産を抱えた高知県では、このようにさまざまな先進的試みが実行されている。1992年に高知県内水面漁連が発行した『土佐の川』という本にもこんな節があって驚かされた。

「……地元の人たちの努力によってせっかく資源の復活したこの川を、再び釣り人の乱獲によって失わないためにも、今後は、例えば、毛鉤釣りだけに限定し、キャッチ・アンド・リリースを励行するなどして、守っていきたいものである……」

高知県は進んでいる。土佐が生んだ幕末の自由の志士、坂本竜馬の亡霊が人々を動かしているのだろうか。

四万十川を象徴する沈下橋。風景に溶け込む素朴な橋だ。沈下橋は昭和30年代頃から建造された。その歴史は意外と浅いのだが、なぜか懐かしさを感じさせる

東津野村内の北川川。減水しているとはいえ、渓相は往年の面影を残す

四万十川も支流部に入れば、この程度の堰堤はたくさんある。これが生物の交流を断ち、生態系を孤立させて脆弱にしてしまうのだ

支流、A川の流れ。土砂の堆積が少なく、川の状態は決して悪くない。アメゴの密度はかなり濃かった

いずれもA川のアメゴだが、ご覧のように朱点がほとんど欠如している。上流に行くにしたがって、このタイプが増えてきた。どんな理由でそうなるのか……謎は深まる

梼原川上流部の小支流。そしてその流れに棲む素晴らしい色合いのアメゴ。水の透明度に注目

最源流付近の水はやはり清冽だ。この地点はまだ杉の植林の中だが、標高1000m付近になれば自然林に変わり、水は美しさを増す

本流筋、船戸集落上流の美しい渓相。アメゴの姿は見られもするが、こうしたニジマスの群がプールを占領していたりする

隠岐のヤマメ。隠岐の渓に新たに与えられた生命は、力強さを備えていた

第7章 島根県

隠岐島探釣記

離島のヤマメたちは今

（1995年4月取材）

大失態

目の前で起こっていることが、とても信じられなかった。

午前の陽射しをギラギラと照り返す堰堤下のプールに、少なくとも45cmはありそうなニジマスが悠々とクルージングしていた。堰堤の落ち口から5mくらいはコンクリートで底が固められているので、水深はせいぜい50cmくらいしかない。ニジマスはそのコンクリートの上を泳ぎ回っていた。手前にくるほど水深は深くなって、私が立つ足元には30cmほどのニジマスのペアらしき魚が定位している。少し離れたところには25cmくらいのヤマメが3尾いて、ボーッとした感じで春の陽を浴びていた。

クルージングしているニジマスは、こちらの存在などまるで気付いていない。おまけにときおり水面に何かを見つけては、鼻面を突き出して捕食している。その度に広がるライズ・リング。これほど刺激的な光景にはなかなか出会えるものではない。しかもここは日本、それも日本海に浮かぶ小さな島の、小さな渓である。隠岐島の西郷町で魚類の剥製業を営む青砥さんの案内で来てはみたものの、まさかこんな光景に出会えるとは思ってもいなかった。地元の青砥さん自身、隠岐で渓流釣りをしたことがないくらいだから、これには私以上に驚いていた。

ニジマスのクルージングのコースに#16のアダムス・パラシュートを躊躇なく投げ入れる。すぐにマスはフライを見つけて、スーッと泳ぎ寄ってそれを吸い込むように捕食した。あまりに呆気なく、しかも簡単に釣れてしまって……と思ったら、ものの見事にスッポ抜けた。こっちも焦ったが、むこうはもっと焦ったらしくて、食べ損じたフライを探してキョロキョロしている。すかさず目の前にキャスト。待ってましたとばかりニジマスは再びパックリとフライをくわえた。

今度こそ！　快心のストライクと思いきや、またもやスッポ抜け。

ああ、何という失態！　二度もしくじるとは……！

これにはさすがのニジマスも警戒心を抱いたらしくて、プールの右隅の大きな岩の陰へと一目散に駆け込んでしまった。青砥さんは「仕方ないですよ……」と慰めてくれるが、もはやそうした慰めの言葉に応える余裕など失っている。自己嫌悪の塊と化した自分を救う言葉などこの世に存在しないのだから。

そんなわけで、自分自身への怒りに震える釣り人に呆れてか、手前側に見えていたニジマスのペアとヤマメたちもどこかへ消え去っていた。

堰堤下のプールに沈黙が訪れ、谷間に溢れる春の光がことさらに眩しく感じられた。

隠岐島と渓流

島の西北部に位置する五箇村では、村内を流れる重栖川の水系で平成4年度からヤマメの増殖に着手している。村起こしの一環として試行錯誤を重ねながら、地域ぐるみでヤマメの増殖に力を注いでいるそうだ。将来、村のために何らかのかたちで役立てたいと、放流に携わった人たちが話していた。ヤマメの稚魚は、鳥取県は大山の麓、関金町から取り寄せているという。支流部ではすでに定着した様子で、自然産卵も確認しているとのことだ。しかし、渓の規模があまりに小さいことが気掛かりだった。

また以前、やはり鳥取県産のイワナを入手して飼育を試みたが、こちらは水槽飼育の段階で水温上昇のため全滅。機会があれば再度飼育してみたいとのことだが、河川の状態からしてイワナは難しいかもしれない。

島の南西部、都万村でも村内の河川にヤマメを放流した記録がある。平成4年度の10月、稚魚と成魚を合わせて約100kgを購入し、それを村内の数河川に分けて放流した。ヤマメの購入先は五箇村と同じく大山の関金町だ。

「村内の川、ごらんいただけましたか？　水はいいのですが、ゴミの不法投棄とかでかなり汚れているでしょう。清掃してもなかなか追いつかないんですよ。それでヤマメを放してみたらどうかということになったんです。つまり川にヤマメを放すことによって、住民の川に対する意識の向上をねらったわけです。川に魚がいれば、それもきれいな水でなければ棲めない魚がいれば、無闇にゴミを捨てたりしないんじゃないか、そう思いまして。効果は徐々に上がっていると思うのですが……」

役場の担当者は、ヤマメの放流について、そんなふうに語ってくれた。モラルの向上をねらったヤマメ放流。ゴミ対策としては確かに一理あるかもしれない。

さらにこの村では、今から20年ほど前にニジマスを放流した記録がある。それもたった1回ポッキリの放流らしい。以前から隠岐のニジマスの噂は聞いていたが、どうやらそのたった1回の放流で定着、自然繁殖しているようだ。

確かに都万村の渓は水量が豊かで水質もよく、渓流魚にはうってつけの渓が数本ある。ただし、役場で聞いたとおり、民家が立ち並ぶ付近の渓はかなり汚れていた。それに護岸が多く、昔日の景観は失われているようだった。

隠岐で最も大きな西郷町には八尾川という立派な川が流れている。しかし残念なことに、すでに公共事業、河川改修の餌食となっており、下流部から上流部に至るまで、無残な景観をさらしている。

島の北東部にあって、面積の最も小さい布施村にも小渓流は流れている。しかし今回は時間の都合でこの村だけは来訪できなかった。けれども地元の人の情報や地図で渓の様子を察する限り、あまり期待できそうもないことが予想できた。

全体的に見て隠岐島はその規模の割りには河川が多い。しっかりした山も多く、かなり立派な渓流もある。

その点、同じ日本海に浮かぶ対馬よりは環境が整っているように思えた。そして、これは来訪して初めて分かったことだが、意外にもヤマメの放流を積極的に行なっている村があることにも驚かされた。

放流に是非の意見があることは否めないが、水質や環境の生物指標としての鮭鱒類の存在は貴重とも考えられる。日本各地の乱放流の現状を考えれば、小さな島内でささやかな放流や増殖が試みられたとしても、ほかの生物に多大な影響を与えないのであれば、それを頭ごなしに非難はできまい。隠岐の各河川におけるヤマメやニジマスの放流に関しても、一部の自然保護団体からオキサンショウウオという固有種を食害するのではないか、という意見が寄せられたことがあるらしい。しかし、どうやらその心配もなさそうである。サンショウウオとヤマメの生息地はしばしば重なるが、ヤマメがサンショウウオを食べ尽くしたという例はない。むしろ、ヤマメが増えればサンショウウオも増える……といった関係にあるようで、サンショウウオがヤマメの胃に収まる確率は、カエルよりもさらに低いというのが現実なのである。

隠岐島にヤマメの自然分布はあるのか？

遠流（遠方の地への流刑）の地として、伊豆、安房、常陸、佐渡、土佐、そして隠岐の6国が指定されたことは、725年『続日本紀』に記されている。最初の流人は柿本人麿の子、柿本躬都良麿という説がある。父親の人麿も石見地方に左遷され非業の死を遂げたわけだから、何とも不幸な父子といえる。

それから後鳥羽上皇や後醍醐天皇をはじめ、平教頼、源義親などの実力者も島流しの憂き目に遭った。しかし、それらの人々のすべてが怨念のうちに他界したのかというと、決してそんなことはなかったらしい。なぜなら隠岐の人たちは罪人を罪人としてではなく、あくまで同じ人間として接していたからである。それどころか、むしろ立派な人物には尊敬の意をもって接したという。そのため刑期が終わっても島を離れず、この地に骨を埋めた人も多くいるのである。隠岐は優しさと人情の島なのだ。

そんな隠岐島であるが、隠岐が日本海の島として独立したのは、地球の歴史のスパンで見れば実はそれほど古くはないのである。

ウルム氷河期の後期、今からおよそ2万年ほど前は海水面は現在より100m以上も低く、日本海は完全に独立した湖だったといわれている。西端は朝鮮半島から対馬、九州を結んだ線で閉ざされ、北東側はユーラシア大陸から樺太、北海道、本州が陸続きになっていたらしい。

ところが1万3千年ほど前を境に、氷期から間氷期へと移り変わり完新世に入る。地球の温度は上昇し、日本海湖の西端が東シナ海とつながって、暖流である対馬海流が日本海へと流入するようになった。対馬海流は日本海の表水温を上昇させ、大陸からの冷たい空気によって大量の水蒸気を発し、日本海側を大豪雪地帯に変化させた。それが日本各地に豊かなブナ林を育み、現在の日本の気候を作り出す決定的な要因になったのである。その結果、やがて森の文明と称される縄文文化が誕生する。海洋の変化は人々の生活を一変させたばかりでなく、あらゆる生物に大きな変化をもたらした。

さて、日本海湖の時代、隠岐島は中国地方と陸続きの半島の先端だったという。対馬海流が日本海を駆け抜けるに至って、ようやく隠岐も島として独立した。隠岐にナウマン象の化石が残されているのは、中国地方がかつて大陸と地続きであった証拠のひとつである。

そうした地理的理由から、隠岐の生物相は島根県とほとんど変わらない。大陸と直結していた対馬は、島として孤立してから多くの固有種を育てた。しかし隠岐の場合はそうした生物的な特殊性はあまり見られず、固有種は少ない。そのため島根県と地続きだった期間が相当長かったことが想像できる。

そして少なくとも、隠岐が離島になった時点ではヤマメは確実に生息していたはずだ。しかしその後の温暖化や何らかの自然災害によってヤマメは激減、あるいは絶滅したまま現在に至っているのだと思う。

どこの資料を調べても、また地元で情報を集めても、現在の隠岐に天然ヤマメが棲んでいると断言することはできない。しかし今現在の隠岐の環境から考えると、それはむしろ不自然なことのように思える。きめ細かな生物調査をぜひ期待したい。各河川の源流部をくまなく調べれば何か発見できるような気がするのだ。何かが見逃されているような気がしてならないのである。

その一方、隠岐周辺の海域に目を向けると気になることがある。それはサクラマスの存在に関することなのだが、地元の人や漁師さんにサクラマスのことを尋ねても、皆一様に捕れたことがないという。サケは稀に川を遡上するというが、サクラマスについては不明だという。渓ではスモルト（銀毛）化したヤマメが発生するのに、なぜこの海域にはサクラマスの姿が見られないのだろうか。おそらく見逃していると思うのだが……。

起死回生の尺ヤマメ

例のニジマスを釣り逃したことでカッカきていた私は、さらに堰堤の上へと突き進んだ。しかしここでもまた大ヘマをやらかしてしまった。あまりに無造作に堰堤の上によじ登ったばかりに、今度は堰堤上のプールにいた魚を全部追い散らしてしまったのである。さすがに45㎝級の魚影は見えなかったが、それでもかなり大きな魚が見えたというのに……。ここのプールは底がビッシリ水草で覆われて、スプリング・クリークのような素晴らしい環境が整っている。しかしここは即座にあきらめて、そのまま渓を遡行することにした。

しかし、そこからしばらくは魚が全然いない。上流にダムはないはずなのに、水量が極端に減って水色も何だか変だ。そこで渓をよく観察すると、どうやらそこは普段は水が地下を流れているようなのだ。つまり伏流水、数日前の大雨で、たまたま水が地面を流れているらしい。底石を拾ってみると水生昆虫の姿もほとんど見られなかった。

そんな区間を過ぎて、底石が変わったなと思われるあたりまでくると、ようやくヤマメが釣れ始めた。しかも釣り上がるほどに数が増し、型もよくなってくる。実に綺麗な、均整のとれた魚体ばかりなのには驚かされた。どう見ても放流魚ではない。再生産が確実に行なわれていることを確信した。

やがて轟音が谷間に響き渡る地点まで来ると、目の前に出現したのは、何と落差20mはあろうかと思われる見事な二段の滝だった。しかしなぜか、2万5千分の1地図に、この滝は記載されていない。こんな滝が関東にあれば、必ず気の利いた名前が付けられて、たちまち景勝地になることだろう。そして遊歩道が取り付けられて、周りはアッという間にゴミだらけになってしまうに違いない。しかし、ここにはゴミどころか足跡ひとつなくて気分がいい。こんなところに、隠岐という土地の寛容さというか、未知の部分を感じた。考えてみたら、隠岐の人たちは山菜を採る習慣がないそうで、山には美味しそうなタラの芽がたくさんあった。

滝下のプールは土砂など微塵もなく、きれいな玉石で埋められていた。大きなヤマメを期待したが、20cm前後のヤマメが数尾釣れただけだった。フライフィッシング未体験の青砥さんにロッドを預けたら、何と数投目でヤマメを釣ってしまった。運のいい人はこんなものである。

帰り際、さっきの堰堤上のプールで再度挑戦することにした。状況的に陽が高いうちは難しそうだったので、太陽が傾いた頃を見計らってやってみようと思ったのだ。

しかしながら、そうは簡単に釣れてくれない。ラインが水面を通過するだけで、魚はサーッと逃げてしまう。これは夕方、暗くなってからでないと無理かと思ったが、天は私をすっかり見放したわけではなかった。それは堰堤の隅、竹藪が水面に覆い被さって少し暗くなっている部分があって、運よくそこでライズを発見したのである。水はほとんど止まっているから、本来なら魚の回遊コースは判断しづらい。しかし光の角度がたまたまよくて魚の姿がチラリと見えた。距離は15ヤードくらい。静かに、できるだけ静かにフライを投げ入れると、瞬時に魚が反応して派手な動作で水面を割った。

ドンピシャのタイミングで合わせると、確かな手応えが伝わってきた。絶対にランディングするぞと気合いを入れて慎重に手元に寄せると、それは34cmもある美しいメスのヤマメだった。少し痩せてはいたが、体側のサーモン・ピンクが鮮やかだった。

帰り際、堰堤下のプールを覗いてみたが、そこにはもう魚の影すら見えなかった。おそらくこの時期、午前中のわずかな時間帯だけ魚が動くのだろう。上のプールに較べると条件は悪い。ニジマスたちはこのプールと海の間を往復しながら、その生命をつないでいるのだろう。そんな生き様を考えると釣る気は失せてしまった。

これからの隠岐島とヤマメ

五箇村の渓では、川沿いにヤマメの飼育施設を設けてヤマメの増殖に取り組もうとしている。94年の秋、青砥さんは五箇の渓で産卵後に死亡したアマゴの亡骸を目撃している。大きさは35cmくらいあって、鮮やかな朱点があったというから、それはヤマメではなくてアマゴである。鳥取県から入った魚にアマゴが混じっていたというのもよくあるおかしな話だが、再生産していることは間違いないらしい。

そして五箇の渓のヤマメの生息状況は、ほんのわずかな区間ではあるものの、それなりの生息密度を確保しているようだった。それは堰堤上の２００ｍほどの区間で、そこだけ落ち込みが連続していて、本格的な渓相を示している。その落ち込みごとに、美しいプロポーションのヤマメが入っていた。けれどもその区間から上流は流れが分散して極端に水量が減ってしまう。産卵は可能だが、釣りができるような状態ではない。

堰堤下流部は護岸の多い平坦な流れが続き、水深のあるプールも少なくなる。周囲には民家と水田が迫り、生活排水の流入が目立つ。それだけに生息状況は決して良好とはいえない。ヤマメを増やそうと思うなら、下流部の環境整備と生物の生息に配慮した川づくりを考える必要があるだろう。あるいは別の渓に移殖して育てたほうがいいかもしれない。早く大きくして生産ラインに乗せたいと考えるなら、海中飼育という手もある。

都万村の現在ヤマメが棲んでいる渓に関しては、ただ自然にまかせておけばいいように思える。水質は抜群で、魚のエサとなる水生昆虫やスカッドの類もかなりたくさん見られた。年ごとの雨量や気候にかなり左右されるだろうが、ここの渓ならヤマメの生息には何の問題も見つからない。そして、もしもヤマメの自然分布が隠岐島にあるとすれば、この村を流れる渓の最源流部だと思う。できれば再調査に出かけたいくらいだ。

隠岐にはまだまだ自然が残されている。河川改修や森林伐採という破壊行為は確実に進行しているが、山深く分け入ればいまだに美しい森と渓がある。しかし現在、隠岐には内水面の漁協はないので、一般的な河川管理の形態はとれていない。〝公共事業天国〟との批判も聞かれたりもするが、住民の生活と自然とのバランスをとるのは容易なことではない。例えば平地の小川は水路化してイトヨなどの希少魚の生息に悪影響が出ている。それ以外の野生動植物の状態もけっして安泰とはいえない状況だ。

しかし、ヤマメに関していえば、もしもそれが地元の人たちの手で育まれていくのなら、それなりの存在感をもって親しまれていくことだろう。環境的な瀬戸際に追い込まれない限り、隠岐のヤマメはこれからも確実に育っていくに違いない。

五箇村の渓のヤマメ。小さいながら素晴らしく綺麗な肌艶をしていた

五箇の山里の渓。民家の周辺にはヤマメの魚影は少なかった。土砂の堆積も多く、ヤマメの生息にはあまり適していないように思えた

湧水が大量の水草を育む堰堤上のプール。秋にはヤマメのスポーニングも見られそうなところだ

隠岐の山にはまだまだ活力が感じられる。森のパワーが渓を守り、美しいヤマメを育む条件は揃っている

上／これほどのヤマメが育つということは、やはりそれだけの環境が整っているということだ。都万の渓は限りない可能性を秘めている　下／海と直結する下流部では、こんな銀毛ヤマメも見られた。ということはサクラマスの可能性もあるはずなのだが……

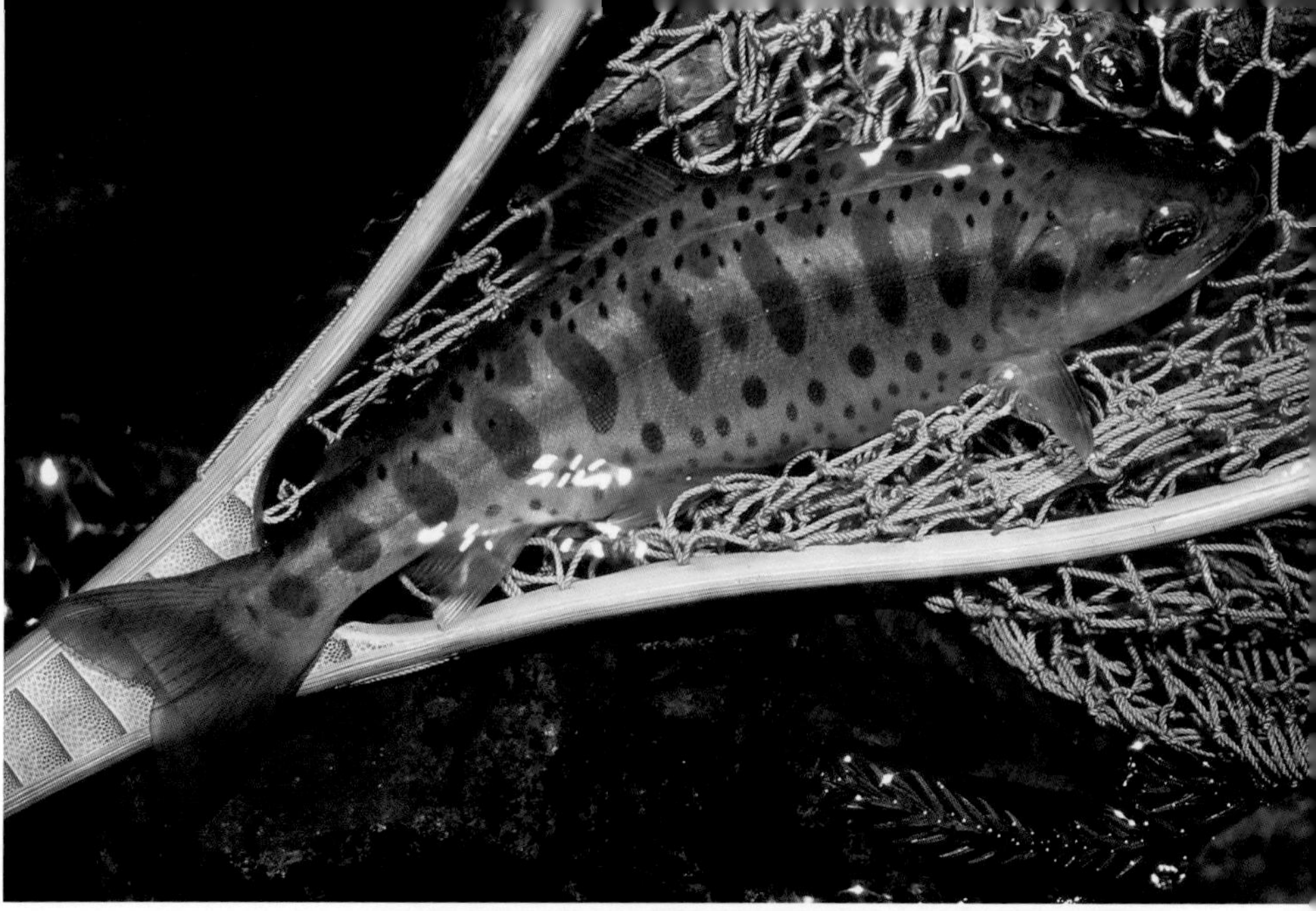

滝壺では立派な体躯をしたパワフルなヤマメが釣れた

渓を遡ると、それはそれは見事な滝に遭遇した。しかし、この滝は地図にも記載されていない

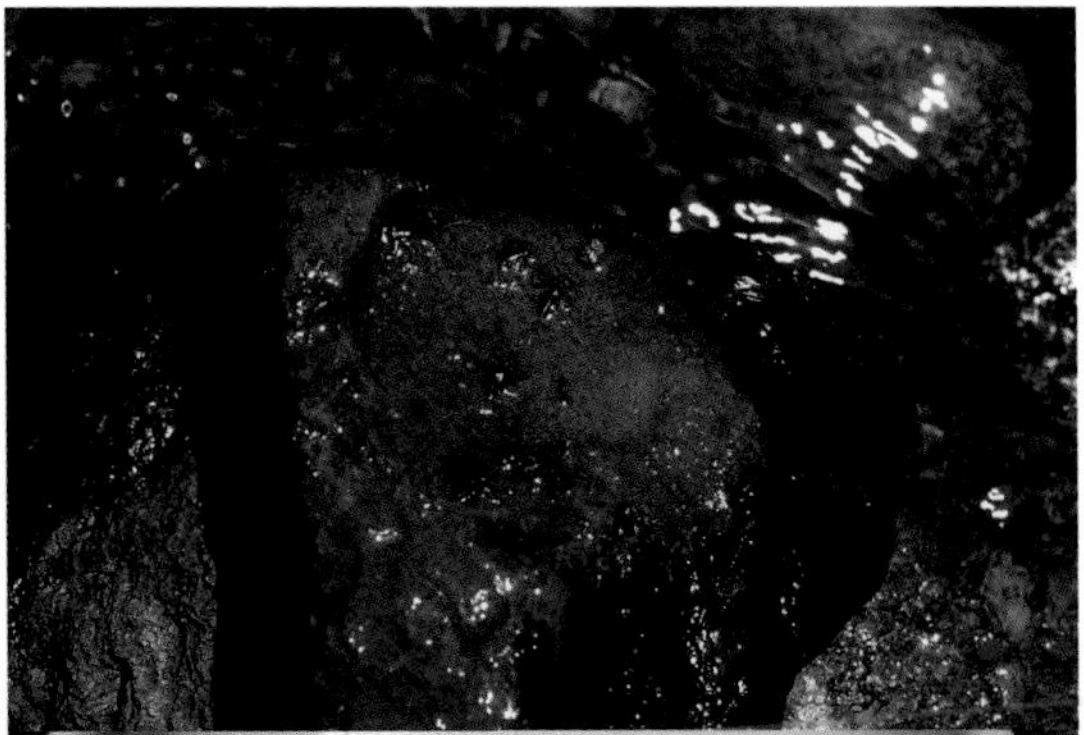
水生昆虫はこのように極めて豊富だ。数も種類も、本州の渓流とまったく変わらない

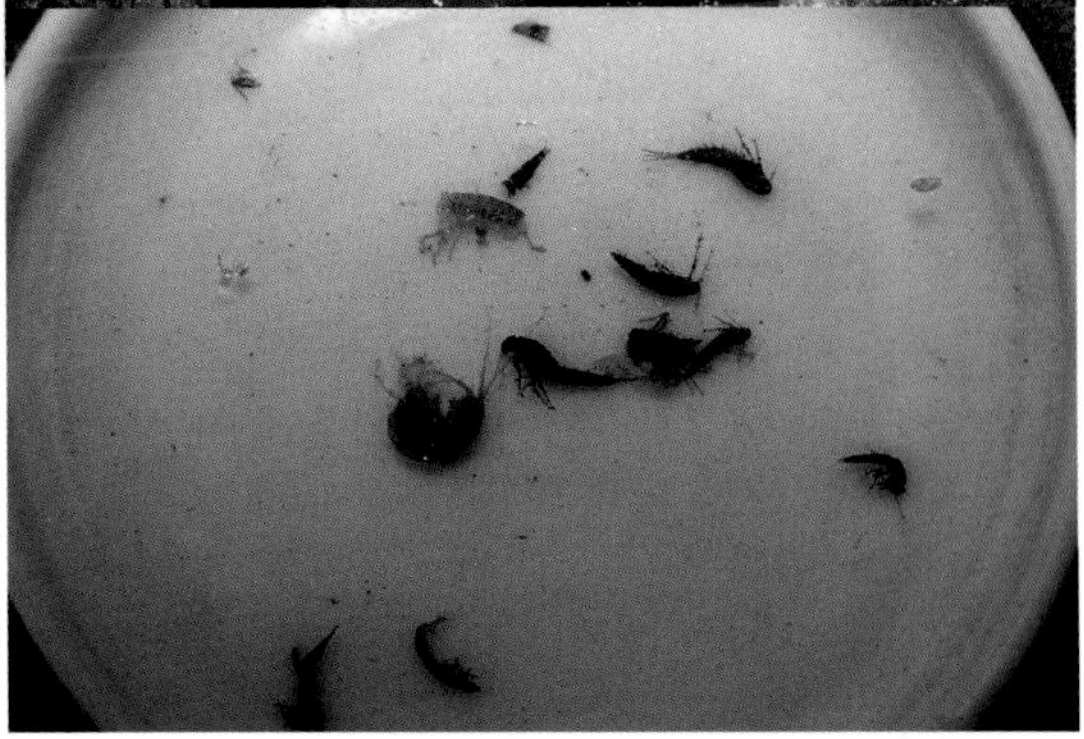
ストマック・ポンプで胃の内容物を調べると淡水の甲殻類が確認できた。隠岐のヤマメに赤みが強いのは、このためなのだろう

海沿いのわずかな平地に、張り付くようにして民家が並んでいる。隠岐はやはり小さな島で、海の恩恵によって生活は支えられているのだ

隠岐の渓では固有種のオキサンショウウオがよく見られる。これはまだ幼生で、地元では“アシゴズ”と呼ばれている。ゴズとはハゼの仲間の総称で、この幼生はゴズに可愛い手足を付けたようなものだから、アシゴズというわけ

こんなに可愛い顔をした魚は滅多にいない。ゴギのゴギらしき表情である

第8章 島根県

ゴギの里にて

中国山地、小さな谷間に住むイワナたちを追って

（1992年4月取材）

出雲の国とゴギ

島根県の出雲地方の一部には、東北弁によく似たアクセントを持つ地域がある。それは松本清張の推理小説『砂の器』で、事件解決の鍵を握る重要なヒントとして取り上げられたこともあり、東北地方と中国地方の意外な接点、あるいは言語や風土の不思議として、ご存知の方も多いのではないかと思う。

そんな島根県には東北地方との接点がもうひとつある。それは広島県との県境を走る中国山地の谷間に棲む一群のイワナたち『ゴギ』だ。ゴギは東北地方のイワナとうりふたつ。その生物学的地位やら、分類学上の問題といった学術的な観点はさておいて、ゴギという魚を釣り人の目からとらえれば、これはまったくもって東北以北の河川に棲むイワナたちとそっくりなのである。地理的に近い中部地方から関東のイワナに較べても、その魚っぷりに関しては岩手や秋田あたりで釣れるイワナに近い。白点の大きさや密度といった外観だけでなく、それ以外の感覚的な面……例えば肌艶や手にしたときの感触、そしてフライを食わえるときの仕草とか、釣りあげられたときに見せる困惑した表情など、本当に東北のイワナとよく似ている。微妙な違いはあるにしろ、内面的な部分はほとんど東北系なのである。関東あたりの人ズレしたイワナに見られるような陰湿なところがなく、その天真爛漫な性格は本当に可愛らしい。

ところでゴギという呼び名はもちろん方言であり、本州の西端に住むイワナたちだけに与えられた名称である。これはかつて日本海を渡って出雲の国にやってきた、朝鮮半島の人々によって与えられたものらしい。ゴギとは朝鮮語で魚を意味する『コギ』という言葉に由来しているのである。

ところで毎年10月には日本中の神様が出雲に集まるので、出雲の10月は「神在月」になるが、全国的には「神無月」になってしまう。出雲はそんな神話の国であり、歴史のロマンを感じさせる土地である。出雲の国を潤し、宍道湖に流入する斐伊川の源流にもゴギは生息している。ゴギは神々の時代から人々にとって馴染み深い魚だったのだろう。そんな壮大な時の流れとともに、ゴギは現在でも中国山地西部の山岳部上流の流れに棲み着いている。

ゴギの生物学的地位

これまで日本産のイワナの分類に関して、様々な人たちが様々な意見を発表してきた。やたらと細分化するのが好きな学者とか、あまり実地の調査をせずかなり適当でもっともげな意見を発表しては、あとでそれを繕ったりする学者もいた。そうかと思うと、オショロコマを含めて邦産イワナなんか1種にまとめてしまえばいいのだとする大胆な学者もあった。こうした人たちの論文やら文献に目を通すと、いったい何がどうなっているのかよく分からなくなる。

確かにイワナという魚は個体変異が著しい。それは自分の経験でも感じているからよく理解できる。例えば同じ渓に棲んでいる個体同士でも、その生息環境などで色調とか体型がまったく違うのは普通のことだ。陽当たりのいい瀬の中に棲む溌剌とした魚は銀ピカの肌艶をしてよく太っているのに、日陰の石の下に潜んでいる魚は、墨汁で塗りつぶしたような背中と真っ赤な腹というようなドギツイ暗い色調をしている。そんなタイプの魚はギスギスに痩せているばかりでなく、目つきもあまりよくない。そして触るのもはばかられるくらいに不健康な印象を受ける。同じ親から生まれ出た兄弟であっても、成育環境次第でその姿はいかようにも変化する。それがイワナという魚なのである。

同じ渓でそんなに違うくらいだから、各地に分散して、それぞれの渓や水系に隔離されたまま年数を経れば、これまた特徴的な系群が発生する確率が高まる。つまりイワナは種としてかなりいい加減な魚なのだ。

特に日本産のイワナは世界のイワナの南端の一群に当たるから、その変異の程度が少々過激なのかもしれない。

さて、日本産のイワナは九州と四国を除いた全国各地の渓の最源流部に生息している。そんな分布状況の中で、中国地方の島根、広島の県境付近の山岳地帯を中心に生息しているイワナたちの一群がゴギと呼ばれている。

日本産のイワナを簡単に分類すると、北海道のみに生息するオショロコマ［Salvelinus malma］、北海道から本州にかけて広く分布するイワナ［S.leucomaenis］（1種に包括して処理する）、そしてイワナの亜種としてゴギ［S.leucomaenis imbrius］の2種1亜種ということになる。これは陸封型に関しての分類で、各地に見られる特徴的な形態を備えた変種的なタイプは、これらの種が中心部から周辺にかけて棲み分けたと解釈するのが無理がないだろう。

これは今西錦司博士が提唱した分類方法だが、博士はleucomaenisに関してはほぼ南北に並んだ3つのタイプが認められるとも言っている。多分、系統とか変異にこだわりすぎると、何かと面倒なことになって混乱を招く危険性があると判断したのに違いない。私も個人的にはそれが面倒でなくていいと思う。それにイワナのように個体変異の多い魚に対して、斑点の大きさやら色などにこだわっても仕方ないように思う。分類の基準になるような根拠はイワナに関してはいまだに見出だされていないようだし……。

このように書くと、それは違うのではと思う人がいるかもしれない。なぜなら、かつて大島正満博士が提唱した説……日本産イワナは5種2亜種とするという説に従えば、その中ではれっきとした種扱いになっているアメマス（降海型イワナ、ヤマメに対するサクラマスと同じ存在）、エゾイワナ（東北、北海道の陸封型イワナ）、ニッコウイワナ（日本海系群）、ヤマトイワナ（中部太平洋系群）というのはどういうことになるのか。これが全部同じ魚だというのか……そんな疑問が生じてくるからだ。確かにそうした分類の方法もあるし、その結果生じた固有名称も存在しているばかりでなく、現実にはそうした呼称のほうが馴染み深い場合もある。それに魚類図鑑などを見ても、イワナという種の種名のあとに [Salvelinus leucomaenis pulvius] といった学名が付いていることがよくある。これは大島博士のいうニッコウイワナをイワナの亜種とする考え方だ（pulviusというのは、ニッコウイワナの種名とする考え方もある）。

そう、分類の方法によっては前に列記したイワナの仲間全部に学名を持たせることもあり得る。つまり、その図鑑の編集に携わった学者の考え方次第で、魚は全部違った扱いになってしまうこともある。だから実は前もって決まっているのはイワナ属（Salvelinus）に含まれるということだけで、それ以下の種、亜種といった分類に関しては、学者の一存によって決められる。何を根拠にするかで見解はしばしば分裂してしまうのである。しかし名前なんてものは人間が勝手につけたもので、それ以上の何ものでもない。

ところでゴギに関しては、今西博士も亜種という特別な位置付けをしているように、素人目に見てもこれが特殊な魚であることに間違いはなさそうだ。イワナの研究者の間でも、ゴギはイワナの降海型であるアメマスからもっとも早い時期に分化、隔離された一群なのではないかといわれている。ほかの日本海系群のイワナたちとは別に、日本海を南下してきたアメマスの一群が、本州の西隅の河川内に閉じ込められ、独自の進化を遂げたのがゴギたちのルーツになっているのだろうか。

しかし、ゴギの実際の分布を見ると、日本海側の日野川以西の河川上流部だけでなく、瀬戸内海に流入する広島県や岡山県の河川にもその生息が確認されている。広島県庄原市西条町では県の天然記念物に指定されている。しかし、日本海側の分布は連続的で極めて自然な生息状況を示しているのに、太平洋側の分布は不連続になっている。つまり、分布の様子が点在化していて不自然なのである。

この事実から、鮭鱒類の研究で有名な大島正満博士は『両洋峡説（Two-OceanPass）』というロマンティックな仮説を引き合いに出して、その現象を説明しようとした。これはもともとアメリカの魚類学者が提唱した説で、大西洋に流入するイエローストーン・リバーと太平洋に流入するスネーク・リバーに生息する魚類分布の共通性の謎を解明するために提唱されたものである。この説によると、これら2本の川の源流部は準平原になっていて、気象条件やら何かしらの条件次第でそれぞれの流域に生息する魚類の交流が可能になり、その結果、それらの水域に共通な魚類が生息するようになる……というのだ。これと同じことが中国山地のゴギの生息域でも行なわれ、ゴギは分水嶺を越えて晴れて太平洋側へ進出した……という理屈で説明しようとしたのである。

しかし現実的には、人間の手で移植された可能性が否定できない。源流部が穏やかな中国山地では、人為的な移殖が昔からかなり盛んに行なわれていたらしく、そのことは地元の人なら皆知っている。太平洋側の瀬戸内海に流れ込む水系のゴギは、大自然が仕組んだロマンチックな導きによってその生息域を拡大したのではなく、人間たちの現実的な思惑によって移殖されたというのが真相らしい。

次にゴギの外観上の特徴を簡単に述べておこう。

前述したように、ゴギは関東から中部にかけて見られるイワナと較べると、白点のひとつひとつの大きさがやや大きい。しかし、ゴギらしさを訴える最も大きな特徴は頭頂部に刻まれた明確な斑紋である。これはゴギだけが持つ特徴といわれているが、実際は東北のイワナにもよく見られる。ただしその頻度は低く、不明瞭な場合が多い。その点、すべてのゴギは頭のてっぺんに不揃いな斑紋を有している。この特徴こそが、ゴギのトレード・マークになっている。したがって、これに異論を唱えることはできないのである。

そのほかにはどこといって顕著な特徴はない。何から何までほかのイワナ属と同様の性癖に従って生きている愛すべき魚である。ちなみに、環境庁のレッド・データ・ブックにも絶滅が危ぶまれる危急種として記載されている。それは生息環境の厳しさと、悪化が進む生息条件から考えても当然の処置だと思う。

中国山地の谷間で

その核心部を中国自動車道が貫通しているくらいだから、中国山地はとても穏やかな山々が集まった山塊である。そしてこの中国自動車道の完成が、周辺の山岳地域の渓流に棲むゴギたちに大きな影響を与えることになった。核心部にダメージを受けるとその周辺も次第に病んでくるわけで、直接中国道開通の影響を受けなかった地域にも、その余波がアッという間に押し寄せてくる。ゴギの生息域はこうしてどんどん狭められているのである。人間の生活が便利になる代償として、彼らの生息域は瀬戸際に近い状態にまで追いつめられているのだ。

今回の取材では、広島市で歯科医院を営む横山隆道氏と彼の仲間たちの案内でゴギを釣り歩くことになった。日数的な余裕がなかったので、確実にサンプリングできる渓を選んでいただいたが、さすがに地元の情報は正確で、案内していただいたすべての渓でゴギの顔を見ることができた。好天に恵まれたことも手伝って、それぞれの渓でそれぞれに違う表情をしたゴギを見られたのが何よりの収穫だった。

広島と島根の県境付近に源を発する渓のあちこちでゴギは静かに暮らしている。しかし、それらの渓々を囲む環境は悲惨なほどに荒れている。それは魚の生息密度にしても同様で、特定の区間ごとの生息密度ではなく、流域全体の密度で計ると、それはかなり厳しい数字になるのではないだろうか。その生息域は、もしも案内されずに通りかかったとしたら、まずサオは出すまいという場所ばかりだ。そのため、サンプリングした渓の名称はすべてアルファベットで記さざるを得ない。それよりもそれぞれの渓のゴギの表情の違いや、微妙な特徴の違いをじっくりと見てほしい。

島根県の出雲地方から石見地方に至る海岸線に流れ出る大小の河川の最上流部には、ほぼ連続的にゴギが生息している。このうち、比較的流程のある3水系の中から7つの河川を探釣したが、ゴギたちの生息水域はいずれも偏狭な細流であるばかりでなく、放流されたヤマメやアマゴたちの侵入という危機にも瀕している。もはや彼らの聖域は限られた区間にのみ残され、しかもそれは民家の裏の流れとか、車が頻繁に往来する道路の脇の流れといった意外性を秘めた場所ばかりだ。誰も振り返らないような流れを選んでいるのか、選ばされているのか。それでもひたむきに明るく生きるゴギたちの姿には惜しみない拍手を贈ってやりたい。その反面、彼らの明るさやひたむきな生活力が仇になりはしないか心配になってしまうが……。

穏やかな山並みが連なる中国山地では、そのぶん源流帯の細流に至るまで魚類の生息が認められる。険しい峡谷部を持つ渓が少なく、そうした自然環境による資源保護が望めない代わりに、魚たちはどこまでも流れを遡ることできる。しかしそんな生息域は一様に陽当たりがよく、夏期になるとかなりの高水温になる。それでなくても真夏には暑い日が続く西日本だけに、ともすると水温は30℃近くまで上昇することもあるだろう。ゴギだけに与えられ、ほかのイワナ属には与えられなかった高水温に順応できる能力が、そんな過酷な条件を克服させたのである。

だから、たとえその周囲がズタズタに破壊され、流れが水路化されたとしても、水の絶えることのないわずかな自然河川の区間が残されていれば、ゴギはしっかりと繁殖して命をつなぎ止めることができる。農家の庭先を流れる小川の中を何食わぬ顔をして泳いでいたり、ときには蓋をされたU字溝の中にさえ姿を見せることがあるという。イワナ属ならではの優柔不断な芸当だが、それはけっしてゴギたちの本意ではない。あくまで瀬戸際の選択なのである。だから、そんな生命力にも限界があるだろう。中国山地に棲むゴギたちのために何ができるかを考えていくことが、私たち人間に与えられたこれからの課題である。

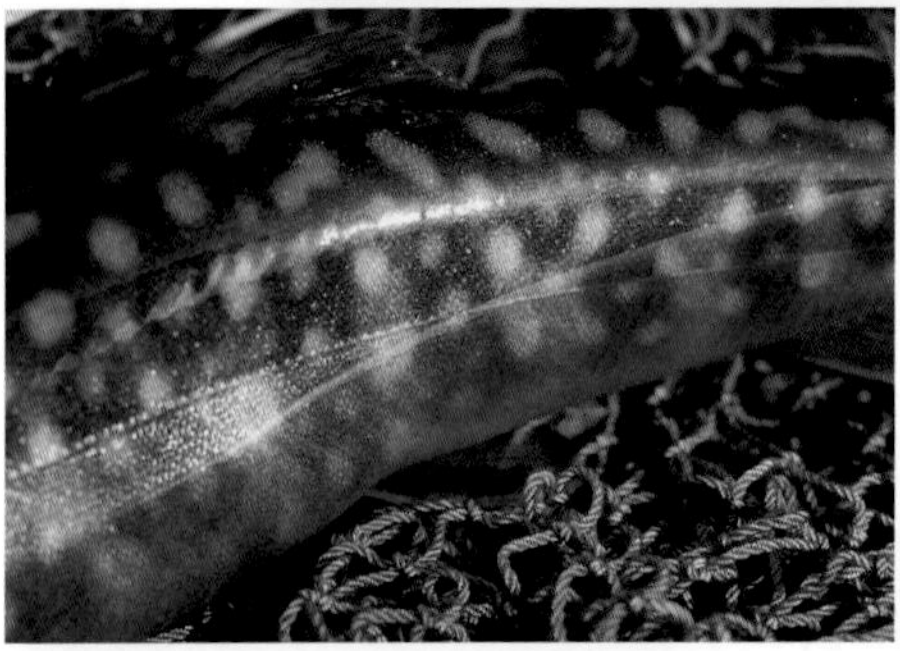

上／H川水系、D谷のゴギは、3面コンクリートがとぎれてから上流の、ほんのわずかな区間で命をつないでいる
左／赤い色素の強いD谷のゴギ。体側の赤点と、赤く縁取られた各鰭が印象的だ

廃校になった小学校が朽ち果てようとしている。それでも春は彩りを運び、変わらぬ花色でその訪れを告げる。このときばかりは、子供たちの喚声が聞こえてきそうだ。過疎の山里に訪れる春は、年ごとに寂しさを増していく

左上／今さらこんな渓で釣りをするのは普通かもしれないが、あまりいい気分はしない。だけどゴギは、こんな渓でもそれなりに順応して生きている　左下／当然こういうふうに釣らなくてはならない局面もある。それにしても寂しい流れだ

E谷は護岸も多いけれど、このような自然の流れが残されている区間もかなりある。それがゴギの命を繋ぐ糧となっている

T川水系のF川は、今回訪れた中では自然の景観を残した最も美しい渓だった

E谷のゴギ。東北のイワナとそっくりだけど、それ以上に表情が個性的なのがゴギである。山ひとつ越えたところにあるD谷の魚とは、外観的にずいぶん違うのがよく分かる

I川水系、B川のゴギは見事な保護色を示していた。土砂の流出が懸念される渓だったが、丸々とした魚体だけを見れば少しは安心できる

一際くっきりとして鮮やかな斑紋を持つF川のゴギは、渓の状態のよさをそのまま魚体に表わしている

B川支流のゴギ。やはり斑点は大きくまばらだ。頭頂部の斑紋も鮮明である

川水系のA川は、田圃の中を流れる川幅1mくらいしかない細流である。こうした流れの隅々にまで、ゴギは生息域を見出だしている

I川水系、C川のゴギ。かつては尺級のゴギがウヨウヨしていたというこの渓にも、今はこんな暗い体色をしたゴギがわずかに残されているだけだった

H川水系のゴギ……というのは嘘で、これは岩手県の八幡平の渓に棲むれっきとした東北イワナ。ゴギほど明瞭ではないにしても、頭頂部にはしっかり斑紋が入っている

島根県で最も東側にあるT川水系、G谷のゴギは、どちらかというと鳥取の大山あたりのイワナ（タンブリ）に近かった。斑点がやや細かく、東北系のエゾイワナとニッコウイワナ系の中間くらいに位置するタイプのように見える。山形県あたりでもこんなのをよく見かける

限りなくヤマメに近いアマゴ。それは完全に朱点は欠如していないが、完全な朱点がないアマゴ。アマゴ分布水域核心部の渓に受け継がれてきたミステリー

第9章　岡山県

限りなくヤマメに近いアマゴが棲む渓

大瀑布流の小渓に受け継がれてきたこと

（1994年5月取材）

岡山県、美作地方へ

アマゴの分布域に棲む限りなくヤマメに近いアマゴ……あるいは朱点のないアマゴに関する考察が今回のテーマだ。取材先は岡山県、瀬戸内海に流れ込む旭川水系の1支流。このあたりは中国山地の穏やかな山並が幾重にも連なる山里で、古くは作州、現在では美作地方と呼ばれている。もちろんアマゴの自然分布域の核心地帯であり、本来ならヤマメの影があってはならない流域だ。なぜならここは古瀬戸内海湖の時代、最初のアマゴが出現したはずの流域だからである。

この地方ではアマゴのことをヒラメと呼んでいる。こうした方言があるということはこの魚が昔から人々に親しまれてきたことを証明している。本流筋はもっぱらウグイとカワムツに支配されているが、無数にある沢筋にはアマゴの姿も多く見られる。それだけに地元の人たちにとって、親しみやすい魚だったのだろう。

そんな美作地方のある渓に、朱点のないアマゴが今でも棲んでいるという噂を以前から聞いていた。ただし全部の魚に朱点がないわけではなく、そういう魚も混じっているという程度のものらしい。もちろん現在におけるその生息比率も不明。したがって、朱点のないアマゴが本当に釣れるかどうかは例によって時の運だ。しかし、そうした不確定な状況の中で釣りをすることに、今ではもうすっかり慣れてしまった。

特別なロケーション

5月の雨に煙る中国自動車道をひた走り、ようやく美作地方にたどり着いた。インターチェンジを降りて旭川に沿った国道を走る頃には雨も上がり、朝の陽射しに新緑が生き生きと輝いていた。

この付近の旭川流域は、川に接して家屋が立ち並び、住民の生活と川の存在がひとつになった独特の景観が新鮮に見える。岐阜の郡上八幡もそうであるように、こうした風景は心を和ませてくれるものだ。また、旭川の本流筋帯はオオサンショウウオの生息地として有名である。時間があればぜひとも野生のオオサンショウウオを観察してみたかったが、残念ながら今回はその余裕がなかった。

さて、目指す渓は小さな集落の中を流れる小渓、それは〝小川〟といった表現が適切なささやかな流れだ。集落と春の小川、それらがひとつのフレームに納まった山村風景だけを見れば、それはどこといって特徴のない、ありふれたものでしかない。けれども、そんな風景の中に溶け込んだ小さな流れの中に、ヤマメのようなアマゴたちの一群が棲んでいる。それはどうやら集落の少し下流にある大きな滝のせいらしいのだ。

その滝は深い緑の割れ目から、白い巨大な水の帯が噴き出すような大爆布だ。圧倒的な迫力、実に見事な景観の滝である。集落の中を流れるあの小川がこの滝の源になっているとはとても信じられない。そして、比較的緩やかな山並みが連なる中国地方にあって、これほど強烈な地殻断層部は滅多にないだろう。南米のギアナ高地とまではいかないが、下流側から仰ぎ見ると滝の上には別世界があるのではないかと想像が膨らんでしまう。そこはコナン・ドイルのSF小説〝ロスト・ワールド（失われた世界）〟を彷彿とさせるようなロケーションなのだ。

しかし、ドイルの小説のように滝上の世界に恐竜が棲んでいるわけではない。滝上には穏やかな稜線に囲まれた平坦な田園風景が広がっている。しかもそれは極めて日本的な風景である。ただ、この地方の平均的地形に当てはまらない大爆布が創出した特別なロケーションのせいで、どこかが少しズレてしまったアマゴたちの世界が存在しているだけなのである。

限りなくヤマメに近いアマゴ

近在の町の釣具店で遊漁証を購入した。周辺の川のようすや放流状況を聞き出しつつ、例の小渓のことに触れてみる。

「あの滝上の沢はどうなんでしょう？」

「あァ、あそこのヒラメは天然。少しは釣れるけど、せっかく遠くからいらっしゃったんだから、放流の多い場所へ入ったほうがいいですよ。今の季節ならよく釣れます。雨後で水加減もちょうどいいことだし……この地図を参考にしてください」

そう言って、釣具店の主人は漁協が発行した河川マップを手渡してくれた。それにはかなり詳細に放流地点と魚種が明記してあった。こんなところがいかにも関西らしい。支払った遊漁料のぶんだけ釣れなくては漁協に文句が来る。漁協としては、その増殖義務をまっとうしていることを明確に示さなければならないのだ。そのあたりが関東よりも関西はかなりシビアなのである。

地図で見る限り、滝上の沢には放流の印が入っていない。ホッとした。やたらに魚を入れられていたら、ここまで来た意味がなくなってしまう。例の沢に天然の魚が残っているのは確かなようだ。あとは釣りになるほどの魚が生息しているかどうかである。

雨のせいで、渓はかなり増水していた。それにちょうど田植えが終わった頃なので、濁りも少し入っている。エサ釣りなら、ミミズで釣るのにちょうどいいような笹濁りといった水色だ。しかし、岸際の柳の木を揺するとたくさんのカディスが飛び出してきた。そのようすを見て少なからず自信が湧いてきた。

とりあえずパイロット・フライとしてアダムス・パラシュートの#14を7Xのティペットに結んだ。6

フィート半のロッドでも長過ぎるような流れだが、クモの巣がまだそれほど張り巡らされていない。ボサだけなら釣りづらさは半分になる。

ほんの数投目にわりといいサイズの魚がフライを追ってきた。しかし見事にしくじる。釣り始めは気合いが入り過ぎて平常心を失っている。そのせいで失敗も多くなりがちだ。

しかし、次のポイントですぐに最初の1尾が釣れた。サッと寄せてネットで掬うと、朱点がない……ように見えた。願望はしばしば幻覚を誘う。最初から目的の魚が釣れてしまったなんてことは、これまでに1度もない。たいていは、苦難の果てにようやく巡り会えるというのがいつものストーリー。しげしげと魚体を観察すると、やはり朱点が入っていた。ところが朱点といっても極めて小さいうえに数が少ない、おまけに色が薄い。鮮やかな朱ではなく、薄いオレンジ色程度の着色点なのである。これでは瞬間的な映像でとらえれば、誰もがヤマメと判断するに違いない。それほどに不明瞭な朱点なのだ。まさに〝限りなくヤマメに近いアマゴ〟、そんな印象を受けた。

混沌とした魚体

それからはとりあえずアマゴだなと直感できるような魚が釣れだした。それでも総体的に朱点の数は少なく小さい。その色もあまり濃くないのがこの渓の魚の特徴のようだった。そして、最初の1尾目のような、ヤマメのようなアマゴも4尾に1尾くらい混じった。混沌とした魚体のようすは明らかに普通のアマゴとは違っていた。そして魚の数は決して多くはなかった。

問題だったのはかなり人ズレしていることで、フライへの反応がかなりシビアだったことだ。合わせのタイミングが外れた魚は2度と出てこない。待って食うことはなく、必ずといっていいほど、追いかけては反転するという捕食行動を取る。それぞれの流れでフィーデイング・レーンを熟読したドリフトを心がけてもそんな反応しか示さない。どうやらかなり釣り人に苛められているらしい。強い警戒心と鋭敏な動きが天然魚としてのプライドなのだろうか。

それだけにじっくりと、しかもていねいに釣る必要があった。集中に集中を重ねても、フッキングの確率は7割を越えない。フライのサイズを落としてステージを変える必要に何回も迫られた。羽化の見られたナガレトビケラやアカマダラカゲロウを偏食し、スプリング・クリークなみの就餌選択性を発揮する魚もけっこういたのである。そのためほんの５００ｍくらいの距離を釣るのに5時間も費やしてしまった。いつになくかなりの疲労感を覚えていた。

やがて、晴れていた空がにわかに曇り始めた。沢に沿って強風が吹き下ろし、横殴りの雨が降ってきた。寒冷前線が通過しているようだった。それで多少は食いがよくなり、一瞬ではあるが、入れ食い状態にもなった。

これまですでに20数尾の魚を釣っていたが、完全に朱点が欠如している個体には、巡り合っていなかった。しかし、完全に朱点は欠如していないが、完全な朱点がひとつもない個体は釣ることができた。それまでに釣れた魚のようすからして、そうした魚が混じるのは当然のようにも思われた。予感というものではなく、ただ単に時間の問題のような気がしていたのだ。そのためか感動というほどのものは、あまり感じられなかった。

その直後、今度は突然強い濁りが入ってきて釣りをあきらめねばならなかった。どうしたのかと思ったら、農家の人がトラクターを川で洗っていたのだ。田植え後にはよくあることだ。濁りが取れるのを待とうかとも思ったが、もはや釣欲は失せていた。

もう充分だった。気の遠くなるくらいの昔から、この渓に受け継がれてきた魚たちの歴史の一端を、その魚体を通して垣間見たような気がしていた。

写真で見る魚体の特徴

この渓の魚たちを『種の境界と混沌』（東日本編に収録）の項で紹介している湯河原周辺の魚たちと見較べて欲しい。パーマークに関する変異や背部の黒点の欠如といった特徴を、この渓の魚たちは顕著に示さない。多少はそういった傾向はあるものの、注目すべき点はあくまで朱点の状態だけのようだ。

そこでこの渓で釣れた魚の中から、両体側を撮影した5尾を選んで解説しておくことにする。さらに特徴的な3尾（うち1尾は滝下の魚）についても説明を加えておいた。

A

最初に釣れた魚がこれだ。

ご覧のように朱点は淡く小さく色が薄い。さらに輪郭も不明瞭である。左体側に4個、右体側には9個のそれが見られるが、いずれも朱点というよりは着色点といったほうが適切なものである。いずれも側線より下にはない。全体的にはヤマメ、いや限りなくヤマメに近いアマゴといえるだろう。パーマークは側線上部にやや偏っているが、湯河原の魚のように極端ではない。

B

ボサが川面を覆った暗い流れ、落ち込みの後ろ側の滅多に陽が差さない部分から、イワナのようにモッコリ姿を現わしたこの魚には、背部にも腹部にも黒点というべきものがほとんどない。朱点はやはり不明瞭で、左右で数が極端に違うし多くもない。よく見ると、黒点も朱点も左体側には多いか右体側には少ない。変なヤツだ。

C

プールの真ん中で悠々とライズしていた見事な体型のアマゴである。フライへの反応はシビアで、ドライフライなど見向きもしない。上流側にそっと回り込み、#18のアカマダラのイマージャーを送り込んで、ようやく手にした魚だ。この渓では上限の大きさのように思える。朱点の数はやはり少なく、朱点として独立したものよりは、黒点と重なっているものが多い。パーマークはややヒョウタン型に近い形をしている。

D

何とも美しく、清楚な色合いと体型をしたアマゴである。基本的にはこのタイプが最も多かった。しかし、朱点は小さく数もそれほど多くない。このあたりの上流部の沢アマゴは、だいたいこんなタイプが標準のようだ。

E

冒頭のタイトル写真の魚と同じ個体だ。

よく観察すると左右体側共に、実は朱点が4個ずつある。しかし、両体側共に独立した朱点はなく、いずれも黒点と重なっているもので、純粋な朱点とはいえない。朱点というよりは、赤色色素の滲みといったほうが適当だ。完全に朱点は欠如していないが、完全な朱点がひとつもないタイプがこの魚である。この程度の赤色色素の滲みなら、ヤマメ域に棲む純粋なヤマメの中にも見ることができる。したがってこの魚も、限りなくヤマメに近いアマゴということができるだろう。

F

これ以上に朱点が鮮やかな魚は滝上の流れにはいなかった。プロポーション、肌艶、各ヒレの張り具合、すべての点で完璧な魚だ。持っている色素の全部が最高の状態で表現されている。養魚場ではこんな姿に育てられない。抜群のコンディションの麗しき天然アマゴである。

G

パーマークが丸く大きく、数が少ない。朱点の数は多くなく、滲んでいるものが目立つ。このまま育ったらどんな魚になるのだろう。今のところは可愛いが、婚姻色に染められることを想像すると気味が悪い。

H

滝直下からしばらくの区間は禁漁なので釣りができない。そこで本流との出合いから100mほどの区間を釣ってみた。数尾の魚が得られたが、すべてこのように蛍光色のごとく鮮やかな朱点に彩られていた。放流魚か、天然魚の区別はつかないが、何がこれほどの差異をもたらすのだろうか。

アマゴVSヤマメの攻防は果てしなく続く

大規模な地殻変動によって大滝が出現する以前、この渓の魚たちは完全アマゴ化へのプロセスが進行中だったのだろう。それはヤマメからアマゴへと移行する際の最も劇的な時期だったのかもしれない。古瀬戸内海湖を中心に、独自の進化を遂げたアマゴたちの勢いは、この周辺では急加速していたはずだ。

それが滝の出現によって、下流側からの強いアマゴの供給が途絶える日を迎えた。滝上の小渓の源流部には、その時点でも純粋なサクラマスの血を引くヤマメたちの先祖が残されていたのかもしれない。やがて、同一水域に地理的に隔離された彼らは、河川争奪の末に、結局は自然交雑を繰り返すようになった。その結果、現在のような混沌とした魚体が作り上げられてきた。新しい血の供給が途絶えて隔絶された状態の中、悠久の時を超えて混沌が受け継がれてきたのである。おそらく比較的最近まで海洋との交流が可能だった湯河原周辺とは、その点が大きく異なる。

それでも、現在の研究では、完全に純粋なアマゴとヤマメでは、滅多に自然交雑しないことが報告されている。それは生殖に関わるフェロモンが、異種に対して特異的に作用することが原因になっているらしい。つまり、それぞれがたとえ同一河川内に放たれたとしても、アマゴはアマゴ同士、ヤマメはヤマメ同士でなければペアリングしないというのだ。それは、まさに厳正なる秩序に則った正常な行為である。種の重みというのは、そんなところに発揮されるのが本来の姿なのだろう。正常な遺伝子内のどこかに欠陥があったり、交わる相手がいない状態でもなければ、そう簡単にハイブリッドを輩出するものではないはずだ。ただし、この渓の場合はそのどちらにも当てはまらないように思う。ハイブリッド化は、共存のための代償行為だったのではないかと思えるからだ。

種の境界範囲に見られるヤマメとアマゴの勢力争いとは少し違った攻防が、この渓では続けられているらしい。最終的にどのように決着が着くかは分からない。見事な朱点を持ったアマゴだけになるのか、あるいはサクラマスの亡霊を背負った朱点なきアマゴたちが蘇るのだろうか？　それとも混沌とした魚体のままで、これからも遺伝子内で密かな攻防を繰り返していくのだろうか？　その結末は誰にも予測できない。

この滝が隔絶した水域を創出した。落差140mの大瀑布である

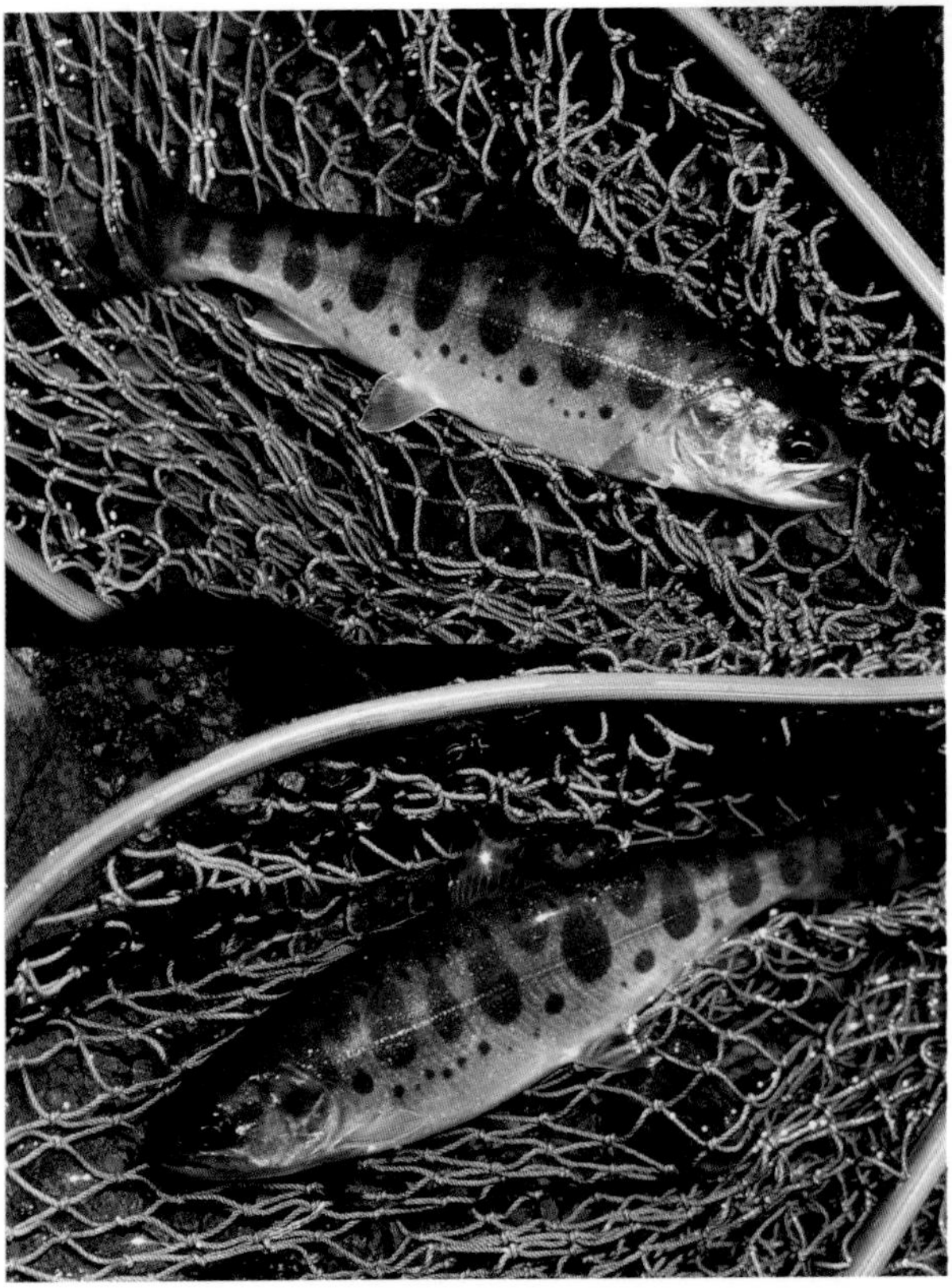

【写真A】

【写真B】

【写真C】

【写真D】

【写真E】

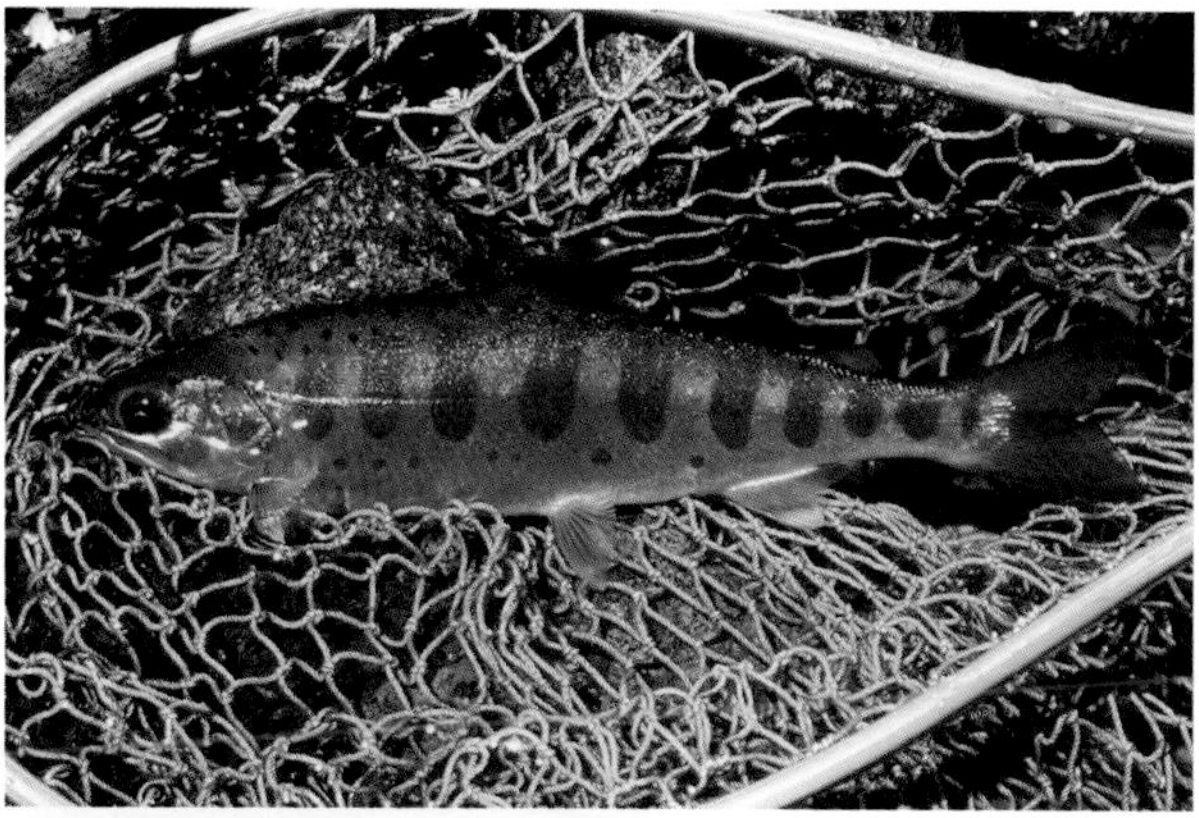

【写真F】

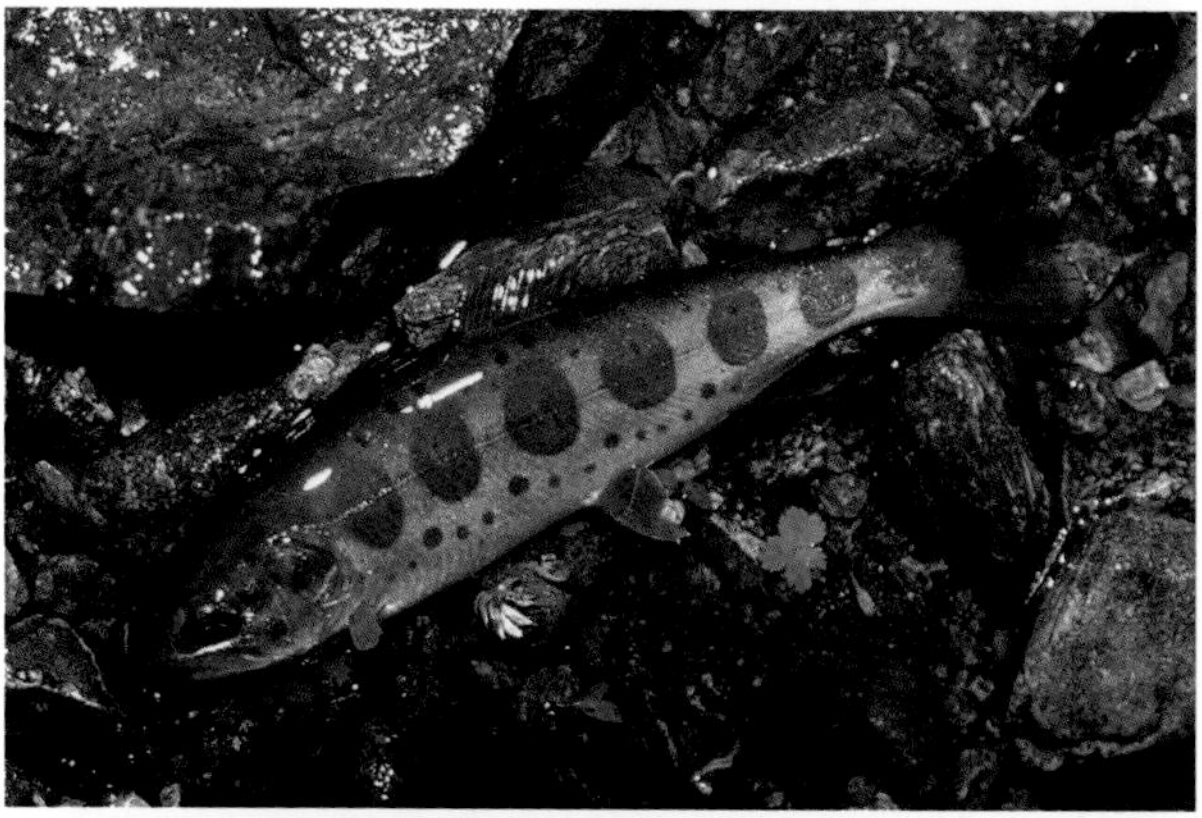

【写真G】

【写真H】

古座川本流筋、最源流部の沢。そのまた奥でようやく釣ったアマゴ。これが本州最南端の地に残された天然アマゴの末裔……

第10章 和歌山県

南紀のアマゴ

本州最南端の渓にアマゴを追う

（1996年5月取材）

本州最南端へ

午前0時に自宅を出発。高速道路を乗り継ぎ、尾鷲に着いたのは午前7時だった。ここでさすがに疲れ果て、一眠り。しかしそうそうゆっくりもしていられないので、そこからは一般道を2時間半かけて、ようやく本州最南端の町、串本に到着した。ここまでくると、植物ばかりか空気までもが南国の気配を帯びている。海辺を走りながら、背後の山々を眺めても、そこからアマゴの気配はまったく感じられない。

本州最南端のアマゴについては、最新でしかも確実な情報を得ていた。それは串本町に住む大学時代の友人、宇井晋介氏から得たものである。現在は串本海中公園に勤務する宇井氏であるが、彼とは大学時代の3年間を岩手県三陸町で共に過ごした。アパートが同じだったこともあって、彼とはよく一緒に釣りに出かけた。彼の愛車、懐かしのサニー1000に乗って、三陸界隈の渓をよく釣り歩いたものだ。しかし昼間は釣り三昧、夜は麻雀にうつつを抜かしていた超劣等生の自分に較べると、宇井氏は完全無欠な優等生だった。授業は滅多にサボらなかったし、麻雀もやらなかった。多くの講義における彼の代返、あるいは代筆によって、私は出席日数を確保し、大学を無事卒業できたといっても過言ではない。この場を借りて学生時代のお礼を言ってしまおう。

そんな宇井氏の情報であれば、その信憑性は倍増する。早速、用意された情報に従って串本の近くの渓を探釣したのだが、釣りは所詮水モノ、南紀の渓の状況は想像以上に過酷であった。

熱波と渇水の中で

南紀の小河川においては、雨が降らない日が続くとすぐに水が涸れてしまう。正確にいうと完全に涸れるのではなく、伏流水になってしまうのだ。したがって海に直接流れ込む独立小河川では、冷水性の魚であるアマゴが、その生息水域を恒久的に確保するのは不可能である。

そうなると、それなりの規模がある川がアマゴの生息、繁殖には必要になってくる。したがってこのあたりでそうした条件が整っているのは古座川水系くらいしかない。古座川は串本町の東隣の古座町で太平洋に流れ込む、全長約45㎞の中規模河川といった感じの川である。河口付近の汽水域では、いまだにスジアオノリが収穫できるくらいだから、西日本では四万十川に匹敵する清流のひとつに数えられている。天然アユの遡上も多く、アユの川としては関東地方でも名の通った川だ。

そこでまず、完全にネイティブとはいえないが、最近アマゴがよく釣れている渓という条件で、数本の支流をピック・アップしてもらった。それらはいずれも古座川水系の支流で、串本から1時間以内の範囲にある小渓だった。

5月というのに、気温は午前10時の時点で25℃を超えていた。海辺は日中も比較的涼しく、1日の温度差があまりないのだが、内陸の山間に入ると日中と朝夕の温度差はかなり激しい。おまけにこの10日間ほぼ雨も降っていない。当然、渇水が心配されたが、その不安は見事に的中し、渓はほとんど干上がっている状態だった。

最初に入った支流A川では、1週間前にいいサイズのアマゴが釣れたという堰堤下のプールを覗いてみたが、水温は22℃を超えていた。アマゴの姿はどこにも見あたらない。冷たい湧水のある場所へ移動したか、水温の低い支流にでも潜り込んでしまったのだろうか、とても釣りができるような状態ではない。それではと、水通しのよい深瀬を覗きこむと、そこには見慣れない不思議な世界が展開していた。

流れの最も強い位置を占領しているのはアユである。その脇にはウグイ、タカハヤと続き、上層部には丸々太ったカワムツが群れ、川床のところどころには15～20㎝ほどの細長いかたちをした妙な魚が見える。それはウナギではないしドジョウでもない。そう、この魚は海から遡上してくるボウズハゼというやつだ。さらにヨシノボリの仲間らしき底生魚もあちこちに見える。浅くて水通しのいいところには、黄色っぽく透き通ったカワエビがたくさんいる。大きな沈み石の横から何かがノコノコと出てきたと思ったら、それは殻径が10㎝ほどあるモクズガニだった。

さながらそこは亜熱帯の渓流域に棲む生きものたちの天然アクアリウム。ここにアマゴが紛れ込んでいたら、余計に頭が混乱しそうだ。

次に入ったのは、A川よりも少し上流で古座川本流に流れ込むB川という小支流。ここも同じような状態だったが、こちらは多少は流れもある。水温はやはり20℃を超え、気温はすでに30℃を超えていた。暑いのなんの、少し歩いただけで汗が吹き出てくる。プールを覗くと、やはりここも同じような状態。ただし流れがあるぶんだけ、魚に元気があるようだった。そこで流れが強く、水の太い部分だけを少し釣ってみると、すぐに10㎝くらいのアマゴが2尾釣れた。稚魚放流とは思えない美しい肌艶をした綺麗な魚だった。おそらくこの渓ではアマゴが自然繁殖しているのだろう。しかし、写真に撮れるようなサイズの魚は出てこない。おまけに200mほど釣り上がった時点で川が干上がってしまった。もう少し上流に行けば水があるのかもしれないが、状況的に釣りを続行する気にはなれなかったので移動することにした。

さらにC川、D川と入渓したものの、渇水という表現では追いつかないほどのチョロチョロ流れに閉口し、結局サオを出さなかった。夕刻、地図を頼りに勘を働かせ、水温の低そうな支流の奥に入ってみたが、カワムツの執拗な攻撃に遭って、ドライフライは浮かんだまま流れてくれなかった。

年間降水量が3000㎜を超える多雨地帯において、10日間も雨が降らないということは、川に想像以上の影響を与えるようだ。季節柄、山が最も水分を必要とする時期ということもあるだろう。しかし自然林はほとんどなく、大部分は杉やほかの針葉樹の植林地帯だ。そのせいもあって、このあたりの河川における年間の水量差の激しさが想像できた。

もしも南紀の渓を本格的に釣ろうとするなら、そのハイ・シーズンは3月から4月にかけてだという。本州で最も温暖な地域なので、解禁当初からドライフライで楽しめるのが南紀の渓の特徴である。放流量もそこそこで、その頃には大阪方面からも多くの釣り人が押し寄せるそうだ。

そして水の美しさ……水質、透明度などに関して言えば、南紀の渓は全国でも飛び抜けて優秀だと断言できる。

今回のような渇水時においても、流れの中の石に汚らしいノロの類がまつわりついていないことも、それを如実に証明している。生活排水の中に含まれるリンや窒素の混入量が少なく、水が富栄養化しないのだろう。それでなくても定期的な大増水が起こるから、水質の悪化が抑えられ、乏しい水量の沢筋の底石にも、アユが好みそうな珪藻がびっしり付着している。5月の中旬だというのに、20㎝以上に成長したアユが泳ぎ回る光景は、まるで奇跡を見ているようだった。

古座川源流

次の日、生粋の在来種が棲む確率が最も高いというE川に向かった。そこは古座川源流筋の渓で、濃い体色に鮮やかな朱点をちりばめた美しい天然アマゴが、わずかではあるが今も残っているという。温暖な地域だけに、アマゴの生息、繁殖が確実な渓はそう多くはないらしい。確かに古座川全体でみれば、アマゴの資源量はやはり放流によってまかなわれている。古座川上流部は、七川貯水池を挟んで3本の流れ……佐本川、平井川、本谷……に分かれている。いずれの川にもアマゴが棲むが、それは秋から春にかけて放流される稚魚が主体なので、在来種が残る可能性がある沢筋は極めて少ない。

しかしこのE川もあいにくの渇水で、水温は早朝だというのに18℃もあった。おまけにおびただしい数のカワムツがプール狭しと泳ぎ回っている。それにどういうわけか川床にはオタマジャクシがびっしり張り付いていて、アマゴ釣りの雰囲気にはほど遠い感じがする。ときおり目の前に現れる黒い魚影に、反射的にフライを投げ入れると、20㎝もあるようなカワムツがバシャッと飛びついてくる。水溜まりにはイモリがウヨウヨいて、最初の2時間ほどは半信半疑の釣りに終始するしかなかった。

やがて渓が落差を強め、暗く深いプールが連続するようになると、ようやくアマゴの気配がしてきた。谷間の空気の匂いも変わってきたような気がして、ふとあたりを見渡すと、周囲の山は植林の杉林から天然林へと変わっていた。相変わらず流れの優先種はカワムツで、その圧倒的な数量にアマゴは押され気味ではあったが、岩盤の脇や流心に沈む石の前に元気なアマゴの姿が見えはじめた。

結局、フライに出てきた魚の過半数を取り逃がし、無事ランディングできたのはたった3尾にすぎなかったが、どれも色調の濃い、野性味溢れる文句ない魚体だった。南紀の天然アマゴとの出会いは、カワムツの攻撃と渇水という受難の末、ようやく果たされたのである。

それから今度は平井川に沿って北上し、日置川源流筋のF川へ入ることにした。川から道路が離れ、峠道に入ると、すごい急坂とカーブが連続する。こんなところによく道を造ったものだと感心したが、峠を降りるまで、対向車は一台もなかった。

こちらも釣れれば天然魚の可能性があり、その話は宇井氏の情報以外の別ルートからも耳にしていた。この渓は流程が長く、下流部の放流の影響をあまり受けないため、在来種が残っている可能性が高いのだそうだ。

古座川筋に較べると、ここは水量がいくらか豊富だった。というよりも、川としての相がしっかりしていて、渇水がそれほど気にならないのである。川床に変化があって、水深のある部分が確保されているため、魚が暮らしやすいのだろう。渓に降りた途端、濃厚なアマゴの匂いを感じたくらいだ。

案の定、ほんの2時間ほどの間に8尾のアマゴが釣れた。そのうち2尾は鮮やかな朱点をちりばめた典型的なアマゴだったが、あとの6尾は朱点があるのかないのかはっきりしない魚だった。どうやらこのタイプがこの川の在来種らしい……それは情報で聞いていたとおりの特徴でもある。その外観は古座川のそれとは対照的ではあるが、川の規模や流程では圧倒的に日置川のほうが大きい。そのためここでは、アマゴの支配が隅々に及ぶ前に陸封され、その結果ヤマメの血脈を色濃く残しているのかもしれない。生息環境の違いが、古座川のアマゴとの外観上の違いになって現われていると考えれば納得できる。古座川においてはアマゴの侵入が急だったために、典型的なアマゴの形態を残したタイプだけが残ったに違いない。もちろんそこには高水温に対する耐性や、天敵や対抗魚種の多さといった問題も加わってくる。その点でも、日置川源流の優先種はアマゴであり、古座川では最源流までカワムツである。そうした様々な要因が魚の姿を変えていくと思うと、ますます興味深く思えてくる。

日置川の河口がある日置川町と古座川の河口のある古座町とでは、緯度的にはわずかに古座町のほうが南になるがそれほどの差はない。したがってこの川のアマゴも、南紀の渓に残された大切な遺産といえるだろう。

南紀の山里で感じたこと

東北の20年と、関西の20年とでは、その間における環境の変化に大きな差があるようだ。今回の取材でも、その差を明らかに感じ取ることができた。ほんのささやかな、断片的な現象ではあるけれど、東北地方では20年前と変わらぬ魚影を残す川が数多くある。その開発の速度はある地域では急かもしれないが、山形や岩手の山河には、今もなお豊かな自然林があり、それに守られた川にはたくさんの渓魚たちが生活している。関西の渓では、そうした点において、やはり山の貧弱さというものを感じざるをえない。雨がいくら多くても、ひとたび雨の降らない日が続くと不思議と空気が乾いてくるし（単なる乾燥ということではなく）、あの心地好い緑の匂いも消えてしまう。

自然林がいかに多く残されているかという決定的な差異は、川や山に対する人間との関わり方の違いに表われている。

降雪のない地方では、その気になれば山を1年中好きなように使える。それが永遠に続こうが続くまいが、社会がそれを欲している情勢にあれば、人間はそれに貢献することを選ぶのが普通である。現実には、そうすることによって豊かになるのは地元の住民ではなく、都市部の大企業や商社、あるいは国の政治家なのだが、それはたいてい後になって気が付く。庶民の富は、山の富とともに、一部の人間に搾取される宿命にある。

例えば古座川周辺を含む熊野地方では、江戸時代から植林が盛んに行なわれてきた。温暖多雨の気候は木材を育てるには絶好であり、林業がこの地域における産業の核であったことは周知の事実である。山はそうした目的に使われてきたため、自然林の消滅は比較的早い時代から続いていた。そして川は、山から伐り出した木材を海まで運ぶためには格好の水路であり、本流筋の水量はどの川も木材を運ぶためには充分であった。

こうして南紀では、林業を通して人々は山と接してきたわけである。山は木を生産する場所、川は木材の運搬に利用する水路……山の神は丁重に奉られてきたが、川に棲む生物たちの存在は忘れられていたらしい。そして今になって、人々や山河も、ずっと時代に翻弄され続けてきたことにふと気付く。本当の豊かさを失って、その豊かさは何であるかさえも、人々は忘れてしまっているのかもしれない。

もしもこの南紀の地に昔のままの森が残されていたらと想像してみる。年間３０００㎜を超える降水量、そしてその水を蓄えるだけの自然森があったらと……。そこには様々な動物たちが棲み、アマゴたちの生息に適した流れが山の中を縦横無尽に走っていたことだろう。

ところが山全体が一面の杉林となっている現在では、雨がいくら降ろうと、それはただ山肌を削って川に流れ込み、一目散に海へと流れ去ってしまうだけだ。

したがって降水量の恩恵を、そこに棲む生物たちは少しも享受できない。杉だけがスクスク育つ中、その周囲の生物相は年を追うごとに貧しくなっていく。

古座川源流からの帰途、山の斜面のあちこちに、木の臼か丸太のようなものの上にトタン板を被せ、さらにその上に漬物石を乗せたような物体が置かれていた。大きさは高さが50㎝くらい、直径は30㎝くらいだろうか。これはほかの関西地方でもよく見かけるのだが、私にはそれが何なのか分からなかった。しかしこの取材から戻ってしばらくして、何気なくテレビを見ていたら、しかも滅多に見ないＮＨＫ教育テレビにチャンネルを合わせたら、そこで偶然謎の物体の説明をしていた。それによると、これは〝ゴーラ〟と呼ばれるニホンミツバチの巣箱なのだそうだ。内側はくり抜いてあり、よく見るとミツバチが出入りするためのギザギザの溝や小さな穴が下の方に開けられている。天敵であるスズメバチの来襲を避けるため、穴の位置や場所に工夫が施されているそうである。

つまりゴーラは、日本伝統の養蜂技術なのだ。ここに営巣したミツバチは、せっせと山の中を飛び回り、山中から蜜を運んで巣の中に蓄える。その蜜はわずかに残された自然林からの恵みそのものである。ゴーラを山の斜面に設置するだけで、20年も保存が可能で、その効果も持続するというニホンミツバチの蜂蜜が採取できる。それは山で生活する人たちの大切な保存食品として、またときには収入源として古くから受け継がれてきた。セイヨウミツバチの養蜂が中心になっている関東以北では、ゴーラのような巣箱を見たことがない。

ゴーラは自然林が比較的多く残されている、平井川流域に多く見られる。今思うと、ゴーラの意味を知ったことで、南紀の山々もまんざら捨てたものではないなという気がしている。

時が流れ続ける限り世界も常に変わり続ける。永遠に変わらぬものなどこの世には存在しない。永遠という言葉の意味は、物理的な意味でなく、本来は精神的なものを指して使われるべきだ。だから視覚的に見て、永遠に変わらぬものだけが美しいわけではないのだ。我々が生きている時間など、地球の歴史で換算すればほんの一瞬でしかない。我々の存在など、そんなちっぽけなものでしかないのである。だから、たとえ瀬戸際の場面に出会ったとしても、そこで一喜一憂して過敏に反応する必要はない。そうしたスタンスで物事に対峙しながら、より広い視野をもって現実を見つめていくことが、本当は一番大切なのだ。

渓の周囲に天然林が多くなるにつれ、ようやくアマゴの気配が漂ってきた

妖しくきらめく南の果てのアマゴ。まるで深山の妖精のように感じられた

川床にはオタマジャクシの群れ。最源流に至っても、そこに似つかわしくない光景を目の当たりにする

アマゴ域にはメイフライの姿も一際多く見られた

上／自然林の多く残る平井川上流の豪快な渓相。そしてニホンミツバチの巣箱“ゴーラ”が山の斜面のあちこちに置かれていた　中／南紀の原生林はこんな感じ。こんな山が杉の木だらけの尾根筋に忽然と現われたりする下／日置川源流部の流れとそこに棲むアマゴ。川としては古座川よりはるかに立派である。朱点があるのかないのか分からないタイプの魚が圧倒的に多かった。この魚が天然であれば、この特徴はひとつの宿命といえる

世界最南端に棲むイワナ、キリクチ。（写真提供：斉藤裕也氏。昭和60年、淡水魚保護協会が奈良県から特別採捕許可を得て実施した資源量調査の際に採捕した個体）

第11章　奈良県

キリクチ

迫りくる環境破壊のなか、幻を追い求めて

（1992年4月取材）

イワナの南限地は今保護区の惨状

紀伊半島の東側、熊野灘に流れ込む大河川、熊野川水系の上流部一帯が、世界最南端に生息するイワナ、その地方名〝キリクチ〟の故郷である。現在、イワナそのものは放流によって九州の一部にも生息しているが、本来の天然分布では、紀伊半島のこの地域がイワナ属世界最南端の生息地になっている。

キリクチは昭和20年代までは、和歌山県の日高川支流の小森谷源流部にも生息が認められたという報告があるが、現在では奈良県の十津川上流部、野迫川村を流れる川原樋川上流、弓手原川源流部一帯が南限地になっている。そのほかでは、十津川本流上流部、天川村の川迫川（新宮川）源流部一帯の本支流群、さらに熊野川の大支流、北山川源流部水域数河川の最源流部にも、キリクチの生息が確認されている。

日本産イワナ属における一般的分類によれば、キリクチはその生息地域と小型赤色斑点が腹側部に散りばめられた外観的特徴から、ヤマトイワナ系の一地方系群とされている。この系群は伊勢湾から熊野灘の沿岸付近から、各河川へと遡ったイワナたちの末裔であるから、外観や性質など、あらゆる点で木曽三川の木曽川、揖斐川、長良川水系あたりのイワナとよく似ている。しかし、外観的にはこれらの河川と似通っていたとしても、貴重なのはそうした見た目の特徴ではなく、その生息地に従来から棲んでいた天然イワナの一群という事実である。これだけはほかとスリ替えるわけにはいかない。

そして紀伊半島中央部の、限られた山岳地域に閉じ込められたキリクチが背負っている宿命の重さは並ではない。偏狭な生息地域に関連する数々のマイナス面……絶対数の少なさ、近親交配によってジワジワと濃くなっていく血液、そしてあまりに厳しい生息環境など、悲観的材料には事欠かない。

最初に訪れたのは現在の南限地、弓手原川源流部だった。保護水域だからもちろん釣りはできない。渓とその周辺の状況を観察するのが目的である。

弓手原は奈良県の南西部、和歌山県との県境の尾根筋を切り裂いて走る高野龍神スカイラインの直下にある。北緯約34度、標高で約７００ｍといったところか。

キリクチの保護水域に指定されているのは弓手原集落の上流部一帯である。しかし以前は集落より下流にも多数生息していたらしい。それは、少し下流の川原樋川本流に注ぐ支流のひとつに、キリクチ谷という名の小渓があることからも想像できる。もしかすると数10年前までこの周辺はキリクチたちの楽園だったのかもしれない。しかし、今となってはこの一帯に生息するキリクチは正真正銘の瀬戸際の渓魚である。それは保護水域周辺の状態を目のあたりにすればすぐに理解できる。以前から噂では聞いていたものの、その生息環境の惨状には誰もが驚くのではないだろうか。

弓手原の集落を外れたあたりから、キリクチの生息地一帯は禁漁区になっており、捕獲という面からの保護措置はとられている。野迫川村と奈良県によって保護指定されてはいるものの、その生息環境は掲載した一連の写真を見ればお分かりのように悲惨の一言に尽きる。源流部の山々の様子は見てのとおりである。見事なまでの伐採と植林、河川工事などの傷跡は今さら隠しようもない。

降雨時、渓は一気に増水し、土砂が川底を傷付けていくだろう。ただでさえ雨の多い地方だ。

高温期の渇水は乗り切れるのだろうか。不便な山岳地域とはいえ標高は低く、夏期には高水温になることが予想できる。

下流部から進出してくるアマゴの勢力に押し切られてしまわないだろうか。アマゴはイワナ域下流部に相当量が放流されているようだし、実際にも禁漁区内の流れのあちこちにその姿が見られた。しかしキリクチの姿は、自分が観察した範囲の流れの中では1尾も確認することができなかった。

保護対策であるならば、まず捕獲者の手から守るための禁漁措置は当然の手段であろう。もちろんその手段に対しては、釣り人として、いや人間として賛成である。しかし、魚は捕獲者の手によってのみ減少するのではない。守ろうとする魚の生活環境を保全することに全力をあげなければ、保護対策は絵に描いた餅でしかない。環境的配慮の欠落した生物保護は無意味である。

しかしながら、有力産業として地域に貢献している林業との兼ね合いもあるし、本州で最も交通の不便な地域なので、道路工事も急がなければならないのかもしれない。そこには様々な社会的葛藤が見え隠れしているが、現地の状態を見る限り、これからどんな対策を施して将来を展望しようとしているのか見当もつかない。

日本中の渓を歩いてきたが、これほど惨状が露呈している保護区というのは見たことがない。山が山として持つ本来の機能を発揮しなければ、山の一部である渓が生きていけるはずがない。渓が死ねば、そこに棲む生物も死に絶える。それが自然の仕組みであることは誰もが知っているはずなのに。

洞川のキリクチではないイワナ

次に訪れたのは、川迫川の支流にあたる山上川上流の洞川だった。この川にもキリクチは生息していて、この季節（4月初旬）ならば、比較的下流部で顔が見られるかもしれないという情報が入ってきた。

行者修行の信仰登山で有名な山上ヶ岳（大峰山）への登山口にあたる洞川の集落は意外に大きい。きっとたくさんの参拝者や観光客が訪れるのだろう。温泉があるため旅館や民宿も多く、宿泊には困らない。しかしそのぶん釣り人も多いようで、渓は思ったより荒れていた。

とりあえず集落の下流付近に入渓。100mに1人くらいの割合で釣り人が入っているのには驚いたが、半日かけて丁寧に探ってみた。たまたまガガンボの羽化に当たって多少のライズが見られたが、釣れてくるのは一目で放流魚とわかるようなアマゴとニジマスばかり。これだけ釣り人が多いと天然の魚は口を使わなくなるし、キリクチがいたとしても岩の下に潜ったまま出てこないだろう。水色は多少濁ってはいるが落差がほどほどにあり、大岩も所々に配置されていて渓相としては良好なほうだ。しかし両岸は実によく踏み固められ、釣り人が落としたゴミも目に付く。どう見てもキリクチがこんなところに……？　といった雰囲気だ。そこで午後は上流部に場所を変えることにした。

集落の中の約2km区間は両岸共にコンクリート護岸が施されているようなので、ここはあっさり見送った。集落を外れると渓は細くなり、遊歩道が渓沿いに取り付けられていて、とてもキリクチが釣れそうな気配はしない。渓相は浅く開けた瀬が延々と続くばかりで単調そのもの。水色はジン・クリアで、水温も下流部よりはかなり低いようだった。

渓が2つに分かれるあたりまでくると、水量は激減してしまう。どうやら、上へ行けばよいということでもないらしい。それでもやはり、もしかしたら……という釣り人心理に駆り立てられ、自然河川の状態が残されている区間を選んで拾い釣りをした。やはり放流されたばかりのアマゴはよく釣れたが、中にはハッとするような綺麗な魚も混じった。それで気を取り直し、入念にポイントを探っていくうち、ついにイワナが釣れた。しかも25cmもある立派な魚だった。しかし、確かにイワナではあるがキリクチではない。どう見ても、これは関東あたりで普通に見られるイワナと変わらない。鮮明な着色斑点も見られない。いくつかの系群の血が混ざったようなタイプで、産地が限定できない魚なのだ。明らかに放流魚である。

夕方まで熱心に釣ったが、結局イワナはそれ1尾。あとはすべてアマゴ。そんなに簡単に釣れるとは思っていなかったので、あまりガッカリすることはなかった。いかに4月とはいえ、キリクチに会うのはそう簡単ではなさそうだ。それでもイワナは釣ることができたからそれなりに納得できた。この渓にキリクチがいるとしたら、釣り人に忘れ去られた、おそらく川幅30㎝程度の細流でひっそりと暮らしているのだろう。そんな魚を無理に釣る気にはなれない。

不思議な世界

宿を決めていなかったので、洞川の集落入口にある観光案内所で民宿を紹介してもらうことにした。見知らぬ土地での宿探しは、これが一番堅実な方法である。乏しい予算、夕刻間近という宿探しには、なおさらに観光案内所の利用価値は高まる。

案内所では、若くて愛想のよいお嬢さんが親切な対応をしてくれた。民宿までの道筋を教えていただき、丁寧にお礼を述べて案内所を出る。紹介された民宿は宿泊代相応のクオリティで、新しくもなければ古くもない。ただし案内された部屋の四隅にはクモの巣が張られていた。

すぐに風呂に入りたかったのだが、内風呂は温泉ではなく沸かし湯だという。そこで近所の温泉旅館を紹介してもらって、風呂はそっちで入ることにした。

洞川の流れを中心に、その両岸に沿って民家が密集している。そのためいくつもの橋が架けられ、しかも橋の欄干の色はすべて赤だ。そして橋の途中には祠が奉られている。立派な寺院もあって、通常の都市生活では味わえないエキゾチックな感じに溢れていた。

しかし真中を流れる川の様子は貧相で、魚がいそうな雰囲気ではない。かなりの確信でそう思ったのだが……橋の上から川をのぞき込んだ瞬間、危うくそのまま川の中へ突っ込んでしまいそうになった。なぜなら、我が目を疑い、精神を疑うか、あるいはここはいったいどこで、自分は何をしているのかを、自問自答しなければならない光景が川の中で展開していたからである。

本当にどうってことのない川なのだ。土砂で淵は埋まっているし、水量も少ない貧弱な川なのである。ところが、橋の下の浅いプールにはたくさんの黒い影がユラユラ揺れている。しかもそれがすべて鮭鱒類の魚であることは一目瞭然。そんなことは反射的にわかる。さらにその大きさが凄い。50㎝は優に越える巨魚から30㎝くらいのヤツまでが、数列の編隊を形成して悠々と流れに遊んでいるのだ。夕刻だけに魚の動きは大胆で、ときおりライズをして私を挑発する。それらが養殖の魚ではないことは、ピンと張ったヒレやふっくらとした体型からも想像がつく。ほとんどはニジマスのようだったが、アマゴもいるし、イワナも少し混ざっているようだった。放流されたにしろ、すっかり川に馴染んでいることは確かだ。この流れに、この魚。アメリカにだってこんな所はない。

風呂に入る前に、すっかり身体中が熱くなってしまった。釣っていいのだろうか？　サオを取りに宿へ戻ろうか。いや、どうせ禁漁なのだ。でも釣りたい……。予期せぬ出来事に、思考は空転するばかりだった。

禁漁の立看板はその位置からは見えなかった。橋の上を行き交う人たちは、魚にはまるで無関心のようだった。ただし、夕暮れの橋の上で、頭にタオルを巻いて膝まずく男……欄干にしがみつき、異様な視線を川面に向けている変質者の姿には、鋭い視線が投げかけられていた。下手なまねはできない。

こみ上げる釣欲をようやく打ち消し、気を取り直したのは30分も過ぎてからだった。

「あッ、そうだ。風呂へ行かなくては……」

宿で教えられた古い造りの旅館に入り、風呂へと案内されてまたビックリ。その大きな風呂から川が見える。イブニング・ライズが真っ盛りの川が見える。湯気で曇るガラス窓をこすりながら、見事なライズを裸で見物。今度はあそこの筋で、次は向こう側だ。次々に起こる素晴らしいライズ。しかも背中をモッコリと水面から出して、次には尖った尾ビレが水面から現われる魅惑的なライズばかり。こんなところで、こんな場面に出会うとは……。ハッチの正体がコカゲロウであることは、風呂場のガラス窓にしがみつくダンの姿を見れば誰でも分かる。アア、だけどそんなことに気をかけているのは、この町で私一人だけなのか。

浴槽につかりながら、こんな刺激的なイブニング・ライズの光景を見るのは初めての経験だった。女湯が見えることより、はるかに刺激的だ。

風呂の熱さと興奮で、血圧が普段の3倍くらいに達した頃、ライズは終わった。命拾いしたようなものだ。帰り際、呆然とした表情になっている私に、旅館の人が「どうかしましたか?」と問いかけてきた。「いやあ、あんまりいいお湯なんで、ついつい長風呂に……」と答えただけで、私は魚とライズのことを話すのを何とか押しとどめた。橋の上の一件もあるし、変なことを言って誤解されたら困るからだ。

民宿への帰路、橋を渡るとき、川は何事もなかったように暗闇の中で静かな瀬音をたてていた。

その夜、雪が降った。4月も10日を過ぎているというのに、奈良県で雪を見るとは思わなかった。深夜、妙に底冷えがするので窓の外をうかがうと、夜目にも明るい銀世界に洞川の集落は埋もれていた。

翌朝、昨夕の出来事が幻でなかったことを確かめるために、起きるやいなや、橋まで散歩に出かける。すると、やはりいる。信じられないが、この川にこの魚というのはどうやら現実らしい。

冷静になって川の周囲を歩き回り、禁漁の立看板を発見した。それは3本上の橋のたもとだった。立看板には『禁漁区域　これより下流 1㎞（通称ウルシ谷）まで』と書かれてあった。つまり、昨日の夕方、僕は禁漁区域のちょうど真中の様子を見ていたわけで、あの凄い魚の数と大きさにもそれで多少は納得することができた。そしてそのあたりから少し下流に小泉川という水質のよい支流が流れ込んでいる。もしかするとこの沢が、一筋の光明のような役割をしているのだろうか。

こんな小さな川にあれだけ大きくてたくさんの魚が棲めるとは……。これも神様、仏様の御利益なのだろうか。不思議な世界がこの世にはあるものだ。もっと不思議なのは、集落の上にも下にも魚が少ないことだった。それから地元の人に、魚と川のことを聞いてみたが、やはり別に気にかけてはいないようで、特になるほどと思うような答えは返ってこない。ただ禁漁になっていることと、そこに魚がたくさんいるという既成事実しかないのである。それはそうだ。地元の人にしてみればこれが日常で、外から来て驚いている者のほうが不自然に見えるに違いないのだから。このあたりには、やはり通常とは違う何かがあるのだろうか。明確な理屈よりは、むしろそうした不可思議な要素によって支えられた現実であって欲しいとさえ思えた。

吹雪の神童子谷

洞川での体験でキリクチのことなど、しばし頭から消え失せていた。しかし今日は神童子谷へ出向き、何とかしてキリクチの顔を見なければならない。

この渓は十津川の最源流部の沢で、キリクチの顔を見られる確率が最も高いという噂だった。洞川と同じく、4月ならば本流筋の下流方面で釣れるかもしれないというのだ。しかしながら、下見の段階で渓の様子を覗いたとき、そんな噂に対する疑問を感じた。

それは日曜日の朝で、しかも神童子谷に沿った林道ともう1本の源流の沢、布引谷に沿った行者還林道が不通という状況が重なり、これらの林道の分岐点にはなんと10数台の車がひしめいて駐車してあったからだ。そのほとんどは釣り人のもので、4月のこの盛況ぶりはいただけない。もっと気候がよくなったら、このあたりはいったいどうなるのだろう。魚など、たちまち釣り尽くされてしまうのではないか。そんな不安がいやがうえにも募ってくる。

神童子谷は落差のある典型的な山岳渓流で、水量もそれほど多くはなく、やはり土砂の堆積が目立っている。渓はやや荒れ気味で、渓の生産力も大したことはないようだ。この季節でも、よほど頑張って奥に詰めなければ、キリクチに巡り遭うのは不可能なのではないか。そう感じたのである。

雪に見舞われた洞川を出発し、神童子谷へと向かう。昨夜、神童子谷方面も雪が降ったことは、標高がほぼ同じくらい（洞川で８６５ｍ、神童子谷と布引谷出合いで８１４ｍ）なので覚悟はしていた。山の険しさでは神童子谷のほうが上だから、下手をすると積雪があるかもしれない。

洞川から山上川沿いに下り、川迫川本流に沿った林道を走る頃には晴れ間がのぞいたものの、進行方向の山並みは5合目あたりまで、暗灰色の雪雲に覆われている。上に登るにつれて太陽は顔を隠し、あたりはモノトーンの世界に変わっていった。最奥の人家の前を通り過ぎる頃には雪が飛んできた。それにしても、昨夜は相当の冷え込みだったのだろう。樹木には氷が張り付いて樹氷の森ができあがっている。まだ新芽の吹かない冬枯れの森とはいえ、４月とは思えない様相だ。

しかし、昨日下見しておいた林道の分岐点には1台の車も止まっていなかった。この天気に、こんなところにくるヤツはいないのだろう。午前9時の気温がマイナス２℃で、風も強い。さすがに渓に降りる気がしない。少し待って天候の回復を期待したが、風はますます強まり、駐車している車を揺らしている。ときおり雪も混じって窓を打ちつける。

午前11時頃になってようやく入渓を決心した。寒いのはともかく風が気になる。少し歩いてから渓に降りようかと思ったが、上流を目指すよりは、じっくり釣っていったほうがいいのではないかと方針を変え、布引谷出合いから釣り始めることにした。

ところが、これだけの悪天候なのに、どういうわけか魚の動きはひじょうに活発だった。昨日、あれだけの人が入っていたのに、どこにこんなに魚がいるのかと思うほど釣れるのだ。しかし残念ながらすべて20㎝前後のアマゴで、これがドライフライにビシバシ出てくるのだ。このようにアマゴの動きが俊敏すぎると、イワナは釣りづらくなる。意識してイワナの入っていそうなポイントをねらっても、アマゴが先に反応してしまうからだ。

さらに午後1時を過ぎた頃には、ヒラタカゲロウの1種と思われる#14くらいのメイフライのハッチが始まり、流れのあちこちにライズ・リングが広がり出す。風は吹きやまず、雪まで舞っているのに、こんな現象に出くわすのは珍しい。本当に不思議なところだ。

林道の橋下を通り過ぎ、オソゴヤ谷が右から入ってくるあたりでようやく最初のイワナが釣れる。しかし、やはりイワナであってもキリクチではない。中国地方以北の日本海側の渓で見られるようなタイプの魚で、これも放流魚であることに間違いはないように思えた。その後、さらに2尾のイワナを追加したが、これらも同様の魚体でキリクチの特徴を備えていなかった。アマゴは相変わらず、釣れ過ぎるくらいに釣れてくる。何か少し狂っているような状況だった。

それでも何とかしてキリクチを釣りたい一心で、とにかく丁寧に慎重に釣り上がった。あと1尾、もう1尾釣れば……と思いながら、次々に釣れてくるアマゴをリリースすることを繰り返した。そうこうするうち、気が付くと林道最終点付近まで釣り上がっていた。もう標高は900mに近く、吹雪は本格的なものになっていた。装備は何もなく、これ以上渓にいるのは危険だった。

無念の下山

じっくり釣ったわりにはペースを上げていたので、2km以上は遡行していた。強風が打ちつける吹雪は、レイン・ジャケットに音をたててぶつかってくる。その勢いは身体に感じるくらいの激しさだ。キリクチの顔が見られなかったため気分は沈み、心なしか身体の動きも重く感じていた。無念、目標を達せられずに下山しなければならないときの心境は、表現のしようがないほど辛く苦しい。

急斜面のガレ場を強引によじ登り、林道に出た。30分も歩けば車まで戻れると思ったが、曲がりくねった林道は、渓を遡行した距離の倍以上の距離があり、思ったより時間がかかる。狭い舗装道は傷んでいて、ところどころが陥没して亀裂が入っている。うっかりすると足を滑らせてしまいそうだ。うっすらと積もった雪が、足元をさらに不安定にする。冬の間、手つかずだったのだろう。落石も多く、土砂崩れの跡も生々しい。これでは通行止めになるのも無理はない。

林道で受ける風はさらに激しかった。谷間の斜面では無数の凍りついた枯れ木が風に揺り動かされ、ギシギシと不気味な音をたてている。谷の上空を荒れ狂う気流は、恐ろしい勢いで空気をネジ曲げる。山から吹き下ろす風と、谷から吹き上げる風、そして沢筋から吹き下ろす風や吹き上げる風が上空でぶつかり合う。その様子は、気流に弄ばれて宙を舞う雪の状態にはっきりと見てとれる。

雪が空に向かって吹き上がる様は圧巻だった。天に吸い込まれるがごとく、幾筋もの雪の帯がもの凄いスピードで上空へ向かって流れていく。また、地面と平行に右方向へと流れる雪と、左方向へと流れる雪が天空で見事に交錯する。それはまるで、別の世界で起こっていることが重ね合わさり、ひとつの世界の映像として映し出されているイメージだ。さらにその異様な雪の流れが瞬時に変化したり、瞬間的に別の場所へ移動する。黒っぽい山肌を背景に、乱気流に舞う雪の動きが圧巻だった。

幻のキリクチ

結局、1時間半もかけて車へと辿り着く。疲れが出るほど歩いてはいないのに、身体全体がだるかった。車のエンジンをかけ、ヒーターを全開にする。急いで着替えを済ませて車に飛び乗った。

それでもまだ未練があって、すぐに出発する気にはなれなかった。吹雪の向こうの神童子谷の流れを見ながら、今日一日のことをしばらく思い浮かべていた。あまり野性味のないたくさんのアマゴたちと、どこからか放たれたイワナたちのこと、そしてこの渓はこれからどうなっていくのだろうといったことを、ぼんやりと考えていた。

後日、漁協に問い合わせてみると、この渓のイワナは、過去に長野県から取り寄せたイワナを親として、村営の養魚場で人工孵化させた稚魚を放流しているとの返答が得られた。洞川のイワナも同様の経路で放流されていることも確認した。長野県は大きな県だ。取り寄せたイワナの出身地の水系は定かではないが、少なくとも、木曽川や天竜川水系の太平洋側に流れ込む水系の魚ではないようだ。もしもそうなら、ヤマトイワナ系のイワナたち独特の不鮮明な背部の白点や、明瞭で小さい体側の橙色斑点といった外観的特徴がもっと顕著に現われていてもよいはずだ。釣れたイワナの外観を見る限り、彼らの親魚たちは同じ信州でも、どうやら日本海側に流れ込む河川に生息するイワナであることが予測できた。これらのイワナが在来のキリクチと交配する可能性は捨て切れないし、そうなったらこの渓のキリクチの血脈は途絶えてしまう。またひとつ、純系が失われてしまうのだろうか。あるいはすでにそうなってしまっているのだろうか。

そうした想像を加えれば、なおさらにキリクチは幻の魚になりつつある。これもあとから得た情報だが、現在のキリクチは、源流の一部の流れ……それもひじょうに短い範囲内にのみ生息しているそうだ。とりあえず、その範囲では純血が守られているらしい。人に追われ、アマゴや放流イワナに追いつめられている世界最南端のイワナの一群は、いつ果てるとも知れない最後の命の灯を、いったいどんな流れで燃やし続けているのだろうか。

現在では、キリクチの人工養殖も行なわれているようだ。しかし、絶対量が豊富な東北や北海道のアメマス系のイワナに較べると、キリクチは生物的にすべての点で劣る。遺伝子の多様性が失われていくのは、孤立した水域で進化してきた小集団の宿命である。生き抜く力がどうしても弱くなってしまうのだ。そのため、純血を保ったまま人工増殖していくこともなかなか困難なのである。

あれこれ考えるのは簡単だが、現実的にはどんな手段をもってキリクチを保護していけばいいのだろう。その具体策は、釣り人だけの力では何もできない。地域や漁協だけでなく、研究者もまじえたプロジェクトを立ち上げて対策しなければ改善は望めないだろう。

バックミラー越しに見えた行者還岳は相変わらず樹氷に埋もれ、山水画のような風情でたたずんでいた。あの山から流れ出す水がキリクチを育んでいるのだと思うと、少し名残り惜しいような気もした。しかし、天候は回復する気配がまったくない。もう戻るしかなかった。せめてもう一度訪れて、最源流部に入って探釣することを心に誓うのが精一杯だった。

フロントガラスにぶち当たる雪の猛りは、春に追い越されまいとする、狂った冬の仕業としか思えなかった。里では桜の花も散ろうとしているのに、ここの天気はひどいものだ。その寒さと暗さから一刻も早く逃げ出したかった。春に向かって駆け降りたい衝動にかられ、私はアクセルを思いきり踏み込んでいた。
※本文で説明したように、弓手原川源流部のキリクチは天然記念物に指定されているため、その生息水域一帯には禁漁措置が取られている。また、川迫川上流部の布引谷のキリクチも天然記念物に指定されている。さらに川迫川支流の弥山川も一部禁漁措置が取られている。（1993年1月現在）

上／神童子谷で最初に釣れたイワナ。やはり、うっすらと橙色の斑点は出ているが、ちょっと大きすぎる。キリクチとは断定できない　下／これも神童子谷のイワナ。同じ魚の側面と背面からの図。やはりキリクチではなく、ヤマトイワナ系のイワナでもない

神童子谷下流。落差はここからどんどん強まり、男性的な渓相に変化していく

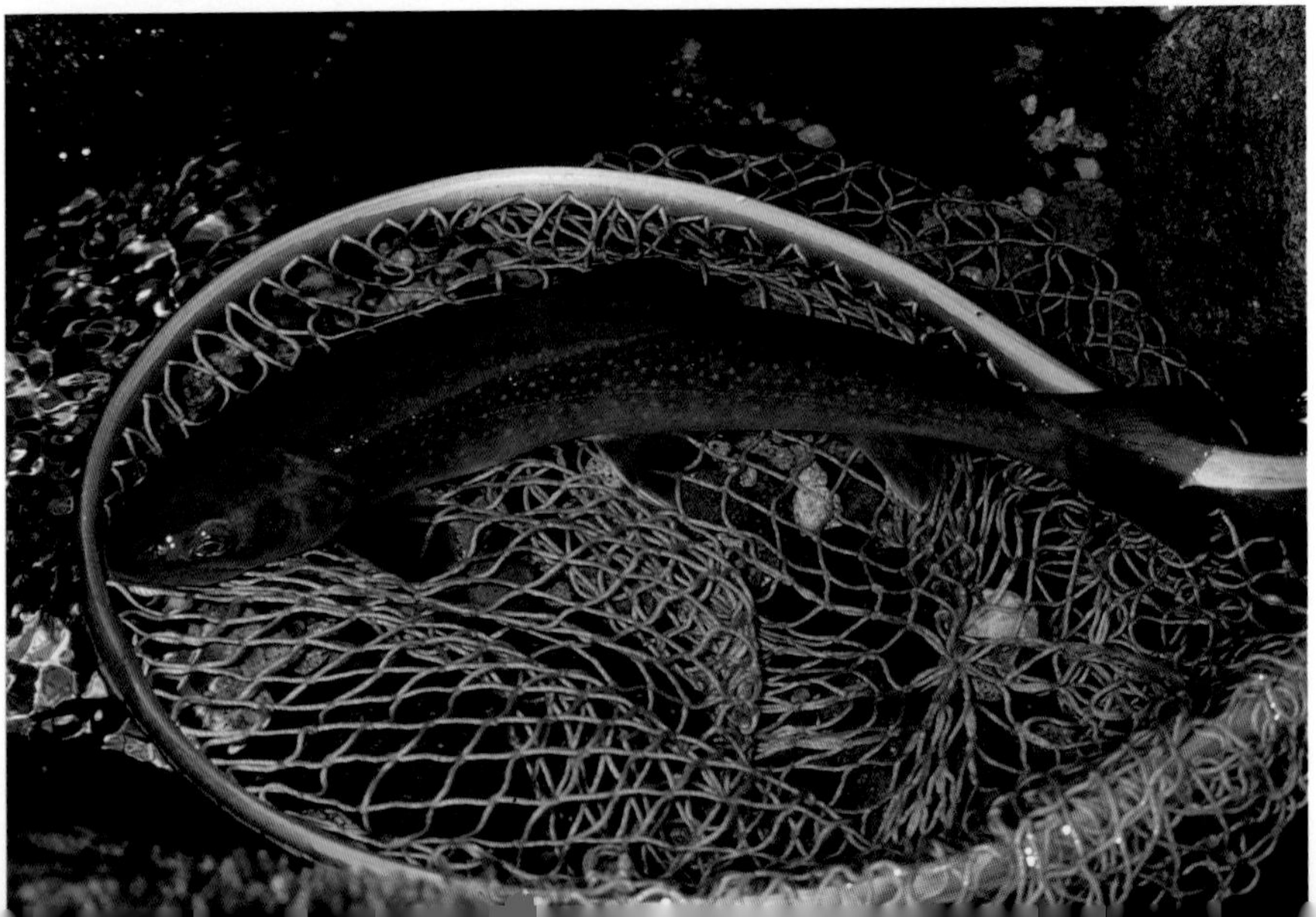

メイフライのスーパー・ハッチに出会うとは思わなかった。これがその主である

弓手原川のキリクチ。世界最南端に棲むイワナがこれだ
（写真提供：斉藤裕也氏。昭和60年、淡水魚保護協会が奈良県から特別採捕許可を得て実施した資源量調査の際に採捕した個体）

高野龍神スカイラインの箕峠付近のドライブインから、源流部の山々を見渡す。つまり、弓手原を源流側から見ているわけだ

天然記念物の指定を告げる旨が書かれた標識の脇を通り過ぎて上流部へ向かうと、渓はすぐにこんな流れになってしまう。増水しても渇水しても逃げ場がない単調で貧弱な流れだ。それでも、ちょっとした深みにはアマゴの姿が見られた。キリクチはいったいどこで暮らすのだろうか

悪天候の中、神童子谷ではこんなアマゴが釣れ盛った。いかにも沢のアマゴといった感じがする。イワナのような仕草でフライを食わえた

イワナであってもキリクチではない。洞川集落上流部で釣れた放流イワナ

上／洞川集落内の禁漁を知らせる立札
左／洞川の集落下流部の流れ、渓相はなかなかよい

奇跡の渓に生きるナガレモンイワナ。不明瞭な流紋を描く体側の紋様……それは初めて見る者にとっては驚異に感じることだろう

第12章　滋賀県

流紋岩魚と奇跡の渓

忍び寄る開発の魔手を逃れて

（1994年5月取材）

本流筋は瀕死の状態だった

その水系の最源流部には、20年程前にスキー場が建設されていた。2万5千分の1の地図に明記されたスキー場、そのゲレンデのちょうど裏側あたりを流れる小沢が目的の渓である。それだけにナガレモンイワナが生存している可能性は残されている。しかし、情報そのものも、スキー場建設と時を同じくして、これも20年くらい前のものだった。

スキー場へと向かう道路に沿った本流筋の流れは、ものの見事に土砂で埋もれていた。魚が生息する条件としては最悪である。底石は白っぽい土砂に埋もれ、流れの中の所々で砂が舞い上がっている。

いつものように不安にかられながら、それでも途中の雑貨店で2000円もの高価な日釣り券を買った。関西方面としては普通の料金のようだが、関東や東北地方のそれと較べるとかなり割高に感じる。ましてやとても期待できるような流れではない。さらに雑貨店の前あたりの川の様子といったら散々なものだった。両岸は真新しい護岸で固められ、見るからに無機的な様相をしている。ここでたとえ魚が釣れたとしても、露骨な成魚放流ばかりであることは、火を見るよりも明らかだ。再生産できるような条件どころか、成育の条件さえも整っていない。放流された魚がいなくなればそれでオシマイという感じなのである。

さらに上流へと走ると、今度は砂防堰堤の工事現場にぶつかった。砂煙を巻き上げながら強引な運転でダンプが次から次へと走り去る。日本全国どこでも同じだと呟きながら、あまりにひどい状況に期待はどんどん失せていった。

最終集落の入り口には〝スキーとイワナの里〟という立札が設けられていた。それは少し空々しいキャッチ・フレーズではあったが、集落内には通りに沿ってたくさんの民宿が並んでいた。イワナ……という言葉は、村起こしの題材として適当なのだろう。それをスキーと組み合わせれば、人の気を引くには充分である。しかし、この時期村内は暇なようで、何の活気も感じられなかった。

集落の外れにさしかかると、意外にも釣り人の姿が目立ってきた。数日前に降った雨のせいで、水量だけはそれなりの勢いを保っていた。大石も少しは見えるが、川床は相変わらず土砂に埋もれている。それでも、放流された魚をねらってエサ釣りの人たちが大勢入っていた。このあたりの本流は、もはや観光客相手の管理釣り場的なエリアらしい。土日には毎週のように成魚が放流されているという話だ。瀕死状態の流れに放たれたイワナたちのことを思うと、何となく心が重くなった。ここから奥にはスキー場しかない。山の反対側へ抜ける道路もないから、道はこの先で行き止まりになる。

そして本流はスキー場の少し手前で3本に分かれる。中央の本谷はスキー場の中へと吸い込まれていくが、その川底はこれ以上埋もれようがないほど砂を被っていた。魚類の生息は不可能だろう。左の谷は水量に乏しく、渇水期には水が絶えてしまうような貧弱な藪沢である。おまけに、出合いから少し上流の山の斜面はブルドーザーで引き裂かれ、大量の土砂で渓そのものが埋まっている。この沢もすでに滅びかけているようだった。

ナガレモンイワナの棲む渓

ナガレモンイワナが棲むというその渓は、地図の上ではスキー場の手前で左岸から入ってくるはずだった。しかし、注意しながら走ったのにも関わらず、どういうわけかスキー場まで行き着いてしまった。左岸に沿った道を走っているから、その渓に架かる橋くらいはあるだろう。たとえそれがなくても、沢の存在を示す谷間くらいは見つけられると思ったのだが……。

車から降りて、地図と照らし合わせながら周囲を見回すと、このあたりの地形がかなり変えられていることに気が付いた。自分が今立っているのはスキー場内の大駐車場。地図上ではここに小さな丘陵があるはずだった。その丘陵から見て下流側の山の直下に目的の渓がある。つまり、ここにかつてあった丘陵の西隅にその渓が流れているはずなのだ。しかし、丘陵を削り取ってできあがった駐車場の外縁を見渡しても、谷間なんて全然見当たらない。渓はどこへ消えてしまったのだろう？

仕方なく向かい側の山に向かって歩み寄った。すると、やはりあった。谷間ではなく、単なる切れ込み程度の隙間、そこに水が流れている。上流を見やると、谷間を示す狭い切れ込みが、右側に大きく弧を描くようにして続いている。駐車場から溢れ出た土砂が谷間を埋め、それが道路側からの視界を遮蔽していたのだ。おまけに橋ではなく、土管で道路の下に水を通している。これでは出合いの位置の見当がつかなくても無理はない。

こんなになってしまって魚がいるのだろうか？　それでも試してみなければ何ともいえない。そしてとりあえず釣り支度を整え、駐車場から吐き出された土砂でなぎ倒された樹木の間を滑り降り、濃密な藪の中へと潜り込んだ。

しかし、とても釣りができるような状態ではなかった。倒木と藪が水面から上の空間を塞いでいる。それでも四苦八苦しながらしばらく歩くうちに、足元から魚が走るのを目撃できた。それは一瞬イワナのように見えたが確信は持てなかった。とりあえずは魚がいることだけ分かればいい。

すぐに大きな堰堤にぶつかった。本流との交流がここで断ち切られるのは歴然としている。堰堤下には何とかロッドが振れる空間があったので、ここでしばらく粘ってみた。しかし、やはり白っぽい砂で埋まった堰堤下のプールには、魚の気配さえなかった。

堰堤を高巻くために、右岸の斜面を這い上った。斜面を覆った土砂が雨でゆるみ、膝まで埋まって歩きづらい。息を切らせながら堰堤に出ると、上堰部が駐車場とほぼ同じ高さにあることに気付いた。ということは、駐車場の土砂はここから上流一帯に大きな影響を及ぼしていないことになる。したがって、ここから上流の渓は生きている。スキー場のゲレンデの裏側に当たる斜面が右岸になるわけだし、影響は少ないのではないか。物理的にはそうなるはずだ。どう考えてもナガレモンイワナが棲むという渓のロケーションにしては過酷である。渓の規模にしても心許なく、期待を抱くのをやめようと思った。

呆気ない出会い

そんな気持ちに反して渓は遡るにつれてまとまった様相を呈してきた。やはり土砂は多いが、水色、石の色、周囲の森の具合、それぞれが自然の景観を保っていた。苔むした大岩が点在し、それは典型的な日本の渓を思わせる、美しくささやかな流れだ。これで本当にナガレモンイワナが棲んでいれば、ここはまさに奇跡の渓といえるだろう。

そして、最初の1尾はすぐに釣れてきた。残念ながらそれは18㎝程度の普通のイワナだったが、体型、体色ともに絶好のコンディションにある魚のように感じられた。よく観察すると微妙に紋が流れているようにも見えたが、気のせいといってしまえばそれまでという程度だ。いわゆる半ナガレの紋様である。しかしそのとき、本当の意味の期待というか、確信のようなものがにわかに湧き上がったのを感じていた。

それからいくらも経たないうちに、小さな落ち込みの脇に投じたフライを俊敏な動きでくわえた魚がいた。合わせ損なうことなど考えられないほどきれいな反応だ。滑らかなフッキング、小気味よい引きを味わう間もなく、速やかな動作でネットへと魚を導く。

その魚は、なんと、見誤ることもない見事なナガレモンイワナだった。体側の鮮やかな紋の流れ、それは絶妙な幾何学模様、自然が創出した芸術と言っても決して大袈裟ではないだろう。なぜこんな紋様を描き出すのか？　いつものことながら生命の不思議に胸を打たれる瞬間でもあった。

あまりに呆気ない出会いだった。こんなに簡単に釣れてしまっていいのだろうか。同じイワナの変異型、あのムハンイワナやカメクライワナを釣るために苦しんだ日々が嘘のように、アッサリと釣れてしまったのである。

夢中でシャッターを切った。あいにく日陰で釣ってしまったものだから、とりあえずはストロボ撮影で魚体のカットを確実に押さえておくことにした。

それからというもの、釣れてくる魚の9割が完全なナガレモンイワナだった。何と大小取り混ぜ、10数尾にも及ぶナガレモンを確認することができた。これほどうまくいくことは滅多にない。

各タイプの特徴的なものを写真で紹介しておいた。じっくりとその不思議な紋様を観察していただきたい。その紋様以外の特徴としては吻部が尖り気味の個体が多いことがあげられる。つまり魚体のシルエットで見たとき、一般のイワナたちと較べると雄の第二次性徴とは関係なく、鼻先が尖っているものが多いのである。これはこの渓の個体群における特徴なのか、単なる偶然なのか、あるいはナガレモン化に伴う二次的特徴なのかは分からない。しかし、明らかにそういった傾向がある。

ナガレモンイワナ

この魚の存在を知ったのは、学生時代だった。ムハンやカメクラといったほかの変異型と同様に、当時からこのナガレモンイワナにも少なからず興味を抱いていた。こうして自分で釣ってみて、出会いが現実のことになると何とも言い表わせない気持ちになる。どうした巡り合わせが自分を導いているのか不思議でならない。

ナガレモンイワナは70年代後半の時点で、全国4河川で発見されていたにすぎない。この魚がいかに希少な存在であるかは、そのことからも明確である。ところがいずれの発見地も決して閉鎖的な水域ではなく、普通タイプのイワナとの交流が可能な河川ばかりである。不完全、不定型な地理的、生殖的隔離が行なわれて出現するらしいが、明確な出現理由は分かっていない。

今回訪れた渓では、完全なナガレモンイワナが9割を超える確率で生息していた。しかしながら、どういうわけか同一水系のほかの支流ではまったく確認されていない。この渓からの落下、流入が推測できる本流筋に、ほんの数尾の報告例があるのみだ。そして、この渓以外のほかの生息水域においては1割にも満たない生息率というのが実情のようである。

この取材では、実際には4本の渓を探っている。正式にナガレモンイワナの生息が報告されている以外の未確認の情報を確かめるため、また同一水系の在来イワナのタイプを確認するために、それら4本の渓を、水が途切れる地点まで釣り歩いたのだ。完全なナガレモンイワナは上記の渓のみでしか確認できなかったが、隣合った水系のある渓では、不完全なナガレモンといおうか、明らかに紋が正常でないタイプの魚が混じった。

ナガレモンと一口に言ってもその程度にはいろいろあるようだ。写真で見ればそれは一目瞭然だが、その外観的特徴について補足しておこう。

ナガレモンのモンとは〝紋〟……つまりヤマメのパーマークに相当する部分、いわゆる魚紋に変異を生じたのがナガレモンイワナである。ヤマメほど明確ではないイワナの紋が、分割、分離、欠如した挙げ句に、波型の複雑な紋様を描くようになったといえば分かりやすいだろうか。本来はヤマメと同じ小判型に近い紋の形状が何かの理由で崩れて、複雑怪奇な紋様になってしまったわけである。

そしてこの変異の様子には何段階かあるようだ。それは成長するにしたがって変化していくわけではなく、生まれ持った紋のタイプを維持したまま成熟するようである。半流れなら半流れのまま、完全なナガレモンなら完全なナガレモンのままで一生を過ごす。それがナガレモンイワナ・タイプの魚の宿命であり、特徴であるらしい。

またこの地域は、地理的に解釈した場合、本来ならばヤマトイワナ系のイワナの影響が強いはずである。ただし、琵琶湖という独特の水域（ひじょうに古い淡水湖）に関連していることが、その進化を特異なものにしているという可能性は高い。

琵琶湖の西側に流入する河川に生息するイワナはニッコウ型、東側に流入している河川ではヤマトイワナ型の影響が強いという説があるが、自分自身の探釣の経験では、そのような傾向は感じ取れない。それは実に多様で、しかも混沌とした個体が多く見られるからだ。琵琶湖を中心とした河川群ならではの独自性を感じるだけである。この点に関してはまた別の機会に詳しくレポートしてみようと思っている。

このように、様々な意味で独特な変異型を示すナガレモンイワナだが、最近になってその生息状況に関して新しい情報が入ってきている。

関西方面の渓流事情に詳しい友人によると、ナガレモンイワナの生息する渓は、現時点で確認、報告されている河川以外にもあるというのだ。そのうちのひとつの渓にはムハンイワナとナガレモンイワナが共存しているらしい。これはイワナの斑紋の変異型を考えるうえでたいへん興味深い点である。

特別な渓には、やはり特別な対処を望みたい

ナガレモンイワナに限らず、ムハン、ナガレモンといった斑紋変異を表現する個体群の生息地はいずれ

も瀬戸際にある。それが、これらの魚を実際に釣り歩いてきた釣り人としての偽らざる感想である。

禁漁措置という極端な方策はともかくとして、生息地周辺の環境を保持しようとする対策があるわけではないし、保護水面、資源保護水面の指定も受けていない。

言い換えれば、そんな状態だからこそ、この取材が継続できるわけなのだが、それぞれの生息地における環境面の悲惨な状況には、眼を覆うばかりである。特別な渓にはやはり特別な対処を望みたい……と思うのは釣り人のエゴだろうか。

全国にはおそらくまだまだ斑紋変異を示すイワナたちの棲む渓が存在していると思う。今では、私個人にも、相当な数の情報が寄せられている。しかし、それらをひとつひとつ確認するのは、とても1人では無理な話だ。できる限り自分自身で確認してみたいが、それにはいくら時間があってもたりない。

今回のナガレモンイワナとの出会いはいつもと少し違った意味で鮮烈であった。開発の魔手を逃れて現在まで生き延びてきたナガレモンイワナたちと、彼らの生命を支える奇跡の渓が葬り去られることのないよう、何らかの方法を模索しようと思っている。

苔むした岩と澄みきった水。5月の陽光を浴びて、渓は偏狭な谷間を駆け下っていた

釣りができた最後のポイント。ここから300mほど上流まで詰めてみたが、流れは濃密なボサの中に埋もれたままで、水も途切れる寸前だった

こんな滝が突然目の前に現われる。滝というよりは瀑流帯といったほうが相応しいかもしれない。いくつもいくつもこんな所を越えたが、魚影は最後まで消えなかった

このあたりの渓のネイティブ・イワナ。このように斑点が不明瞭なタイプと、全く正常なニッコウイワナ・タイプまでが生息している。そして、斑紋異常が見られるのは、もっぱら斑点の不明瞭なタイプである。この魚も、体前方の紋に乱れが少し現われている

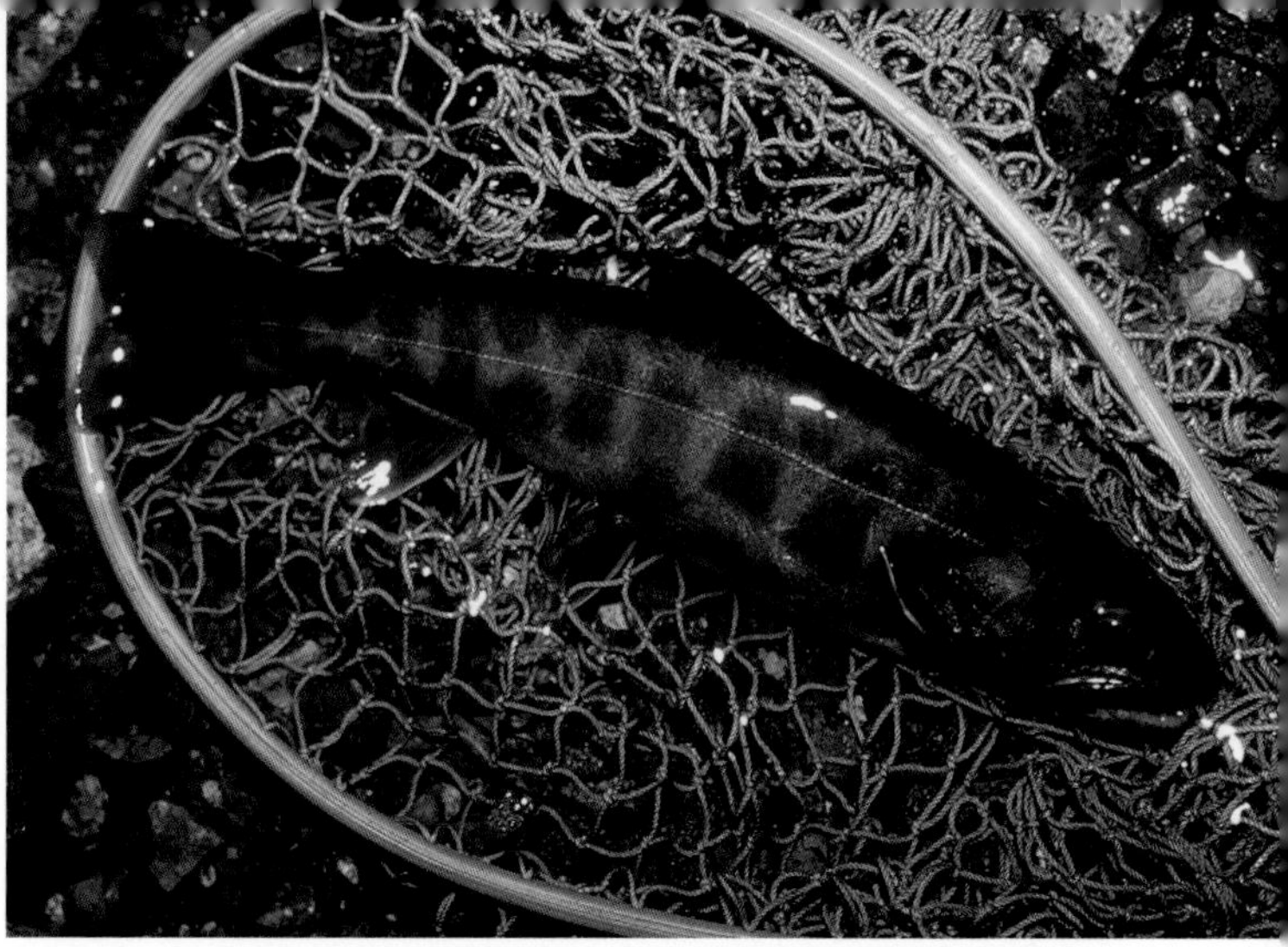

これがナガレモン化への最初の過程なのではないかと思う。紋の形が不均一になり、大きく分割されている。この不均一な紋が子孫に受け継がれ、徐々に細分割されて最終的に完全ナガレモンになるような気がする

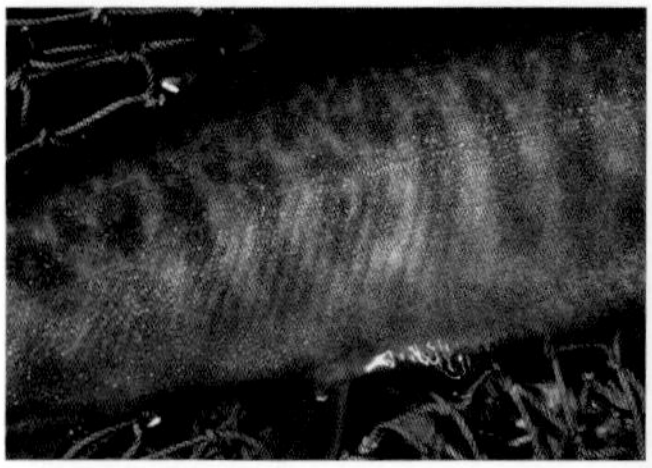

ナガレモン化がかなり進んだ個体と、その体側拡大図。白点もオレンジ色の着色点も顕在のまま、紋だけが細かく流れつつある

これは本書23章「カメクライワナを巡る旅」(東日本編に収録)の項で掲載した魚である。この魚が釣れたのは、ムハンイワナとカメクライワナが高密度で生息していた渓なのだ。今、こうして比較してみると、ナガレモン化のプロセスにある個体としても不自然さはまったくない。変異の方向を示唆する貴重な証拠写真

奇跡の渓で最初に釣れた1尾。完全なナガレモンイワナを釣る直前に釣れた魚だ。ここまで取り上げてきた不完全ナガレモンの特徴を全部持っている。もしもどこかの渓で、こんな魚が釣れたら、次に釣れるのは完璧なナガレモンイワナかもしれない……

ここまでくると、もはや完全ナガレモンに近付きつつある。この個体ではやや鋭角的な紋の乱れが特徴だが流れ方に角が取れて丸みを帯びれば完全ナガレモンになるだろう。そして、この魚の子孫のうちの何%かが、立派なナガレモンイワナになったとしても不思議ではないと思う

こんな小さな個体でも、ナガレモンはナガレモンだ。生まれたときからこんな紋様をしているのだろう。体側のオレンジ色の着色点も顕著である

このナガレモンは、太めの線状に乱れた紋が、やや疎らに流れている。ムハンの部分が多く、ともすると何かの拍子にすべて消えてしまいそうな気がする

もののの見事に完璧なナガレモンイワナ。線状に乱れた紋が、ギッシリと体側を埋めて絶妙な紋様を描いている。惚れ惚れするようなナガレモンだ

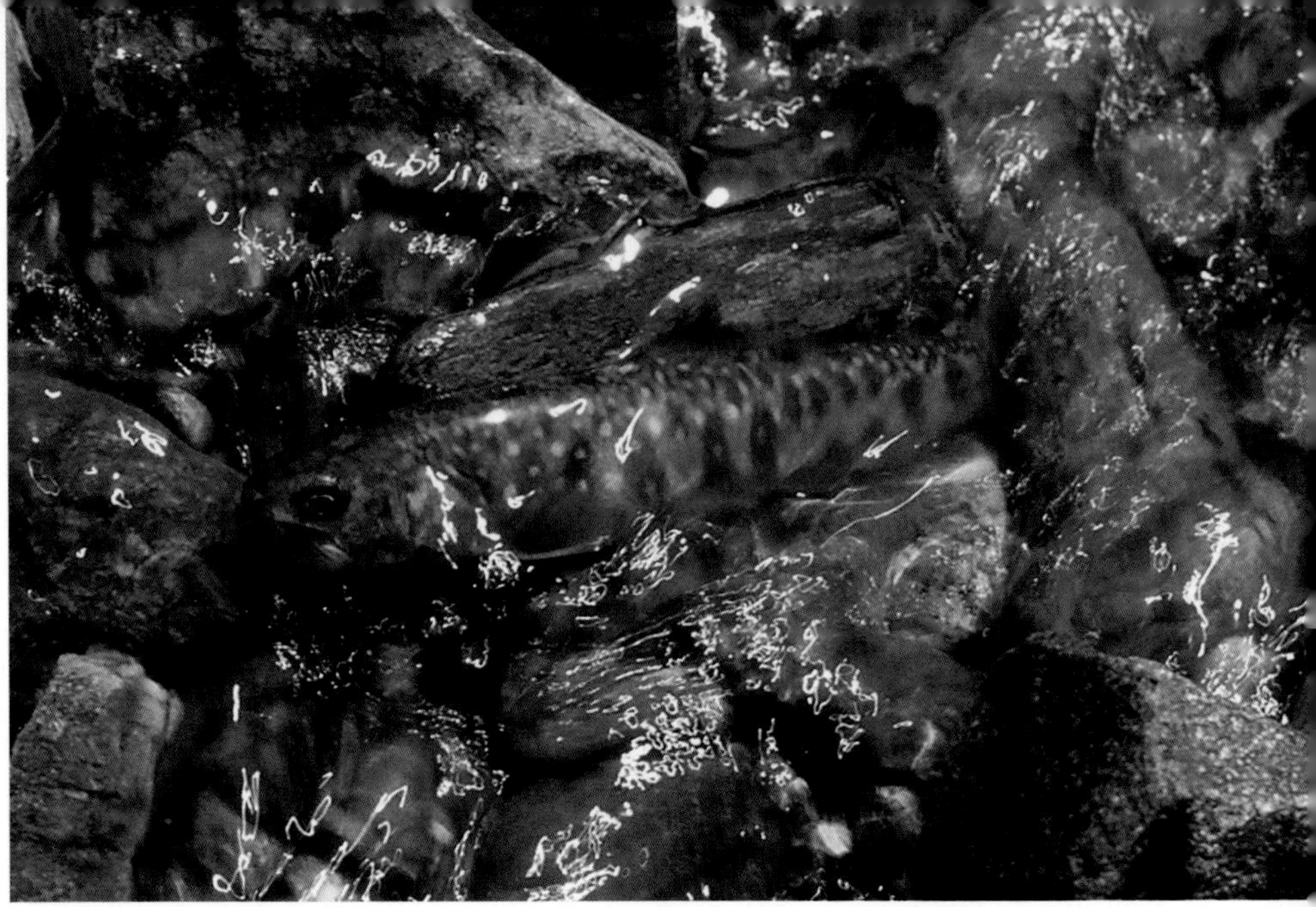

瞬間的に見ても、斑紋が普通でないことに気付く。しかし琵琶湖西岸流入河川に棲むイワナにあって、これはひとつの特徴にすぎない

第13章　滋賀県

琵琶湖とイワナたち

琵琶湖西岸の渓流とイワナたち

（1995年5月取材）

琵琶湖の現在

琵琶湖大橋にさしかかると、湖水の匂いがほのかに漂ってきた。少しの生臭さに藻類の青臭さが混じるような淡水独特の匂いである。堅田の遊園地の巨大な観覧車の向こうには、曇り空にもくっきりとした稜線を描く比良山地が横たわっていた。風はやや強く、大小の波でざわめく湖面は灰色の空を写して鈍く光っていた。

おおよそ400万年の月日を超えて、琵琶湖は今もなお存在する。もちろん日本最大の湖ではあるが、世界では185番目の大きさに過ぎない。しかし古さという点ではユーラシア大陸のバイカル湖やアフリカ大陸のタンガニーカ湖などのように、大陸の大地溝帯に形成された湖を除けば世界最古の湖といわれている。弧状列島にあって、絶え間ない大地の構造運動を受けながら幾度となくかたちを変え、ときには干上がったりもしながら、琵琶湖は独自の歴史を刻んできたのである。

琵琶湖が現在のようなかたちに落ち着いたのは数10万年前ということだが、人類有史以来、琵琶湖はその豊かな自然の富を我々に与え続けてきた。いまだに職漁師の生活を支え、淡水魚の食文化を培ってきたことについても大きく評価すべきだろう。それだけに、琵琶湖は国内にあって唯一、海面の漁業法が適用される内水面にもなっている。

現在の琵琶湖の概要は、湖面標高85m、面積674k㎢。以前は705㎢だった面積は、近年の相次ぐ埋立事業によって縮小されてしまった。それでも湖の周囲は235㎞におよび、〝近江の海〟と称されるに相応しい広さがある。湖畔に立って湖を見渡せば、それはやはり海のようだ。しかし海よりは穏やかでやはり空気の匂いが違う。それに優しく湖面を揺さぶる波の様子を見ると、いいようのない安心感を我々に与えてくれる。

最大深度は104m、平均深度41m。琵琶湖がその湖幅を最も狭めるあたりに琵琶湖大橋が架かり、その付近を境に南を南湖、北を北湖と呼んでいる。しかし水深が浅く、総貯水量では全体の1%にも満たない南湖では、周囲の人口密度の高さから、深刻な水質汚染の問題にさらされている。北湖にしても当然南湖と密接なつながりがあるわけで、特に冬期には水深が浅く冷やされやすい南湖の水が北湖へと流れ込む密度流という現象が発生する。こうした自然現象や気候の変化、そして延々と続けられる開発などの影響を受けて湖全体の水質もいまや富栄養化の一途を辿っている。

琵琶湖はまた、京阪神地方の水資源を支える貴重な水ガメでもある。そのため琵琶湖を単なる水ガメとしか考えない人たちも大勢いる。あるいはまだまだ開発の余地があるとして、琵琶湖を何らかの利潤を得るための道具として見る人たちも多い。しかしこれからは湖としての琵琶湖の価値、あるいは自然環境としての琵琶湖の価値を深く認識していかなければ、琵琶湖が瀬戸際に追い込まれるのは時間の問題だ。琵琶湖が瀬戸際に追い込まれれば琵琶湖に依存する人々の生活も瀬戸際に追い込まれるのである。

琵琶湖と魚たち

地球全体の魚の種類は約2万2000種といわれている。そのうち淡水魚だけで約8400種にも及ぶ。地球の海に対する陸地の割合は7：3、陸地の湖沼河川の割合と面積など微々たるものだから、単純な生息面積で比較すれば淡水魚の種類の豊富さが理解できる。海のようなオープン・スペースではなく、地理的に隔離された水域に閉じ込められ、それぞれの環境に適応するために進化のスピードが促進されることは、このような数値によって裏付けされている。

これは琵琶湖の魚類の固有性と照らし合わせればなおさらに理解が深まる。世界で最古の淡水湖である琵琶湖には、純粋な固有魚種だけで6種。古くから琵琶湖とのつながりが深い地域に枠を広げれば11種に増える。固有種の6種はホンモロコ、ワタカ、ゲンゴロウブナ、ビワコオオナマズ、イワトコナマズ、イサザ、準固有種としてはスゴモロコ、デメモロコ、イタセンパラ、そしてハス、イチモンジタナゴという内容である。さらに、アブラヒガイ、ウツセミカジカ、ニゴロブナ、ビワヒガイ、ハスなども琵琶湖の固有種とする見解もある。また、琵琶湖固有のマス、ビワマス、そしてその生態や生活様式から固有といっても過言ではない琵琶湖産のアユなども、たとえそれらが種という独立した枠の中に入らなくても、琵琶湖固有の魚類に数えるべきだ。

この中で、個人的に最も興味があるのはやはりビワマスである。しかし、ビワマスの通常の生活場所は沖合の深層部であり、産卵期、および稚魚時代のほんの短い期間しか河川内で生活しないので、一般の釣り人が採捕するのはひじょうに難しい。ビワマスは河川の比較的下流部で秋に産卵するが、孵化した稚魚は翌年の6月頃にはすべて湖に降りてしまう。そのため、琵琶湖とその流入河川では、水温の上昇する夏期になると上流部のアマゴの生息域と湖のビワマスの生息域の間に大きな空白部ができる。成長したビワマスから赤点は消失するが、降湖したアマゴからは赤点は消えない。そしてビワマスの身肉は赤く商品価値が高いが、降湖したアマゴの身はそれほど赤くならないので商品価値が低い……つまりどうやら生活の場が違うようで、そのため食性も微妙に異なるのだろう。こうした生態の違いから見ても、ビワマスはアマゴと全然違う魚なのである。

このように琵琶湖は数多くの固有魚種を育ててきた。琵琶湖に生息する魚類全体に対する固有率は19%におよぶ。魚類に限らず、節足動物のヨコエビ類では固有種の確率が何と75%にもなる。ビワマスの身肉の赤さは、湖内深層部に棲む豊富な動物プランクトンを食べるコアユや動物プランクトンそのものを飽食することに起因していると思われる。また、コイ科の魚と関係が深い二枚貝の類では56％、巻貝では39％の固有率になる。

こうしたデータを並べてみると、琵琶湖というのはひじょうに特殊な水域であり、特殊な生物相を保った特殊な湖であることが理解できる。それぞれの生物はそれぞれ単独に生きているのではなく、直接的、あるいは間接的に関与しながら生きている。また、多くの生物を産するということは、それだけ多くの自然環境があるということにもつながる。自然の多様性は多様な生物を生み出すのである。

環境破壊、水質の悪化、ブラックバスなどの移殖魚種が与える在来種への影響など、現在の琵琶湖は人間によってもたらされた難題をたくさん抱えている。

琵琶湖水系のイワナ

ここからは、本題である琵琶湖とイワナについて考察していこう。

琵琶湖、淀川水系は、本州の太平洋側で最も西に位置するイワナの自然分布域である。紀伊半島から西側では、中国地方の数箇所に点在するゴギの生息地を除けば、相当数の天然イワナを産する水系はここだけである。つまり考え方によっては、ひじょうに隔離された生息域といえる。これは琵琶湖という湖の歴史の古さ、そしてその形成過程から考えてみても当然のことのように思える。

琵琶湖に流入する河川の上流部では、標高が極端に低かったり、環境がイワナの生息に適さない場合を除いて、ほとんどの川でイワナの姿を見ることができる。琵琶湖東岸に流入する河川群は、岐阜県との県境に連なる鈴鹿山地や伊吹山地から流れ出る。そして人里離れたそれら河川の上流部はかつてはイワナの宝庫だったという。また、湖北を代表する姉川の支流、高時川などはその源流部が豪雪地帯にあたるため、やはり多くのイワナが生息していた。そして東岸流入河川は比較的大きな川が多く、イワナの生息も最上流部のみに限られている。さらに最も興味深いのは、本書で紹介しているナガレモンイワナの生息地が、琵琶湖東岸に流入する川の最源流部一部ということである。

東岸流入河川に対して、西岸に流入する河川はどうであろうか。琵琶湖の西岸には京都府との境に沿って比良山地が連なる。その比良山地と京都の丹波山地の谷間を縫って流れ下るのが安曇川で、これが西岸最大の川である。安曇川以外に大きな河川は見当たらず、西岸流入河川の多くは小河川である。しかし、そうした小河川にも源流部の一部にはイワナがしっかり棲み着いている。また、安曇川と琵琶湖に挟まれた格好になる比良山地から流れ下る安曇川の支流群と、比良山地から直接琵琶湖に注ぎ込む小渓流群は例外なく急峻な渓相を示している。これらの小渓流群の落差はものすごいものがあり、そのすべてが急峻な斜面を滝のごとく流れ下っている。

このように、琵琶湖に流入する河川群では東側と西側ではかなり川の形態や環境が異なる。共通しているのはいずれもイワナの生息が見られることだが、ここで不思議に思えるのは、琵琶湖の内部に湖沼型のイワナが見られないことである。琵琶湖にはビワマスという固有のマスはいても、ビワイワナ（？）と呼ぶべき湖沼型のイワナはなぜかいない。

水深の深い北湖では、水深10～20mあたりに水温躍層が形成され、そこから下の深層部は年間平均で7℃と低い。表層部が20℃を超えても、深層部に入れば水温的にはイワナの生息に何ら問題はないはずなのだ。食性にしてもビワマスとまったく同じで問題ないわけで、そのぶんビワマスと競合するにしても、多少は割り込むことができると思う。ところがこれまで琵琶湖でイワナが捕れたという話は聞いたことがない。琵琶湖はイワナたちの成長する場としては、生息条件が厳し過ぎるのだろうか。不思議ではあるけれど、生物の力関係というものが、そうした現実を招いているとしか考えられない。

このような状況があると、閉じ込められたイワナたちの様子が気になる。イワナたちは湖で成長するのをあきらめ、河川にとどまることで子孫を繁栄させる道を選んだ……いや余儀なくされたのかもしれないが、それぞれの偏狭な水域から出るのをあきらめ、ほかの河川のイワナとの関係を断ったのである。

そうした血脈の断絶が原因のひとつになっているのだろうか。東岸流入河川の源流部では、実際にナガレモンイワナという摩訶不思議なイワナが発見されている。それに未確認ではあるが、琵琶湖流入河川には東西いずれの流入河川においても、ムハンイワナの報告がある。この周辺はもしかすると斑紋変異のイワナが不連続に出現する確率が高いのかもしれない。それならば西岸に流入する小河川を調べれば、何か特殊なイワナが見つかるのではないだろうか。東岸河川に比較すると、西岸におけるイワナの生息域はかなり偏狭である。そのうえ小さな集団が数多く点在しているわけだから、必然的に血も濃くなるはずである。そんな条件下にあれば、明瞭な斑紋変異だけでなく、何か特別な傾向が見つけ出せるのではないだろうか。そう思い立ったのである。

西岸の小渓流群を目指して

今回、取材対象にしたのは、琵琶湖西岸の北側から知内川、百瀬川、石田川、そして安曇川、鴨川における各水系の本支流である。すでにイワナが放流されている河川も多く、どこまでが天然なのかという判断は難しい。しかし、そうした魚を含めて、とにかく自分の目でこの地域のイワナの特徴を確かめることが今回の課題であった。

悪戦苦闘した日々の釣行記をまじえながら、サンプリングを振り返ってみようと思う。

１９９５年5月11日、琵琶湖周辺にこの日から降り出した雨は未曾有の大豪雨となり、5月16日には琵琶湖の水位を平水時より93㎝も押し上げた。どれだけの量の水が湖に流入したのか、まさに想像を絶する流入量である。そして、5月11日と12日の2日間で、安曇川流域の朽木村の降水量は300㎜を超えた（11日：83㎜、12日：223㎜！）。よりによって私はこうした何10年に1度という集中豪雨の日を選んで出かけたのである。

5月10日の午後、家を出て、11日から釣り始め、本当にもの凄い土砂降りの中で、とりあえず14日までは我慢した。15日、追い討ちをかけるような豪雨に再び襲われ、ひとまず退散した後、性懲りもなく24日に再度訪れ、27日までの4日間、引き切らぬ洪水の渓を彷徨した。そして再び豪雨に見舞われ、退散を余儀なくされたのだが、それでも何とか結果は出した。この仕事も命懸けである。

5／11（木）

琵琶湖周辺の渓流釣り場の資料が欲しいということで、釣り仲間のカメラマンで京都出身の梶夏男氏に頼んであった。出発前、梶さんから電話があって、それなら琵琶湖畔の北小松というところに妹がいるから、そこに昭和42年発行の〝近畿を中心とする渓流の釣〟という本を預けておく……ということになった。

そんなわけでこの日、まずは妹さん宅に立ち寄り、その本をお借りすることにした。昭和42年、つまり30年近く前のガイド・ブックということだが、意外や意外、実際にはこれが取材する際に非常に役立った。

それから、安曇川町の南船木にある『松前屋』という古い旅館（料理は絶品だった）に宿をとって荷物を預け、早速知内川上流のH川に入る。水量はほどほどだが、とにかくひどい藪。強い落差と薄気味悪い谷底の雰囲気の中、四苦八苦しながら5尾のイワナを釣るが、少し紋が流れているようなタイプが見られただけで、基本的には普通のニッコウ型のイワナと同じだった。雨がひどく全身ズブ濡れ。

そして以前一度入渓したことのある石田川の支流、I谷に入るが、雨はますますひどくなってきた。濁りも入ってきたのだが、しぶとく粘って7尾のイワナを釣る。しかしその容姿は微妙で、天然なのか放流なのかの判断はしづらい。それで、渓が味噌汁色になった午後5時には早々にあきらめ、宿に戻った。

夜、例の〝近畿を……〟の本を見ながら、昭和40年代における滋賀県内のイワナの生息状況を調べる。その生息河川は予想よりはかなり多く、特に安曇川水系には60本あまりの支流があり、そのうち半数以上の沢にイワナの生息が確認されている。そのすべてが天然分布というわけではないが、天然イワナをいまだに産するというめぼしい渓についてはすでに情報を得ていた。それにしても、30年も前の情報とはいえ、これを全部調査するのは不可能だ。2万5千分の1の地図にさえ、その名称や水線さえ記されていないものがほとんどで、文章の説明と地図を照らし合わせながら場所の見当をつけるのに一苦労。思わず熱中して、夜眠れなくなってしまった。

雨は一向に止む気配を見せず、時たま雷が大地を揺さぶるような勢いで鳴り響き、激しい雨音が一晩中続いていた。とりあえず明日はどうにもならないだろう。

5／12（金）

今日は朝食を食べてから再び就寝。昼過ぎまで寝た。雨は恐ろしいほど激しく降り続いている。今津まで出て、琵琶湖関連の書物を数冊買った。

午後3時過ぎ、西の空が明るくなり、雨は小康状態になった。安雲川河口は怒濤の大増水で、いまにも堤防を飲み込まんとするかの勢いで流れている。そして6時過ぎには再び雨足が強まり、夜になっても一向に止む気配をみせなかった。このぶんでは明日もダメかもしれない。もちろん、滋賀県内ばかりでなく、近畿地方全体から東海地方にかけて大雨洪水警報が発令されていた。紀伊半島の山岳地帯では、すでに2日間で650㎜もの雨が降ったところもあるそうな。大雨どころではない。超ド級の集中豪雨である。

5／13（土）、14（日）

土曜日はなんとか天気はもった。しかし晴れたわけではなく、曇り空で時々小雨といったグズついた天気だ。安曇川本流は恐ろしいほどの大濁流と化し、場所によっては道路が冠水寸前の状態だった。

丸々2日間かけて、安曇川の支流を中心に探釣を強行した。が、探釣といっても釣りになったところのほうがずっと少ない。しかも支流の多くは落差が激しく、そこを通常の数倍もの水が駆け下るわけだから、渓の水を頭から浴びて遡行するようなものだ。どんなに頑張って水と格闘したところで勝ち目はない。それに、どの渓の林道もほとんど川になっているような状態で、そこを通過するだけでもハラハラものだ。

安曇川下流方面から確認できた支流を列挙すると……

■A谷：釣りになるような水量ではなかったが、無理やり入渓して3尾のイワナを釣った。減水すればなかなかよさそうな渓だ。ただし林道が悪い。

■B谷：落差きつい。イワナ1尾。

■C谷：渓相は素晴らしい。林道悪く、車では奥に入れない。林道を自力で走って奥まで詰めたが、アマゴが釣れただけ。

■D谷：イワナを数尾確認。どこといって特徴のないイワナだ。ただし減水すればある程度の数は望めそう。やっと走れる程度の林道あり。

■E谷：中下流部はこのあたりではめずらしく坦々とした渓相。しかしアマゴしかいない。真新しいトンネル直下の上流から入渓するが、1尾釣れただけ。しかしほんの200mほどで滝に阻まれ遡行を断念。平水なら簡単に通過できるが、今回は危険と判断した。

■F谷：梶さんお勧めの渓だが、あいにくの増水で充分に探釣できなかった。減水すればよさそうな渓だ。落差は強いが部分的にはそれほどでもない。車止め上流の堰堤から上がいいのかもしれない。

■G谷：落差強い。入渓せず。
■J谷：落差強い。入渓せず。
■K谷：出合いから数300mほど上がったところに真新しい堰堤あり。そこから上流に入るが、恐るべき落差。大爆流帯の連続。異様にモノノケがする場所で、絶えず視界の片隅で何かがうごめく感じ。何か得体の知れないものが谷間に潜み、誰かにとり憑こうとしているようだ。さすがに気味が悪くなって退散。何とかイワナ3尾。何があっても2度と入りたくない渓だ。
■L谷：出合いから想像する限り、恐ろしい落差がある渓だ。入渓拒否。
■M谷：下流部には魚の手づかみ区間が設定されていた。入渓の価値なしとみた。
■N谷：水質は最高。しかし、流域に神社などあって人の出入りが激しい様子。上流部は確認の必要があるが、等高線の間隔を地図で見たらビビッてしまった。この増水では危険だ。とりあえずは見送る。
■O谷：かなり立派な渓だ。本流出合いから約1㎞ほど上流で合流するW谷という沢へ入り、5尾のイワナを釣る。しかし、落差強く、減水しなければ遡行はきつい。
この渓の合流の少し上に喫茶店があった。何か情報でも得られればと思って立ち寄ると、店の主人はどこにでもいる地元の自称名人風の人であまりあてになりそうもない。このあたりに天然のイワナはいますかと問うと、ここらはどこも天然だという。しかし、その後に、イワナは稚魚放流してるから釣れるという。そして、天然の証は腹が赤いこと……ときた。さらに、ワシらが見ればそんなのはすぐに判別はつく……。あァ、矛盾だらけの聞き飽きた講釈よ……。
■P谷、Q谷、R谷：いずれも落差強く、減水しなければ入渓は自殺行為。
　といったところだが、この大雨ではどうにもならないというのが本音。平水を待ちたい気分だが、いったいどうなることやら。でも、何とかしなければならない。

そんな中で朗報はただひとつ。日曜日の夕方入ったY川の支流、U川で数尾のイワナを得たことだ。この川のイワナはパーマーク後方の紋の乱れが顕著で、それが平均している。減水を待って、もう1度入渓してみたい。

明日も雨だという。午後までに雨が止まなかったら、やはり、とりあえず帰宅したほうがいいのかもしれない。水が戻るまで1週間くらいはかかるだろう。青空が恋しい毎日だ。太腿の筋肉がパンパンに張っている。

5／15（月）

くじけて、帰宅……天は我を完全に見放した……。

5／24からの釣行記

5／24（水）

天気がよい。よすぎるくらいだ。しかし、徹夜で走って来たため、身体が重く感じて足が上がらない。そんな調子だから、釣りもよくない。

まず入ったのは知内川支流、H川のそのまた支流、S谷。前回、目をつけておいた渓だ。荒れ果てた別荘分譲地跡の脇を流れるためか、渓は護岸が延々と続き、その脇を歩いて上流を目指す。しかし、ひどい土砂に埋もれて全然ダメ。2本に分かれてからしばらく左の沢を上がったが、完璧に土砂で埋まっていて魚影は皆無。そのかわり、渓沿いの水溜まりに無数のイモリと大きなカメが1匹いた。しかし、右の沢の水はよく、底石も黒っぽい。ほんの少し上がるとすぐに堰堤。その上のプールでフラフラ遊んでいるイワナを釣るが、モタモタしている間に逃げられてしまう。そこから上は峡谷状になり、高巻かないと上へ行けそうもないので挫ける。

次は、福井県へ抜ける道筋に沿って流れるT谷に入るが、良型1尾は幸先よく釣ったものの、続けて2尾釣り落として自己嫌悪。どうしょうもない。

さらに百瀬川に入るが、道路が崩壊していて車では上に入れない状況。上流部を詰めるには源流側から回らなければ無理かもしれない。

それでもせっかく天気がよいのだし、何とかまともなイワナの写真を撮っておかねばと思って、急遠U川へ向かう。予想どおりそこそこに釣れてくれたが、もはや渓筋は日陰に入って自然光の撮影は不可能。仕方なく生かしビクに入れて川に伏せ、明朝写真を撮ることにした。体力的にはもう限界……。宿は再び松前屋。本当に料理が美味い。ホンモロコが食べたいと言っておいたら、本当に出してくれた。感激……。

5/25（木）

朝のうちはまあまあの天気で、U川に伏せておいた3尾のイワナの写真を撮る。堰堤上を少し釣ってみたがタカハヤばかりだった。

どこへ行こうかと迷ったが、本流の様子をみようと立ち寄ってみたら思わずハマってしまった。このあたりでは珍しい抜群の渓相の渓だったからだ。水量は当然通常よりは多いのだろうが、それにしても巨岩を配した渓相は素晴らしく、魚影もまあまあで釣りが楽しかった。釣れるアマゴとイワナもなかなかきれいで、特にアマゴは素肌が美しく、相当な美形。

上流に詰めると、不自然な堰堤群が続くが、その区間も魚影が途切れることなくそこそこに釣れる。おそらく春だけの川なのだろうが、このあたりの渓流釣り場としては一級の価値がある。

しかし、釣れるイワナのほとんどは移殖されたイワナのようだった。このあたりに多いタイプだけでなく、まるで関東近辺に普通にいるような見慣れたイワナが釣れる。コンディションはU川あたりのイワナに較べると雲泥の差があり、ふくよかな姿態で顔付きもいい。V谷という公園化された小渓では、最初の堰堤までの間で3尾のイワナが出たが、白っぽいきれいなイワナだった。

車に戻ってみたもののまだ帰るには早過ぎたので、W谷という渓に寄ってみた。激しい雨の中、最悪の条件にもめげずに釣ったが、釣れたのは放流アマゴだけだった。暗い杉林の中を流れる小渓で、ここにもイヤ〜な感じの怪しい空気が充満していた。

明日は、もしも朝になって雨が上がっていたら百瀬川に入ろう。雨だったら安曇川の支流へ行くしかないだろう。その場合は行き当たりばったりというように柔軟に考えるしかない。原稿をまとめるには、まだ内容が足らない。

5／26（金）

朝から百瀬川に入る。そして朝から早々のアクシデント。林道が崩壊している地点から1㎞ほど上流に歩き、さあ釣りを始めようと思って堰堤の上で準備していた矢先のことだ。ティペットがスプールに絡んで出てこないので、スプールを外してモタモタしていたら、心のどこかで〝これでスプールを落としたら、厄介なことになる……〟という声がした。そうしたら、本当にスプールが落ちて、それは10ｍも下の堰堤のプールへと吸い込まれていった。天気はどんどんよくなって、気温もどんどん上昇している。ここまでの時点で汗ばんでいたのに、予備のリールを取りに車まで戻る頃には大粒の汗。こういう現象はいったい何を意味しているのだろうか。

百瀬川はいまだ増水気味で、平水よりは10㎝以上水位が高いように思えた。ザーッと流れる感じで水が落ち着くところがない。したがってポイントが少なく釣りづらい。川原谷まで遡行してみたものの、その上の大堰堤からが厳しく、とても高巻ける状態にない。1人ではあまりに危険と判断して左岸から流入する支流に入ることにした。

地図に水線すら入っていないこの支流。堰堤を2つ越えたところで右岸から小さな渓が入ってくる。ここを遡っていくつかイワナを拾う。異常に痩せたスキニーがひとつ混じった。やがて爆流帯となって遡行を断念。引き返して再び本谷を遡行する。

しばらく行くと沢は2本に分かれた。ここで水量の少ないほうの右の沢に入って、ここでもいくつかイワナを拾う。水さえあれば魚はどこにでも入っているようだ。

沢筋ではそれなりに釣れたが、百瀬川本流では結局3尾のイワナを得ただけに終わる。すべてCDCライト・ケイヒルのウエット・パターンで釣った。魚はなぜかとてもナーバスで、そのためかドライフライでは見向きもしなかった。

帰り支度の最中、何とお巡りさんがやってきて職務質問された。こんなところでなぜ……と思ったが、某新興宗教が世間を騒がせている昨今の事情を考えると仕方ない。不審な群馬ナンバーの車に不審な人相の男が乗っていた……といった通報でもあったのだろうか。免許証の確認を促されたので、素直にそれに従って免許証を差し出すと、〝あァ、ゴールドですね〟と安心したような口調に変わった。警官として、免許証で人を差別するような発言は慎むべきである。それでも状況的に警官とやり合うわけにもいかないので、〝おかげさまで……〟と答えるだけにしておいた。

1日中歩き回り、とにかくしんどい1日だった。

5／27（土）

F谷に入ろうと思ったが先行者あり、断念。京都ナンバーのパジェロが車止めにこれみよがしに駐車してあった。そこで対岸のD谷に入った。ここは前回それなりに釣れた渓だ。およそ2㎞弱釣り上がったが、数はまあまあ出たものの、特に変わった魚は釣れなかった。そして3時過ぎから再びF谷に入った。国道を走っていたら偶然例のパジェロとすれちがい、彼らがF谷から引きあげたことを知ったからである。しかしたった1尾釣れただけ。この規模の沢だと朝一番で奥へ入らないとダメなようだ。天気は再び下り坂のようだったので、帰路を急いだ。

それはひとつの系群として……

琵琶湖流入河川のイワナについて検討した具体的査料や文献、著述は少ないが、淡水魚増刊『イワナ特集』(1980年、淡水魚保護協会)の中で、成瀬智仁氏が［琵琶湖流入河川のイワナについて……その分布と由来］と題して、この地域のイワナについて書かれている。それによると、琵琶湖水系には2つのイワナの系統があり、東岸流入河川にはヤマトイワナ系、西岸流入河川はニッコウイワナ系が棲むとし、その理由をいくつかの観点から推察している。例えば、東部地域のイワナは伊勢湾に流入する水系の影響を受けているのは確かのようで、これは地質学的にも明らかにされている。それならば、確かにヤマトイワナ系であってもおかしくない。西部地域においては、かつて琵琶湖が日本海と通じていた時代もあったことから、そこから侵入して定着した一群と推測している。両者が大きく交じり合わなかったのは、琵琶湖にイワナが生息していないことに関係があるとして、2つの系群が東と西に別れ棲んだというのである。このようにひじょうに興味深い意見が多く、たいへん参考になった。

また、大島正満博士の論文をはじめとしたいくつかの研究論文でも、東岸流入河川のイワナはヤマトイワナ系とされている。西岸流入河川のイワナに関しての記述は少ないが、ニッコウイワナ系という意見から、中国地方のゴギ型、あるいはそれら両方というような見解もあり、その分類に関しては混沌としているのが実情だ。

しかし、自分自身の判断を正直にいってしまえば、琵琶湖水系のイワナはあくまで琵琶湖水系のイワナのように思える。つまり、琵琶湖水系は独自のイワナを有すると解釈したほうがいいのではないかと思うのだ。というのは、自分で琵琶湖の東西両岸の流入河川を釣ってみて、釣れるイワナにそれほど大きな差がないかわりに、その外観は、どちらもほかの地方ではあまり見られないタイプのイワナだと思えたからである。もちろん白斑の大きさや数などを統計的に調査したわけではなく、解剖学的な実験をして、その差異を比較したわけでもなければ、生化学的な判別手法を試みたわけでもない。あくまで釣り人の直観的な判断に委ねた感想だから、その意見は的を射ていないかもしれない。しかし、写真を見ても分かるように、何か混沌とした世界が琵琶湖水系のイワナには感じられるのだ。それに、成瀬氏の観察でも触れていることなのだが、東西の水系を問わず［体側前方の体紋（パーマーク）の間隔が狭まり、後方で乱れる……］という共通の特徴がある。もちろん１００％がそうではないが、自分の知る範囲では、この特徴は琵琶湖水系だけに頻繁に見られ、川によっては90％を超える確率で出現する。そしてこの特徴は、あのナガレモンイワナの棲む東岸流入河川の水系でも共通しているのだ。

もしも、その外見の極端なタイプ同士で比較すれば……例えば極端にヤマトイワナの特徴を示すものと、ニッコウイワナの特徴を示すものを比較すれば、その違いは明らかなように見えるだろう。西岸の川のイワナに、山形県あたりのイワナと見間違うようなタイプはいなかった。東岸の川のイワナでも、長良川水系の典型的なヤマトイワナとうりふたつというタイプはそう多くない。いずれの場合も、琵琶湖水系においてはコンディションがよい魚に出会える機会は少なく、そのせいか、斑紋がいつも何となく滲んでいるようで、肌艶も悪い。また、ひとつの集団内の個体数も極端に少ない。そうした現実が人々に様々な印象を抱かせるのかもしれない。とちらがどっちの系統と決めたがるのは人間の業のようなものである。当のイワナたちにしてみれば、そんなことよりはどんな姿になったとしても、これからをいかにして生き抜いていこうかということのほうがはるかに重要なのである。

そんな分かったようなことをいったところで、自分で釣り歩いた琵琶湖水系の渓は、これまでほんの40河川程度に過ぎず、採捕総数もせいぜい200から250個体くらいのものだ。それくらいでは何とも評価しがたいのかもしれないが、琵琶湖水系のイワナはその生い立ちや境遇、そして瀬戸際の生息環境、隔離の時間の長さ、天然魚の個体数といった要素を付け加えて考えれば考えるほど、固有のものであるような気がしてならない。西岸、東岸を問わず〝琵琶湖系群のイワナ〟として、生態調査や保護対策を施していくのがこれからの課題なのではないだろうか。

決して華やかではなく、固有種の陰に隠れてその存在感も稀薄な琵琶湖水系のイワナたち。しかし彼らも近江の海が創造した芸術のひとつであることに変わりはない。そして、世界最古の湖に残された大切な遺産として接するのが、我々に与えられた責任だと感じるのである。

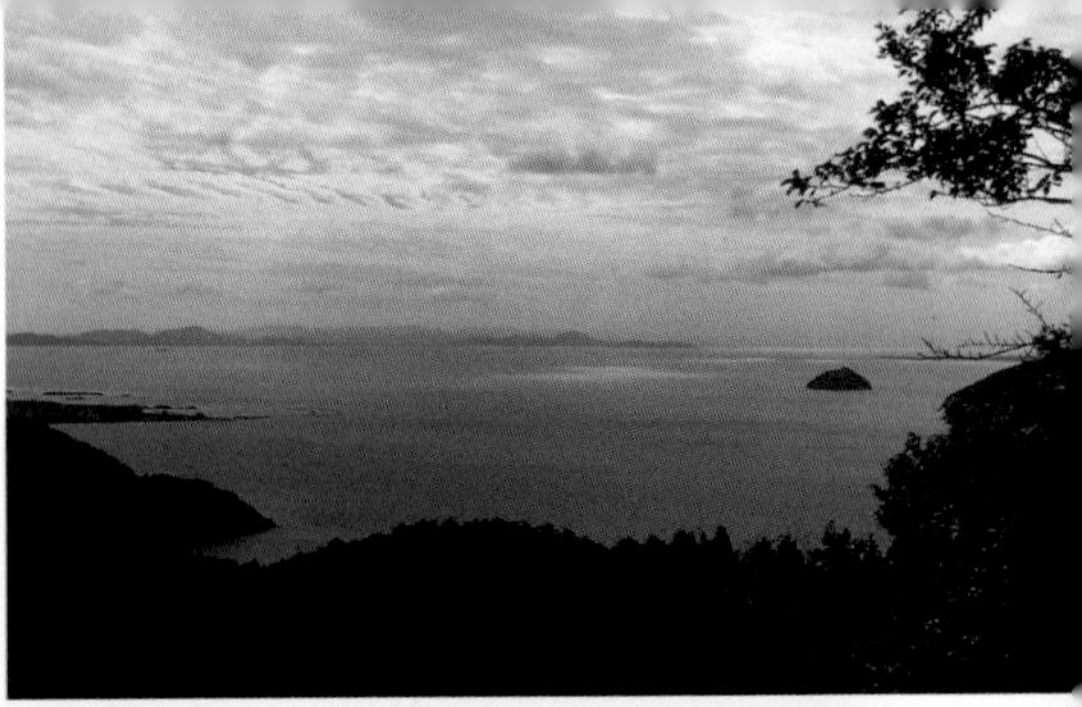

琵琶湖はその過去において、イワナたちとどのように関わりあってきたのであろうか

I谷A

I谷B

I谷C

上／知内川水系、H川のイワナ。このあたりのきわめて標準的なタイプである　下／これも知内川水系、T谷のイワナ。体色が白っぽいのは、増水で渓が洗われ、渓全体が白っぽくなってしまったからである。体側後方の斑紋に多少の乱れが見られる

石田川支流のI谷では、実にいろいろなタイプのイワナが釣れる。数ある支流群の中でも、この渓だけは放流されていないという情報を得ての入渓だったが、ちょっと自信が持てない。AとBはそれぞれニッコウイワナ系と思われるが、Aは顕著な着色点がなく、Bは明確なオレンジ色の着色点がある典型的なニッコウイワナだ。しかし、ネイティブと思われるのはCのタイプである

安曇川支流、O谷のイワナ。いかにも源流のイワナらしい風貌をしている。どちらかというとヤマトイワナ系に属する容姿だ

Y川の渓相は抜群で、まるで東北の渓へ来たような錯覚を覚えた

安曇川支流、D谷のイワナ。体側前方の体紋（パーマーク）の間隔が狭まり、後方で乱れるという、このあたりのイワナにおける典型的な特徴が顕著に表われている

Y川B

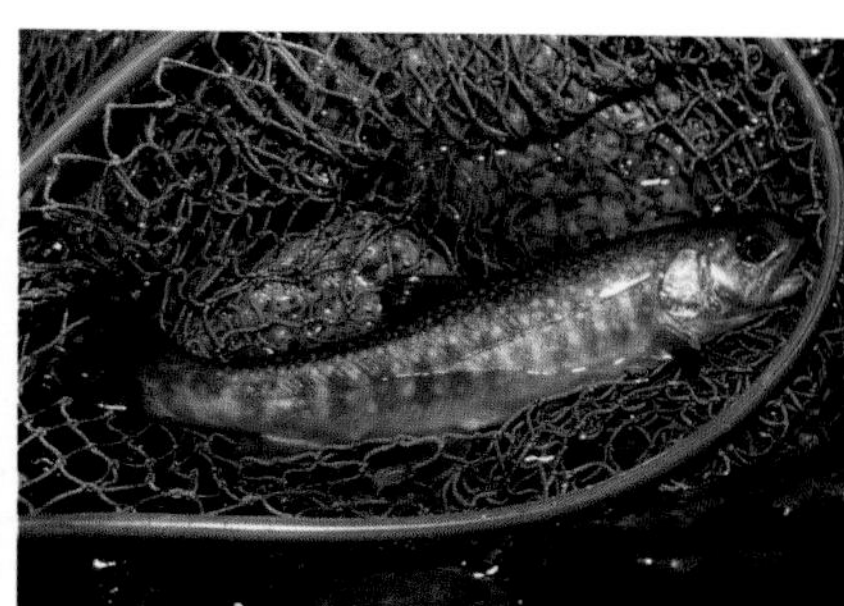

Y川A

Y川ではアマゴとイワナがほぼ1:1の確率で釣れたが、イワナの魚質は抜群によかった。A、Bは斑紋のパターンがこのあたりのイワナの特徴をとどめている

Y川C

Y川V谷D

Cは少し違うタイプで あまりに健全すぎる容姿がいかにも放流っぽく感じてしまう。Dは支流のV谷の魚で、体紋の乱れが全体に及んでいるタイプ

U川C

Y川支流のU川。いつものような藪沢、小沢。釣り人が入った痕跡はまったくなく、しかも地元の人でなければちょっと分からないようなところを流れている。そのためか、この川は魚の量、質共に最も安定していた。情報によれば、この川のイワナはすべてネイティブだという

U川A

U川B

Aは最上流部で釣れたイワナ。気の毒なくらい痩せているが、体紋の乱れがひじょうによく分かる。Bはやはりこのあたりのイワナの典型的なタイプで、それこそナガレモンの1歩手前といった感じ。CはA、Bの兄弟、もしくは親子であることは全体のようすから見て確実だろう。この川ではこの大きさ(20cm弱)で最高。貴重な親魚である

地図に水線のない渓でも、入ってみればけっこう立派だったりする。しかし、例外なく落差は強く、滝の連続である

この川においても、やはり体紋は乱れ気味で、他の川と共通の特徴を示している

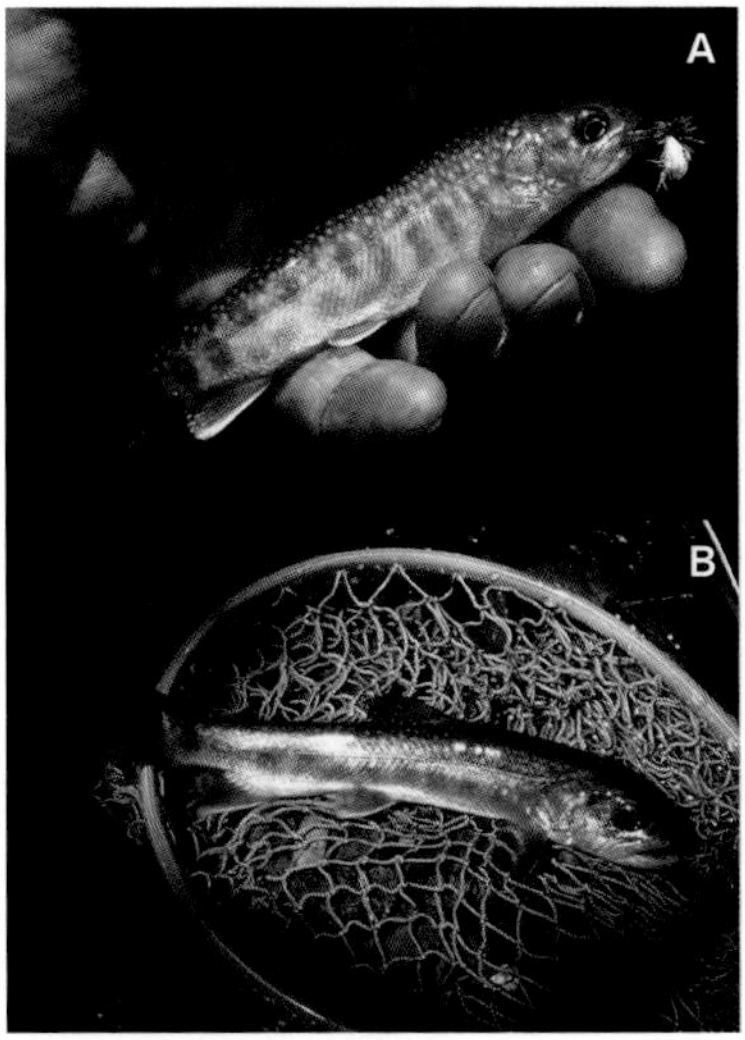

支流のまた支流に入ると、Aの魚のように体紋の乱れはより顕著になる。そして、人間ならば拒食症なのではと思われるほど、異常にやせ細ったBのようなイワナが釣れた

A

B

C

これらは琵琶湖東岸に流入する川の最上流部、あのナガレモンイワナの生息する水系で釣った魚たちである。Aは完璧なナガレモンイワナ。Bはナガレモンイワナの確率が90%以上の川で釣れた体紋が流れ切らないイワナ。Cは普通のイワナである。ここで興味深いのはBの魚である。この魚は、体側前方の体紋の間隔が狭まり、後方で乱れるという特徴に関しては、西岸流入河川のイワナと同じだ。ということは、これは西岸と東岸に共通する傾向でありつまりは琵琶湖水系のイワナ全体の共通点であるといえる。したがって、それぞれを2つの系統に分ける必要はないのではないか……。ほかの地域でこうした特徴が平均的に出現することはないから、やはり琵琶湖水系のイワナは、琵琶湖水系のイワナ以外の何者でもないのである

これがイワメ。アマゴよりもさらに薄く感じる皮膚を通して感じる冷ややかな体温。背負っている宿命は、決して軽くはないだろう

第14章　三重県

イワメの渓

閉ざされた水域に密かに息づく儚き一群

（1992年3月取材）

イワメとは?

〝イワメ〟というと、その言葉の響きや文字の並びからイワナとヤマメの交配種？　と思われる人が多いかもしれない。しかしイワメはあくまでイワメ。ヤマメやアマゴとは関係が深いものの、イワナとはまったく無関係だ。ヤマメやアマゴの棲む水域に、どうしたことか忽然と姿を見せる不思議な魚なのである。

イワメという呼称はその最初の発見地、大分県大野川水系メンノツラ谷（ここのイワメは現在、天然記念物指定されている）における地方名である。ご存知のように九州にはイワナの天然分布はなく、大野川水系における鮭鱒類の生息はアマゴとイワメのみ。しかもイワメの生息域はわずか1㎞以内に限られ、アマゴと混生しているそうだ。そのほかの生息地においても、河川内の一定区間のみにアマゴやヤマメと混生しているらしく、イワメだけが棲む川というのは今のところ皆無である。おそらく今後も発見される可能性は低いだろう。

それではイワメという魚はどんな魚なのだろうか？　淡水魚に興味のある方ならその名前くらいは聞いたことがあるかもしれないが、魚を釣ることのみに没頭している一般の釣り人には馴染みが薄いのではないだろうか。

イワメの外観的特徴は歴然としている。まるで無斑か、写真の魚のように、体側に不明瞭な輪郭の黒っぽい線が浮き出ている。アマゴやヤマメの特徴であるパーマークや黒点はなく、アマゴ水域においてさえその体側に朱点を散りばめることがない。体色は黄色味が強く、下手をするとアブラハヤと間違えてしまうような色調だ。いくら無斑といっても、スモルト化（銀毛）したアマゴやヤマメの白銀色に輝く個体とは、この点で明確な判断がつく。しかしサケ科の特徴であるアブラビレはついているし、シルエットで見ればヤマメやアマゴとまったく同じ。どうしてこんな魚が出現するのか、その具体的な理由はいまだ分かっていない。謎に包まれたままなのだ。

１９６１年、イワメは日本生物地理学界に［Oncorhynchus iwame Kimura et Nakamura］という名の新種として発表された。これは木村清朗、中村守純両氏によって提出された文献だ。新種としての根拠はその特異な外観が決め手になっていたが、解剖学的にアマゴと比較した場合、各ヒレの軟条数や鰓耙数、それに幽門垂数などにおいて、まったく変わるところがないことは当時から知られていた。

それからしばらくの間、イワメの起源に関しては2つの仮説が唱えられてきた。

そのひとつはイワメはアマゴやヤマメの一群から突然変異で出現し、それが系統的に固定されたものであるという説。もうひとつはかなり古い時代からアマゴやヤマメとは別に現われ、あとから進出してきたアマゴやヤマメに生活の場を奪われてしまいつつある……これら2つの説のうち、どちらが適切なのかがこれまで論じられてきた。

しかし１９７０年代から愛媛県の山内晃氏によってイワメの人工ふ化、及びアマゴとの交配実験が行なわれ、１９８０年代初頭にはイワメの持つ遺伝子の特徴について大方のところが明らかにされた。山内氏の実験によると、イワメは遺伝的には固定されているものの……つまりイワメ同士で交配している限りはイワメしか出現しないが、同一水系のアマゴと交配させた場合には明瞭な分離が見られ、両者の中間的形質を備えた個体は出現することがなかった。異種間交配や異属交配の場合……例えば前述のイワナとヤマメ、イワナとブルック・トラウト、あるいはヤマメとアマゴ、ブラウン・トラウトとニジマスなどの交配を行なうと、必ず中間的な外観を持つものが出現するそれがイワメとアマゴでは、どのように掛け合わせても、イワメ型に出るかアマゴ型に出るかのいずれかになる。しかも同一水系のアマゴと掛け合わせた場合、ほぼ１：１の割合で出現するから、同一水系のアマゴはすでにイワメの遺伝子を保有していることがわかる。

ところがほかの水系のアマゴ（イワメのいない水系）と交配した場合、雌雄を組み替えて交配させてもイワメは出現せず、アマゴのみが出現してしまった。これは、イワメよりもアマゴのほうが優勢であることを証明している。このことから、同一水系のイワメとアマゴにおける遺伝子の関係は、1対の対立遺伝子のみで説明することができる。

これらの実験から、イワメはアマゴの突然変異形らしいことが実証された。したがって現在では、前述の2つの仮説のうち、突然変異説のほうが支持を得ているようである。

ヤマメとの同様の交配実験はまだ行なわれていないが、おそらくヤマメとの場合も同じような結果が出るのではないだろうか。（※淡水魚保護協会、淡水魚増刊『ヤマメ・イワナ』特集』に山内氏によるアマゴとの交配結果の詳細が記述されている）

したがって現在では、［Oncorhynchus masou (Brevoort,1856)］というように、サクラマス（ヤマメの仲間全般を包括した意味で）と同じ学名で処理されているようだ。

分布のミステリー

環境庁自然保護局野生生物課のレッド・データブックには、イワメは淡水魚における絶滅危惧種として記載されている。これは紀伊半島のキリクチや長良川のサツキマスと同等の位置付けである。それだけ貴重な魚として今後の保護対策が望まれているのだ。

イワメは現在のところ、九州で1ヵ所（大分）、四国で1ヵ所（愛媛）、それに本州で4ヵ所（三重、岐阜、静岡、茨城）の計6ヵ所で発見されている。このうち、本州の2ヵ所だけがヤマメの生息域で、あとの4ヵ所はアマゴの生息域である。そして共通しているのは、すべて太平洋に流れ込む河川の上流部であり、在来のアマゴやヤマメとの混生しているのが大きな特徴だ。そして釣り場としての価値はほとんどないような、偏狭な地域に限られているのである。さらにイワメは、陸封され限られた水域に住む、アマゴやヤマメたちの小集団から出現していることも見逃せない共通の事実。こういった場所で突然変異が起こると、全体の個体数の少なさから、近親交配が起こる確率が高まり、それが固定されやすいという現象が起こる。かといって、それで種として確立されるまでにはそれ相当の年月が必要になる。イワメはまだその第一段階、あるいは初歩過程にあるタイプなのではないだろうか。それだけに、同一水域のアマゴやヤマメよりもあらゆる面で劣勢な立場に置かれている。

また、全国のイワメの生息地は、不思議なことに同一線上に並んでいる。つまり一番南の大分の生息地と、一番北の茨城の生息地を直線で結ぶと、ほかの生息地はどういうわけかその線上に並ぶ。偶然なのか、何らかの理由があるのか、それを考証するような研究はなされていない。というよりも、現時点では考証のしようがない。その直線が、例えばフォッサ・マグナのように明確な意味を持つものであれば、そういった地質学的な背景から分布の謎を追いかけることができるだろうが、たまたま同一直線上に並んでいるだけでは、そこから発展のしようがない。もしも今後、この直線上に生息箇所が追加されるようなら興味深い。おそらく中央構造線が関与していると思われるが、今後の研究に期待したい。

このような分布の謎とあいまって、イワメはますます不思議なベールに包まれてくる。そしてこれは一度ぜひとも顔を見てやろうと、以前からずっと思い続けていた。そんなある日、本書の企画にあたっていつも助言していただいている大学時代の大先輩、斉藤裕也氏から耳寄りな情報を得た。それは関西のある渓に行けば、何とかなるかもしれないという話で、氏は5年前に一度その渓を訪れたが、そのときはあまりに小さな個体ばかりだったので、サンプルとして持ち帰れなかったそうである。しかし3（アマゴ）：1（イワメ）くらいの比率で生息しているという。こんな情報をモノにしない手はない。早速、関西行のスケジュールを立てることにした。

出発の前日、現地の天気予報を電話で聴くと、大雨、洪水、強風警報が発令されていた。前橋では小雨程度だったが、関西方面はすでに豪雨に見舞われているらしかった。おまけに同行するはずだった斉藤裕也氏が仕事の都合で急に行けなくなり、一人で夜通し運転しなければならなかった。そのため出発するのがはばかられたが、ダメなら戻ればいいやということで、強行することにした。

36 尾目の出会い

おおよそ7時間のドライブで目的地に到着する。強風は吹き荒れたままで雲の流れが速い。細かい雨が降り出したかと思うと、一瞬パッと晴れ上がったりもする。しかしとりあえず渓に入ってみなければ……。

その渓は、前日の大雨でかなり増水してはいたものの濁りはまったく入っていなかった。どうやらあまり濁らない渓で、底石の色具合も良好である。周囲の山の環境が保たれ基本的に水質がいいらしい。水生昆虫も多いようだ。けれども、何の特徴もない普通の小渓である。こんな目立たぬ渓でなければ、今さらひっそりと暮らしていくのは困難なのだろう。

巨岩がゴロゴロする下流部一帯は、渓の規模に反して遡行に少々てこずる。徹夜のせいか足元がフラフラして、幾度となく岩を滑り落ちそうになった。風は強く、雨は止みそうになかった。

とりあえず、イワメをどうしても釣らなければならないから、学生時代にイワナのサンプリングをしていた頃を思いだし、徹底的に釣りまくる。流程はそれほど長くないから距離で数を稼げそうにない。そのため大きな淵や絶好のポイントでは、ドライフライで水面を一通り攻めた後、ソフトハックルで水面直下を探り、さらにニンフで底を転がすという非情な手段を取る。アマゴとイワメの比率が3：1なら、4尾に1尾はイワメが混じることになる。しかしながら、釣れども釣れどもフッキングするのはアマゴばかり。7～8尾を越えたあたりで少し心配になってきた。

イワメはアマゴと棲み分けているらしく、その状態はイワナとヤマメが同じ流れに生息する場合に似ているという。つまりヤマメが速く強い流れに入り、常に上層部に位置するのに対して、イワナは緩流帯や底付近に位置するというセオリーと同じことが、アマゴとイワメにもあてはまる。ようするにイワメはアマゴよりも緩い流れや底付近に位置しているはずなのである。

しかしフライフィッシングの性質上、どうしてもアマゴのほうが先にきてしまう。しかも予想に反して、この渓におけるアマゴの生息量はひじょうに多かった。3月下旬という季節がら放流アマゴが釣りきられていないらしい。明らかに前年の産卵に参加したと思われる個体、春先に放流されたばかりだと思われる個体、さらにサイズもいろいろで、様々なタイプの様々な大きさのアマゴが次々に釣れてくる。数100mも歩かぬうちに20尾近く釣れてしまったほどだ。ただしアベレージは15cm前後と小型、もちろんすべてアマゴでイワメは影さえ見えない。イワメを調査している団体があるらしく、何箇所かに調査の旨を示すリボンが結ばれていた。

天気は相変わらずで、雨が強風に乗って雨具をバチバチと叩く。カメラを濡らさないように防水シートでくるむが、魚の写真を撮る都合上、濡れることを防げない。

昼を回った頃、一瞬太陽が顔を出すが雨はそれでも止む気配を見せない。しかし気温はやや上昇し、その間に水生昆虫の羽化がみるみるうちに増えてきた。朝からポツポツ見られたユスリカの類に加え、ヤマトビケラやオナシカワゲラ、それにコカゲロウなどの姿も見える。ときどき見える大型のメイフライはヒラタカゲロウの類らしかったが、釣りに夢中で確認する気も起こらない。

羽化が増えると食いはますますよくなってきた。ほとんど入れ食い状態だが、上流に進むにつれてアベレージ・サイズはさらに落ちてしまった。

巨岩帯は1km弱で終了し、その上は比較的平坦な流れに変わってくる。それとほぼ同時に何本かの支流が流入して、本谷の川幅は次第に狭まり水量も乏しくなってきた。4尾に1尾の割合で拝めるはずのイワメはまだ釣れない。すでに渓に入って5時間以上が経過して釣れた魚の数は30尾は越えている。おまけに雨は断続的に激しく降り、ときおり突風が川上から吹き下ろしてくる。どうやら寒冷前線がこの山塊を通過しているらしい。

しばらく歩くと、渓がほぼ同地点で3本に枝分かれしているところに着いた。雨はみぞれに変わり、風はますます激しく吹き荒れる。最悪の天候だ。

3本のうちの1本は通常はほとんど水がないような感じを受ける流れで、まず見送ることにした。残った2本はほぼ同等の水量で川幅は1m半くらい。そこでとりあえず、落差の強そうな左の渓に進路を取ることにした。落ち込みのポケットが連続するほうが釣りやすいと判断したからだ。

けれども100mも進まないうちにブッシュが張り出し、とても釣りができる状態ではなくなった。それでもしばらく進んだが、ブッシュはひどくなるばかりだ。さらに落ち込みも少なくなってポイントを拾うこともできなくなる。2尾追加したものの引き返すことにした。

残るは右の沢である。平坦な流れで、しかもこちらは渓に沿ってしっかりとした踏み跡がついている。瀬を叩いていくとやはり小型ながらアマゴが飛び出してくる。

数10m進んだあと、何のへんてつもない落ち込みの開きの浅場にフライを入れると、スッと魚が追ってくる。フライにドラッグがかかって、魚が水面を割る前にフライは流れに引き込まれてしまった。しかしこの時、その魚の様子に今までと違うものを感じた。はっきり見えたわけではないが、体色が少し違っていたような気がしたのだ。小さな魚だったが、もう一度フライを入れてみるべきだと直感した。

その頃、実はもう90％は諦めていた。一晩どこかに泊まって、明日もう一度下流部から歩き直してみようと思っていた。天気は悲惨な状態だし、明日一日じっくりやればいい……と思っていたのだった。

そんなわけで、何か違うものを感じてはいたが、それほどの緊張もなく次のキャストに入った。キャストといっても、この川幅とブッシュである。ラインはロッドの長さ程度しか出ていない。それでもフライは思った所に落下し、直後に小さくメンデイングをかけたことでフライは前回よりもうまく流れに乗った。

水中であの影がキラッと光り、次の瞬間にはフライをくわえていた。軽く合わせるとうまくタイミングが合って、しっかりとフッキングした。下顎にフックが刺さっているのが分かるほどのジャストストライクである。

余裕で手元まで寄せてきたが、どうせまたアマゴだろうという頭があるから、動作は雑である。すぐ外せるような姿勢をしていたのだが、このときはさすがに慌ててしまった。そう、イワメだったのだ……。

岸辺に堆積している朽葉の上に乗せてじっくり見ると、まさにイワメ。それはこの日、36尾目の魚、8時間ほど釣り上がった地点のことである。ほんの13㎝ほどの小さな魚ではあったが、正真正銘のイワメだ。図鑑でしか見たことのなかった魚がすぐ目の前にいる。突然、それまでのいささか暗い気分が180度転じて、思いきり嬉しくなる。オロオロしながらカメラを取り出し、何枚かたて続けにシャッターを切る。暗いために1／15程度のスロー・シャッターしか切れない。これは枚数を多く撮っておかなくては……。

数枚撮ったところでフィルムが終わり、新しいものに交換しようとしたら、アレレ、ASA100のフィルムがない。ASA50しかベストのポケットに入っていないではないか。しかしここで焦ってみても仕方ない。200に増感して撮ることにした。

フィルム1本分を瞬く間に撮り終え、イワメを流れにリリースする。おそらくこの秋には成熟する魚だろう。子孫繁栄を祈ることにしよう。

こうして、写真の写りに少しの不安は残したものの、何とかイワメに遭遇することができた。このあと、さらに4尾のアマゴを追加して、釣れた魚の総数をちょうど40尾とした。4尾に1尾で混じるはずだったが、実際は40尾に1尾。それでも1尾混じったのだからラッキーだ。現実はいつもこんなものである。

閉ざされた偏狭な水域の中で、密かに息衝く小さな一群、イワメたち。今回はことさらに瀬戸際を感じた。放っておけばアマゴにその存在を吸い取られてしまうような気さえする。そしてまた、どこか別の水域でヒョッコリ顔を見せるかもしれない。そんな可能性を秘めているイワメでもある。人間が興味本位で手を差し出すことなく、そっとしておくのが彼らにとっては一番幸福なのかもしれない。しかし、ずっと生かしてやりたいと思うのが、人間としての正直な気持ちでもある。

※平成18年7月21日より、この渓のイワメはいなべ市指定天然記念物に指定された。保護活動に協力をお願いしたい。

この堰堤から上流にイワメたちの一群が棲んでいる

イワメの住む渓。どこにでもある、目立たぬ小さな渓である

こんなタイプのアマゴが最も多かった。この魚が天然ものか、放流ものかについての確実な判断はできないが、とにかくこんなのがウジャウジャいた

真っ黒にサビた個体。前年の産卵に参加し、冬を越した個体だろう。おそらく天然ものである。このサイズで成熟するのだから♂なのだろう

イワメ、このように無斑である。黒点も朱点もない。体側の黒っぽい線は消失することもある

こんなタイプを見せられると、イワメの遺伝子を持っているのではと納得してしまう。少ない黒点とパーマーク。少しサビてはいるが、この渓のアマゴはこんなタイプが本来多いのではないだろうか

標高2400m地点で釣れた若く元気なイワナ。遡上意欲に溢れているようだった。増水に乗じて、さらに奥へと遡上する準備はできている

第15章 富山県

黒部源流 日本最高所のイワナ

生息限界の標高は？ 日本で一番高い流れに棲むイワナたちの近況

（1994年8月取材）

イワナの生息水域

イワナは河川最上流部に生息する魚類である。冷たい水を好み、強く激しい流れにも対応できる遊泳力を持った魚でもある。それだけに、ほかの魚ではとても棲めないような深山の渓でも生きていける。だから、冷たく良質な水さえあれば、彼らは可能な限りどんなところへでも入り込もうとする。遡上することは彼らの本能であり、また、それができるのもイワナたちだけである。山頂から零れ落ちた一滴の雫、万年雪の滴り、山肌から湧き出る水、深い森の奥から絞り出された滋養深き水の最初の恩恵を受ける生物がイワナたちなのである。

イワナというとそんな深山幽谿のイメージがよく似合う。しかし実際にはイワナの生息範囲というのは意外に広い。それは東北以北における彼らの生息状況を見ればよく分かる。

例えば、東北地方の小規模な独立河川では河口部からイワナが棲んでいる。岩手県の三陸地方のように海に山が迫っていると、川は河口部からいきなり渓流状態になる。つまり、川床が大小の岩石で構成され、ある程度の落差を備えた流れが河口から始まるのである。

こうなると強い流水に適応できる魚でないと生息できない。ヤマメ、イワナ、そしてカジカ。初夏にはアユが遡上して、冬将軍の知らせとともにサケが還ってくる。こうした川では、海とのつながりがある魚(海水適応できる魚)でなければ生きられないのだ。

大増水ともなれば、すべての川の生物が海へと押しやられるかもしれない。そんなとき、海水によって死に絶えない生物でなければ、こんな川には棲むことができない。

そしてイワナは本来ならば海との往来を行なってこそ、効率的な子孫繁栄を行なえる魚である。つまり川から海へ降りて成長し、産卵期になると再び川へ戻って来る（通し回遊）。そのような生活形態を選択できる環境があれば、集団内の相当数が海へ降ってアメマスに姿を変える。アメマスはサケのように長距離の回遊を行なわないが、一度の産卵で死ぬことはない。何度も海と川を往復して、せっせと繁殖に励むのである。

海洋生活に危険は多いが、成長に必要な餌料も豊富である。そのため、河川内の数倍の速度で成長することができる。そして一気に大型化して、良質で大きな卵を腹腔内に大量に抱えて、産卵のために再び河川へ戻って来るわけだ。

このような方法が、イワナに限らず鮭鱒類における効率的な繁殖方法である。しかし、地殻の変動やら、水温、気温の上昇、さらに人為的な何らかの影響（河口堰など）によって、海との交流の道が断たれると、彼らは陸封型としてその一生を河川内で過ごさねばならなくなる。そしてイワナたちはほかの魚たちとの力関係、そして低水温への適応力などによって、河川最奥部の一角をその棲家に選んだのである。

陸封イワナたち

このようにして、陸封という宿命を背負わされたのが関東以南の河川に生息するイワナたちである。何とか河川内の生活に馴染んで、いざ生息域を広げようとしても、偏狭で閉鎖的な環境であることが多いゆえ、なかなか思うようにはいかない。下流へ下ろうとしてもそこには自分たちよりも運動能力に優れたヤマメ（アマゴ）たちが生息している。ヤマメたちとは食性など、習性に似通ったところが多くあるから、ちょっとノロマなイワナたちはしばしば惨めな気分にさせられる。だから、できれば一緒に棲みたくない。それでも、自然界は何が起こるか分からないから、もしかすると優位に立てる日がくるかもしれない。そう思ってヤマメ域にも多少は混じって棲むようにしている。多くの渓で、ヤマメとイワナの生息域に明確な線が引けないのはそのためだ。たいていは上流に居座る方の特権として、たとえ大きな滝やダムで下流部との境界線が引かれていても、イワナはちゃっかり上から落ちてくる。虎視眈々と生息域の拡大をねらっているわけである。

このように書くと、イワナという魚はなんて優柔不断なんだろうと思われるかもしれない。確かに彼らの性格には、そう思われても仕方ないところはたくさんある。しかし、だからといって、イワナを責めるわけにはいかない。これまで、本来ならばイワナだけしか棲まない水域に、いかに多くのヤマメやアマゴが放流されてきたことか。そのおかげで、ひもじい思いをしているイワナが全国にはたくさんいる。そのいい例は紀伊半島のキリクチだろう。いまや彼らの聖域はアマゴの乱放流と異系群であるニッコウイワナの乱放流という無差別攻撃によって、絶滅の危機に瀕している。だから、ほかの水域でしばしば見られるイワナたちの生息範囲拡張行為は、人間たちの節操のない乱放流に対するささやかな抵抗なのもしれない。

ということで、イワナたちの愚痴はさておいて、全国の陸封イワナたちは、基本的には実に過酷な生息条件の中に暮らしている。豪雪と厳しい地理状況の中にある、中部山岳地帯においてはなおさらである。しかし、イワナたちは挫けない。彼らの命をつなぐ水がある限り、彼らはひたすらに水上を目指す。陸封されたとはいえ、新天地を求め彷徨う彼らの本能が失われることはない。下流部に拡散しようとする一方で、陸封された彼らの遡上意欲もまた尽きることがない。

黒部川

標高３０００ｍに近い山々が連なる北アルプス。その険しくも壮麗な山並みは訪れる人たちを圧倒し、冒険心を駆り立てる。そんな北アルプス連峰の一角にある祖父岳（2825m）とワリモ岳（2888m）をつなぐ稜線部付近にある通称〝岩苔乗越〟が黒部川の源頭である。黒部川はこの源頭から薬師沢出合いまでは、信じられないような穏やかな流れが続くが、薬師沢出合い下流部からは上ノ廊下、黒部第4ダム、下ノ廊下などの難所が相次ぐ。宇奈月温泉を経て、黒部平野に差しかかるまで、黒部川はエメラルド・グリーンに輝く水を湛え、深い峡谷を一気に駆け下っている。幹川の全長はわずか85㎞だが、その豪快な奔流と豊かな水量は、名川の貫禄を充分に備えている。

さて、そんな黒部川の源頭付近、標高2500mを超えたあたりにまで、イワナたちが棲んでいるという噂を聞いた。そこで、全国各地の地図を引っ張り出してあらゆる地域を調べてみた。すると、標高という点ではどうしても日本の屋根と称される北アルプスの渓流群がずば抜けて高い地域を流れている。その結果、日本で一番高い流れに棲むイワナはやはり黒部川であることが推測できた。黒部と背中合わせの山塊から流れ出す金木戸川の蓮華谷、高瀬川源流の湯俣川、黒部川支流の岩苔小谷あたりがそれに次ぐようである。しかし、源流部の標高が高いわりには、源流付近の地形が比較的穏やかな黒部川こそが、日本産イワナたちが到達しえた最高地点であることに間違いはないようだった。

天界に一番近い流れに棲むイワナたちとその聖域。黒部川源頭は、そうした意味で紛れもない瀬戸際の地域である。そこへ行かずにいられるものか。そう意気込んで灼熱地獄に全国民が喘いでいた1994年8月、私は黒部川源流へと旅立ったのである。

薬師小屋まで

ここからは黒部川への釣行記だ。例によって思わぬ苦悩が待ち受けていたのだが、真実を語るのみである。

当初は8月3日から7日にかけて4泊5日の無理のないスケジュールを組んだ。しかし、よく考えてみたら、8月7日には大宮市で友人の結婚式があって、それにはどうしても出席しなければならない。だから、少なくともどこかで1日分の予定を詰める必要があった。帰りの太郎平小屋泊をパスして、一気に折立まで降りてしまうのが最も現実的だろうが、そこは体力との相談。まあ、どうにかしようということで、深くは考えなかった。

8月3日の深夜、厚木市から丸山カメラマンが群馬の僕の自宅まで迎えに来てくれる。そのまま渋川インターから関越自動車道に乗り、夜明け前には長岡ジャンクションを過ぎ、北陸自動車道へと入った。午前6時頃には富山インターを降りて、そこからは常願寺川に沿った道筋を走って立山方面へ向かう。途中から有峰林道（有料）に入り、登山口の折立に到着したのは午前8時頃だった。

駐車場にはすでに数10台もの車が並んでいて、テントもいくつか張られていた。さすがに登山シーズンだけあって人が多い。軽く朝食を食べてからすぐに出発することにした。ミレーのザックにアディダスのトレッキング・シューズ、服装は軽薄にもターポン・フィッシング用のウェアというスタイルである。

ここから太郎平小屋までの約8㎞は延々と上り坂が続く。最初の急な上りをやっとの思いで越えたあたりに標高1870・6mを示す三角点がある。ここまでくると、日常生活で蓄積された毒が排泄されたような気分になって多少は楽になる。年を取ると、ザックの重さに身体が馴染み、不思議な一体感を覚えるまでに時間がかかる。それまでが苦しいのだ。けれどもこの時点では、ウォーキング・ハイの初期症状という感じで気分はさわやか。高度計を修正し先を急ぐ。太郎平小屋までまだ半分の距離も歩いていない。

ここから先は、急な上りはほとんどなくなり、だらだらとした単調な坂道が続く。結局、2時間弱で太郎平小屋に到着した。

太郎平小屋では少しの水分補給をしただけで、先を急いだ。徹夜の疲れがもう少しするとドッと出そうなので、行けるところまで一気に行こうと判断したのだ。

薬師沢小屋まではひたすら下りである。緩い下りなら歩くのは楽だが、太郎平小屋からしばらく歩いたあたりから始まる猛烈な下りはきつかった。こういうのは膝にくる。そしてそうした負担は蓄積される。

急勾配を下り切ったところが薬師沢上流部の二又である。数人の登山者が休息を取っていた。やはり渇水で流れは心細かったが、川を見るとウズウズするのは釣り人の悲しい性。少し上流に上って渓を覗き込むと、これがいるんです、イワナが。釣って欲しそうに泳いでいるのをすぐに見つけてしまうから始末が悪い。丸山氏に有無を言わせず、さっそく釣り支度。上流に向かって左の沢を釣ることにする。予定にない行動だが、ここの標高は２０７４m。標高２０００mを越えたところでイワナを釣る機会なんてそう多くない……といった勝手な理由をつけて、一目散に上流へ向かう。

それでまた、実に簡単に釣れてしまう。入れ食いといってもいいくらい。ひどい渇水なので、魚の居場所にクセはあるのだが、所詮はウブな源流イワナ。狡猾な釣り人をごまかすまでには至らない。アッという間に5〜6尾釣れてしまった。タイプとしてはニッコウイワナである。もちろん写真を撮って、押さえのカットとしておく。

釣りをした時間を入れて、およそ2時間の大休息をとって、薬師沢小屋までの坦々とした快適な登山道を歩く。渡渉点ではボーッとした感じで定位しているイワナの姿が何尾も見えた。誰もそんなのには気付かないのだろう。イワナたちもそれをいいことに、まったく無防備な状態でのんびりしている。夏の午後の陽射しの下で、夢でも見ているようだった。

薬師沢小屋には午後4時頃到着した。ここの標高は１９１２m。登山の最盛期と好天のためか、小屋はかなり混雑していた。

薬師沢小屋は薬師沢と黒部川本流との合流点に建っている。上ノ廊下のゴルジュが終わり、黒部川源流部の穏やかな流れが始まるのがちょうどこのあたりなのである。源流派のエキスパートに言わせると、上ノ廊下を通らずに薬師小屋に泊まるなんて軟弱者だ……ということになるが、素直に「ハイ、軟弱です」と答えるのが正解だ。

この日の行程は大したことはなかったが、徹夜の疲れもあり、夕食前に飲んだビールが効いてバッタン・キュー。けれども、いくらもしないうちに丸山ライオンの豪快なイビキが狭い部屋を震わせ、同室の親子4人の家族連れと共に、眠れぬ夜を過ごすことになった。まだ6歳くらいの男の子は「オジチャンがうるさくて眠れないよう」とベソをかいている。それは可哀相なのだが、私としてはバツが悪くて、ただ背中を向けて狸寝入りを決め込むだけ。もちろん数発の蹴りとパンチをうるさいオジチャンに食らわせてはみたが、そんなことにひるむ相手ではなかった。

黒部川源流を遡行する

重々しい夜が明けていった。

今日も晴れるというはずだったが空には鉛色の雲が垂れこめ、細かな雨が森と谷間を濡らしていた。眠れぬ夜を過ごし、腫れぼったい眼とボサボサの髪のままで夜明けの黒部川を見ていると、我が眼を疑うような美しい女性が2人、出発の準備をしていた。彼女らはどうやら雲ノ平まで行くようだった。小屋の前の吊り橋を渡って、遠ざかる後ろ姿を見送りつつ、思わず追いかけようとしている自分を恥じた。

朝食のとき、同室の親子と一緒の席になった。丸山氏は「おはようございま〜す」なんて元気一杯で愛嬌を振りまいている。子供たちも最初は怪訝な顔で丸山氏を見ていたが、ニコニコしている丸山氏には安心した様子だった。イビキの主はどうやら私になってしまったみたい。

午前6時半、小屋を出発した。100mも歩かぬうちに、丸山氏は余裕のキジ撃ち。ついでに私も……。遡行するにつれ、イワナの姿が目立つようになってきた。釣りたいのを我慢しながら赤木沢手前の小規模なゴルジュ入り口まで一気に歩いてしまう。ここでほんの少しと思いながら30分ほど釣ってみる。しかし、たった1尾釣れただけ。やはり完璧なニッコウイワナだ。

ゴルジュを越えると左岸から赤木沢が合流する。ここの標高は1976m。出合い下流部にはきれいな平滝があって、その上は大きなプールになっている。ここから再び釣り始めるがあまり芳しくない。さらにしばらく歩いてから、早目の昼食を取ることにした。

ザックを下ろして身体が軽くなると、やはり釣りがしたくなる。昼食の用意に忙しい丸山氏を放っておいて、無責任にも勝手に釣りまくった。魚影が濃くなったのは標高がちょうど2000mを超えたあたりだった。羽アリの発生期に当たったたらしくて、胃の中は#14くらいの茶色っぽい羽アリがギッシリ詰まっていた。

思わぬ快釣に恵まれ、C&R（キャッチ&リリース）に忙しい。ここのイワナばかりは、たとえ1尾でも殺すわけにはいかない。顔を見せてもらえるだけで充分に幸せだ。そしてペースは一段と速くなった。普通は釣れるとペース・ダウンするものだが、ここは仕事ということで、必要分のカットが撮れたらあとは遡行あるのみ。すぐに五郎沢出合い（2057m）に着いてしまった。赤木沢と同じく左岸から流入する五郎沢は、黒部五郎岳がその源である。予定ではここで野営をするはずだったが、『渓でのキャンプはできるだけやらないように』との不文律があることを聞いたので、この日のうちに最源流まで遡り詰め、三俣山荘まで行ってしまおうという決断をした。時間的にはギリギリ、かなりの強行軍である。

五郎沢を過ぎると、右岸から祖母沢、祖父沢といった支流が入って来る。魚影はますます濃くなり、歩きながらよそ見をしながら釣っても、勝手にフライをくわえてしまうほどだった。釣り人は多いという噂を聞いていたが、スレているという感じは全然なかった。そんな中で驚いたのはイワナたちの大胆……というか、必死の行動だった。

こんな渓では、釣るべき魚を見つけてからキャストすることが多くなる。それで、いかにも絶好のポイントに入っている魚がまず目に入ってしまうのだが、その手前にまあまあのポイントがあると、とりあえずそこにフライを入れてみたくなる。そこに魚がいることが確認できなくても、だ。

すると、次の瞬間、あらかじめ確認しておいたイワナが……つまり、フライを入れた場所から2～3mも上流にいたイワナがいきなりUターンして、下流部に投げ込まれたフライを追いかけてくるのだ。それはまさに、逃してなるものかといった気迫を感じる必死の行動なのである。しかし、それだけに彼らは慌てている。おそらくこちらの気配も察しているらしいのだ。仕草が少しおどおどしている。そうした動揺の中で、水面に浮いたフライをくわえようとするから、勢い余って食い損じる。焦っているのが見え見えだ。

そして、2度3度とアタックはしてみるものの、どうしてもうまくくわえられない。フライにドラッグがかかって不自然な動きになると、さすがに元の定位場所に戻っていく。その一連のユーモラスな動きには少なからず同情してしまう。そこで今度は定位場所にフライを落とすと、今度は待ってましたとばかり、パックリとフライを吸い込んでしまうから可愛い。どうやら、一定の捕食パターン以外にはまともな就餌ができないようだ。なんと純真な、そして一途なイワナたちなのだろう。

日本最高度生息地点のイワナ

さて、祖父沢出合いあたりから約1㎞ほど遡行すると、黒部川は急激に落差を増してくる。2万5千分の1の地図に記されているように、等高線の間隔が俄然詰まってくる。左岸から滝のように流れ落ちる小さな支流を見上げる頃には（2231m）、両岸はガレ場が続き、渓の3分の2は雪渓に埋もれてしまった。しかし、イワナは相変わらず釣れ続けた。雪渓から滴り落ちる雫が水面を揺らし、渓水はより一層の冷たさを増していった。

注意深く雪渓を越え、さらに遡行を続ける。正面には鷲羽岳（2924m）がそびえ立つ。この角度から見るとかなり立派な山に見える。すぐ右上には三俣蓮華岳の岩肌が迫り、何ともいえない圧迫感を覚えた。遡行スピードを上げ、三俣山荘から雲ノ平へと向かう登山道が渓を横切る地点へと辿り着いたときには、午後5時を過ぎていた。その少し手前の標高は2349m。登山道が渓を渡る地点の標高は、地図上では約2400mである。2万5千分の1の地図では、ここで水線が途切れている。

そこからほんの数10mの地点からは、巨大な雪渓が谷間を埋め尽くしていた。その直下で釣れたイワナがこの旅で最後に釣ったイワナだった。高度計は2390mを指していたが、多少の誤差を考慮しておくべきだろう。

最後のイワナは、どことといって変わったところのない、この川に見られる普通タイプのイワナだった。しかし、若い力を漲らせ、遡上意欲満々の生命力を感じた。

それから巨大な雪渓を乗り越え、標高2500mを超える地点まで進んだが、すでにそこはイワナが棲めるような水量ではなかった。見上げると岩苔乗越直下の斜面に、淡いブルーの雪田が輝いていた。

この年の黒部は雨が少なかったせいで、いつもの年よりも雪が多く残っているようだった。雪渓や雪田は、太陽の陽射しだけではなかなか溶けない。それよりは雨で溶けるものなのだ。秋になり、長雨や台風に見舞われれば、雪渓は緩やかに溶け出してイワナたちの遡上を促すことだろう。そうなれば、標高2500mを超えた付近にまでイワナが上り詰めたとしても、少しも不思議ではない。いや、状況さえ許せば、それよりもさらに上を目指すのかもしれない。天上を目指すかのように、尾根をも飛び越えそうな勢いでさらなる上の流れに挑むのが、黒部源頭に棲むイワナたちの本能なのである。

足が……痛い！

渓流遡行で冷えきった足をひきずりながら、午後6時過ぎに三俣山荘に到着した。小屋から南東方向には、イエローストーン・グランド・キャニオンの岩壁に似た硫黄尾根の山肌が夕日に輝いていた。そして赤岳の向こう側には槍ヶ岳の山頂が雲間から見え隠れしていた。それはジーンと胸が熱くなるような荘厳な風景だった。

山荘では例によってザコ寝であるが、この夜なぜか丸山ライオンは吠えなかった。

翌朝、6時に三俣山荘を出発した。今日も快晴、夏晴れだ。快調なペースで標高2841mの三俣蓮華岳山頂に達し、それはそれは美しいアルプスのパノラマを楽しんだ。けれども、ここでのんびりしているわけにはいかなかった。今日中に折立まで戻る予定にしてしまったからガンガン飛ばす必要がある。北西方面に小さく見える太郎平の小屋、ほとんど絶望的に見える距離に思えたが、今日中にそこまで辿り着かなくてはならない。黒部川の谷間の左側の尾根筋に連なる黒部五郎、赤木岳、北ノ俣岳といった山々をつなぐ稜線の登山道を踏破しなければならないのだ。

そして、それから約1時間後、黒部五郎岳山頂直下のカールで、僕は苦痛に顔を歪めながらうずくまっていた。三俣蓮華から黒部五郎小屋に至る猛烈な下りのせいなのか、それとも五郎小屋からここまでの間、なだらかな上りに喜んで、思わず走ってしまったのがいけなかったのか、それともイワナの祟りなのだろうか？　アクシデントは突然……それはいつもそういうものだが、まったく突然やってきた。顔面蒼白でうずくまる僕に、真夏の太陽はこれでもかと言わんばかりに強烈な光線を打ちつけていた。

右膝内側の靭帯がおかしい。屈伸運動をすると何か引っ掛かるような気がする。どこかがズレて、ギクシャクするような感じだ。おまけに爪先をほんの少し左右に動かすだけで、とんでもない激痛が走る。肩に食い込むザックを放り投げ、何とかならないものかと考えあぐねていた。

時間はどんどん流れて行く。丸山氏はしっかりとした足取りで、稜線へ向かう急な坂道を一歩一歩、着実に登って行く。それはどんどん遠ざかり、やがて尾根の向こうに消えてしまった。心細いというよりも情けなさのほうが先に立つ。自分の身体はこんなもんじゃない。それはまあ、平均ペースなら4泊5日の行程を、2泊3日で押し切ろうとしているのだから、無理が祟っても仕方ないだろう。でも、こんなはずはない……しかし、これが避けようもない体力の低下というものなのだろうか。

30分が過ぎた。こうなったら一か八かで歩くしかない。放り出したザックを上半身だけで拾い上げ、ヨッコラショと肩に担いだ。そして右膝をかばいながら、覚悟を決めて恐る恐る歩き出した。ふと見上げると、黒部五郎の山頂は薄い雲に覆われていた。山頂の向こう側から湧き出す雲が次々に頭上を通過して行く。ほとんど左足1本で体重を支えているようにして不自然な歩行で稜線を目指した。

しかし不思議なもので、山頂直下の尾根筋に辿り着く頃には右足の痛みは消えていた。どんなふうに足を動かそうと少しの痛みも走らない。ズレていたものが、元の位置に納まったふうな感じだった。

黒部五郎の山頂までは、ほんの200～300m歩けば到達できたが、あえて山頂に立とうとは思わなかった。まだまだ先は長いのだ。

折立まで

黒部五郎への上りで、左足に負担を懸けたのが効いてきたらしい。上りはいいのだが、下りになると今度は左膝外側の靭帯がガックンガックンいってまともに歩けない。普通に歩こうとすると、激痛なんてものをはるかに超えた異常な痛みが走る。もはや身体が通常の歩行を拒否していた。そこで身体を横に向けて、足を斜めに送るようにしなければならない。まるでカニのように、横にしか歩けないのだ。その結果、背中でザックが左右に揺れ続ける。それは上半身に負担を懸け、さらに普段使わない筋肉にも負担を懸ける。もうどこが普通で、どこが異常なのかも分からない。太郎平に着く頃には精神的にもボロボロになっていた。しかし意地っ張りな性格ゆえ、そんなことを少しも漏らさず平静を装っていた。折立まであと８㎞、すべて下りである。時計はすでに午後５時を回っている。７時で林道のゲートが閉まってしまうので、遅くても1時間くらいで折立に到着しなければ……。すでにこのコースを何回か歩いている丸山氏は驚くほど元気だ。

「この前は太郎平から折立まで45分で行きましたよ」

「ア、そう……」

しかし自分には、よもや45分で走破できる自信などなかった。まあ、ゆっくり歩くから先に行ってと丸山氏に告げて、頼りない足取りでヨロヨロと歩き始めた。

アァ、それからの地獄の道程を私は一生忘れないと思う。まるで転げ落ちるように、急な下りをやっとの思いで歩いた。普段の数倍にも感じられる時間、ようやく木立ちの隙間から有峰湖が見えてきたとき、そして折立の広場で、キャンプしている人たちの嬌声が聞こえてきた瞬間に感じた安堵感。しかし、いつまで経ってもそこに辿り着けない。次のカーブを過ぎれば登山道終点の小屋が見えるのではと思いながら、いくつものカーブを通り過ぎた。期待はその都度外れ、長い長い坂道は私の前にとめどなく続いていた。何とか辿り着いたときには精も根も尽き果てていた。

雑感……

帰宅してからの数週間というもの、私の膝はふてくされたように言うことを聞いてくれなかった。それでどうにも動けず、暑い夏を自室で悶々と過ごすしかなかった。陽当たり最高の私の部屋は、この夏、連日40℃を突破した。それでも冷房は嫌いなので、ひたすら痩せ我慢して耐え抜いた。寝苦しい夜には、汗まみれになりながら毎日のように黒部の夢を見た。そのときばかりは、とても涼しかった。

さて、今回はついつい長くなってしまった。ここでのテーマは、そのタイトルにもあるように、日本で一番高い流れに棲むイワナの近況をレポートすることだったが、それに付随する諸々の話で、度々脱線してしまった。

それというのも、この黒部川源流にはまだまだ多くの魅力が残されているからである。何をどういえば、その素晴らしさを伝えられるのか、なかなかうまくまとめられないのだ。

これも、そんな素晴らしい黒部に関係する話だが、ある筋から嫌な話を聞いた。バブルの時代、ある化粧品会社の社長さんが、雲ノ平までヘリコプターでやってきて、黒部のイワナを釣ったというのだ。何と愚かでふざけた行為だとは思うが、逆説的に解釈すれば、そこまでしても訪れる価値がある場所だと考えることもできる。

確かに多くの魅力に満ちた黒部川源流を釣るためには、それ相当の体力と気力、時間が必要になる。天候にも恵まれなければ難しいだろう。ヘリコプターでやって来た社長さんにはそのいずれもなくて、あるのは有り余るお金だけだったに違いない。醜く哀れな行為には同情の余地もないが、自然を強引に手の内に入れようとすることは、社長さんの世代の日本人には当然のことなのかもしれない。だからこそ自然の荒廃はここまで進行してきている。黒部原流とその周辺は、日本の自然が残された最後の砦のひとつであり、瀬戸際の地域なのである。そして、その懐に入り込めば入り込むほど、厳しくも美しい自然を体感できる数少ない場所のひとつなのだ。

そんなわけで、今回の取材では、あらゆる意味でいい経験をさせてもらったと思っている。その行程は少々辛かったが、それは自業自得というもので仕方ない。反省材料としておこう。黒部のイワナの溢れんばかりの生命力に脱帽するが、その少し頼りない性格は改善の余地があるかもしれない。そして雪渓の直下で飲んだ水の美味しかったこと。あんな美味しい水は滅多に味わえない。

山の霊気を身体で感じながら、その波長に自分を合わせてみる。そうすることで覚える不思議な一体感。森羅万象、すべてが同じ次元にあり、人間もただその一部にすぎない小さきものであることを、あらためて教えられた黒部川源流行であった。

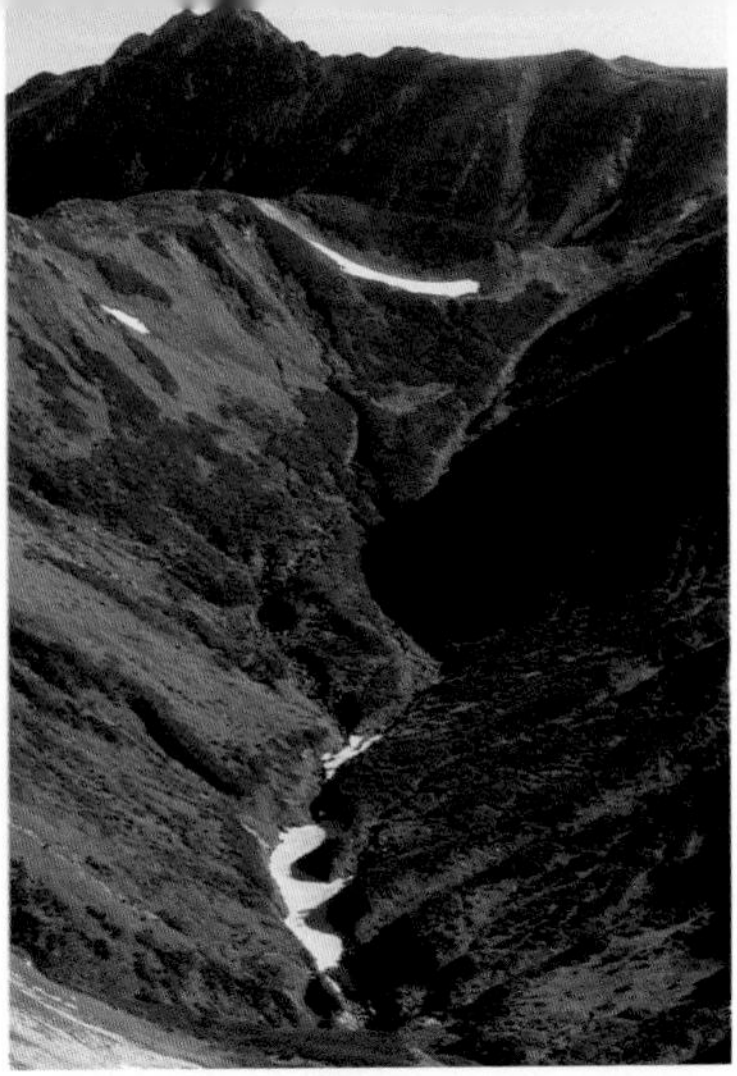

三俣蓮華岳山頂より、黒部川最源流部を展望する。正面奥に見える岩苔乗越の稜線直下の雪田から零れ落ちる雫が、黒部川の最初の一滴になる。釣りができたのは手前側の雪渓下（標高2400m）までだった。奥にそびえるのは水晶岳（2986m）、黒部源頭、天界との境界地帯の風景

薬師沢のイワナは、渇水時特有の付き場に入っていた。飛沫が上がっている水面向こう、オーバー・ハングした岩が水面と接する直下の影の部分、そんなポイントから引きずり出すようにしなければならない。このあたりで標高は2120m。そして薬師沢のイワナ。北陸地方に普通に見られるタイプのニッコウ系のイワナである

標高2000m付近の流れ。フライフィッシングのためにあるような開けた渓相に、思わずウットリ。魚影はどんどん濃くなった

赤木沢出合い（標高1976m）のプールを釣る。このあたりまでは不思議議に魚影が少なかった

黒部川本流、標高2000m地点で釣れたイワナ。精悍な表情が印象的だった

まったく同じポイントで釣れた2尾のイワナ。間違いなく恋愛関係にあるペアである。♂が先に釣れ、それを追うようにして♀が釣れてくる。釣り人は、2尾の間に水を差す野暮な存在か……

五郎沢が合流すると、そのすぐ上で祖母沢が右岸から流入し、さらにそれと平行して流れる祖父沢が合流する(画面左側の沢)。周囲の植相は、すでに針葉樹が中心になっている

標高2100m付近のイワナは、朱点も鮮やかな美しい姿態をしていた

標高2250m。正面には鷲羽岳(2924m)の威容が圧倒する。渓は大岩で埋まり、その間を縫うようにして水が流れている。このあたりで釣れたイワナは、やや細かな柿色の着色点が印象的だった

雪渓が途切れさえすれば、まだまだイワナはいた。標高2350mのイワナ。体の大きさに対する尾ビレの大きさに注目。黒部イワナの典型的プロポーションである

三俣山荘から見た、荘厳なる風景。槍ヶ岳山頂は、画面右側の雲に隠れている

自然分布最南限のヤマメ

新章

2020年、「瀬戸際」を振り返る

西日本編

30年近い時が過ぎれば、かたちあるもの、ないものに関わらず、何かしらの変化が起こる。ただそれは一律ではなく、大きく変わるものもあれば、一見すると何も変わっていないようなものまで、変容の程度や速度はさまざまだ。

本著の西日本編でレポートした15の棲息地においてもそれは同じだ。取材当時、瀬戸際に思えたところで野生はしぶとい。切迫した状況にはらはらしたものの、自然の力は想像以上に強靭で、度重なる災害や釣り人の乱獲から免れていることがわかった。

取材で駆け回っていた当時、いくら考えても分からなかった部分が科学的に解明されたり、興味深い研究対象として禁漁区に設定された河川もある。そしていまだに人間の干渉を拒み続ける厳しい自然環境に守られた流れもある。唯一、異系群の放流によって、希少な在来個体群が絶滅寸前に追い込まれた棲息地があると聞く。長い間、人間と故郷を共有してきた生きものであっても、人間はそれに気づかず傍若無人に振る舞う。

九州方面ではいくつかの新しい発見があった。本著の第1回目のテーマ「ヤマメの南限を求めて」は、日本国内に分布するヤマメの南限棲息地を探し求めることだった。当時は情報量が少なく、現地の水産関係の方たちの見識も頼りなかった。本当は自然分布の最南限を見つけたかったのだが、現地で右往左往するうち、棲息地の南限地を探し出すことに方向が転じてしまった。地元の人にさえ分からない南限棲息地を、一見の釣り人が見つけられるはずもないし、釣ったところで確たる証拠を示せない。それなら、地理的にできるだけ南に棲息するヤマメを探せばいいと思ったのだ。その結果、ストーリーとしてはそれなりの物語に仕上がったが、内容的には満足できなかった。ところが、不思議な縁があり、宮崎大学農学部海洋生物環境学科　岩槻幸雄教授によって、自然分布における日本国内最南限の河川がつきとめられた。２０１８年の春、私は岩槻教授を宮崎市に訪ねた。そして南限のヤマメ棲息地へ同行していただいた。個体数がひじょうに少なく、釣りでは無理かもしれないとの予想だったが、幸運にも数尾のヤマメと出会うことができた。あの日から27年、自分の中の物語が完結した。

今回の再版本の別項でも紹介しているように、岩槻教授の精力的な研究によって、九州本島のみならず、全国のヤマメ・アマゴのミトコンドリアDNA遺伝子解析におけるグループ分けがほぼ完成した。岩槻氏によると、九州には6つのヤマメのグループのすべてが棲息しているという。

もうひとつ、西日本一帯から届く情報で気になっているのは、イワナの棲息状況に関する各方面からの伝聞である。これまで、放流イワナのみとされてきた河川でも、新しい遺伝子型が発見されたことが何回もあるし、移入経路が未確認の集団も多い。mtDNAの特徴は母性遺伝にあり、父親の遺伝子は次世代にまったく関与しない。これが系統を把握するための判別指標としてたいへん役に立つ。つまり、たとえ異系群のイワナが放流されていても、在来のメスと交配して子孫を残していく限り、その痕跡を後世に伝えるのである。外観だけの判断で「これは放流」と決めつけるのは早計かもしれない。これまでのmtDNA解析結果を見ても、西日本のイワナの系統は外観がまったく異なるのに遺伝子型が近いことがよくある。まずは解析ありきで、学説や固定概念に縛られることなく、地道にデータを積み重ねていくことが必要だろう。

西日本ではいくつかの離島にも足を伸ばした。屋久島では過去にヤマメが放流された記録があり、現在では棲息河川や個体数が増えているという。私が来訪した1993年の時点では、縄文杉へ向かう登山道沿いを流れる安房川だけに魚影が確認できた。公に報告されている放流記録以外にも、一般釣り人による発眼卵放流等が行なわれている噂も耳にする。島内河川には漁協がないため、釣りを規制する法律は見あたらない。ただし、世界遺産内や国立公園内における行動規制は遵守しなければならない。実態として、降水量が桁外れに多く、岩盤質の河床は水位の増減もまた桁違いだ。軽はずみな行動は慎まなければならない。もしも本当に釣り人による自主放流が行なわれているのなら、放流に関する規制を検討すべきであろう。

隠岐の島でお世話になった知人とは、現在でもSNSでつながっている。取材当時に生まれたばかりの赤ちゃんが、近く結婚するという。そうした話を聞くと、いやがうえにも自分の年齢を感じる。隠岐のヤマメも細々ではあるけれど、元気に暮らしているそうだ。離島には様々な思い出があり、自分自身の釣り人生をより充実させたものにしてくれている。対馬の情報はまったく入ってこないが、深い森の中の小さな渓で、ヤマメたちは今も細々と暮らしているのではないだろうか。

四国においては、形態、遺伝子両面でのアメゴの調査研究が進んでいる。四万十川水系では、大きな円形のパーマークを持つ津野山アメゴというタイプが知られるようになり、同様のタイプが山陽方面の河川でも散見できることが分かってきた。また、高知県東部の小渓には希少な在来個体群が確認されている。四国は山奥の細流に至るまで、アマゴやイワナが棲息している。しかし以前から発眼卵放流が盛んな地域であり、偏狭な最源流の流れに棲む魚でも、実は釣り人が運び込んだ魚の末裔であることも多い。外観だけで在来か放流かを判断するのは困難だ。判別には遺伝子解析が不可欠だが、比較するためのデータが不足しているため、明確な解答を得るにはまだ少し時間がかかりそうだ。

琵琶湖に流入するイワナについては、滋賀県水産試験場 亀甲武志氏による「琵琶湖水系のイワナ(Salvelinus leucomenis)の起源と保全管理に関する研究」という論文が2011年に上梓された。琵琶湖水系のイワナに関する基礎研究として素晴らしい内容の論文である。かつて、琵琶湖流入河川のイワナは東部流入河川ではヤマトイワナ、西部流入河川ではニッコウイワナが棲息するというのが通説であったが、自分自身の取材で感じた印象では、その説に違和感を覚えた。本著の「琵琶湖とイワナたち」では、琵琶湖のイワナは、やはり琵琶湖独自のグループなのではないかという仮説を唱えたが、結果として亀甲氏がそれを科学的に証明してくれたのである。亀甲氏は２０２０年現在、滋賀県水産試験場を退職して、近畿大学農学部水産学科水産研究室准教授に就任した。

また、本著で紹介したナガレモンイワナ棲息地は、２０１４年より禁漁指定された。禁漁前と禁漁後の資源調査等に係る研究には、多くの若手研究者が関わり、継続して行なわれている。ここで得た研究成果は、今後の希少魚保護対策や地域個体群の保全対策に役立つことだろう。

厳しい自然環境に守られた北アルプスの渓でも、イワナの乱獲が懸念されている。本著で紹介した黒部川源流域においても、それは同じだ。そうした現状を改善しようと、黒部では民間の篤志家グループが保全活動に尽力している。山小屋関係者の人たちと協力しながら、啓発活動を行なっているのだ。

漁協による包括的な資源管理が難しい場合、内水面漁業調整規則や内水面漁場委員会指示によるＣ＆Ｒや全長制限の引き上げ等のルール作りを行なう時期に来ていると切に感じる。特に西日本のように渓流魚の棲息範囲が短く、豪雨や台風などの自然災害を受けやすいエリアでは、きめ細かいルール作りで資源や環境保全に取り組むべきだろう。

参考文献・取材協力一覧

第2章

※淡水魚保護協会機関誌『淡水魚』創刊号から第5号、および『淡水魚　増刊　ヤマメ・アマゴ特集』における「屋久島河川におけるヤマメ放流事業」に関連したすべての記事
※1993年12月9日　共同通信
『遺産ブームで地域振興期待・保全と両立の計画は遅れる』
※1992年10月5日　日本経済新聞
『屋久島、環境文化村への模索開始……自然と人間の共生目指す（列島ワイド）』
※1993年2月20日　毎日新聞東京本紙
『難問多い環境と観光の調和……エコツアー体験から』
※地球環境情報1994（新聞記事データベース）ダイヤモンド社　1994年
※旺文社エアリアマップ66『屋久島・種子島』調査執筆　太田　五雄
※日本地図帖　国際地学協会

第4章

参考文献
※『つしま百科』対馬自治連絡協議会　1993年
取材協力
※長崎県対馬厳原町観光商工課
※長崎県上県郡上県町水産観光課

第6章

参考文献
※『四万十川の旅』　澤良木庄一　高知新聞社　1994年
※『清流四万十を探る』　澤良木庄一　高知新聞社　1988年
※『南荒』28号から“21世紀四万十川談義”　澤良木庄一　高知高専「南荒」同人　1996年
※『四万十川歩いて下る』　多田実　築地書館　1995年
※『土佐の川（全県編）』高知県内水面漁業協同組合連合会　1992年
※1996年3月28日　読売新聞朝刊、編集手帳から

第7章

参考文献
※『隠岐の生物』　野津大（1983年　読売新聞松江支局）
※『隠岐・流人秘帖』　近藤泰成編（1979年　山陰中央新報社）
※『森と文明の物語』　安田喜憲（1995年　精興社ちくま新書）

第8章

参考文献
※淡水魚別冊　今西錦司サケ科魚類の研究と随想『うろくず集』　1986年　財団法人淡水魚保護協会
※淡水魚別冊　大島正満サケ科魚類論文集『SALMONIDAE』　1981年　財団法人淡水魚保護協会
※淡水魚増刊　『イワナ特集』　1980年　財団法人　淡水魚保護協会
※原色日本淡水魚類図鑑　宮地・川那部・水野共著　保育社

第9章

参考文献
※淡水魚別冊「ヤマメ・アマゴ特集」（1982年）から
『朱点0のアマゴを求めて』　花坂和男
※同誌序文　木村清朗

第12章

参考文献
※『琵琶湖水系に生息する特殊斑紋のイワナ』　武田恵三　魚類学雑誌21巻4号（1975年）
※『最上川、日向川水系（山形県）の特殊斑紋イワナ』　武田恵三・小野寺聡・吉安克彦　魚類学雑誌25巻1号（1978年）
※『淡水魚保護協会調査報告書第2報　滋賀県の流紋岩魚』　武田恵三・吉安克彦　釣の友293（1975年）
※『イワナ・特殊斑紋のイワナとその進化の可能性について』　武田恵三　淡水魚増刊・イワナ特集（1980年）
※『琵琶湖流入河川のイワナについて』　成瀬智仁　同上
※『日本産イワナ属の変異と系統について』　稲村彰郎　同上
※『イワナ・特殊斑紋のイワナとその謎』　武田恵三　淡水魚第3巻（1977年）

第13章

参考文献
※『琵琶湖の自然史』琵琶湖自然史研究会編著　八坂書房　1994年
※『魚が語る地球の歴史』多紀保彦著　技報堂出版　1993年
※『淡水魚増刊　イワナ特集』より[琵琶湖流入河川のイワナについて……その分布と由来]成瀬智仁　淡水魚保護協会　1980年
※『淡水魚創刊号』より[琵琶湖と魚]中村守純、[日本の淡水魚・びわ湖の淡水魚]川那部浩哉、[淀川の魚]長田芳和　淡水魚保護協会　1975年
※『近江の川』近江地方史研究会・木村至宏編　東方出版　1993年

取材協力
※滋賀県彦根地方気象台
※滋賀県庁企画部水政課

第14章

参考文献
※『淡水魚増刊、ヤマメ・アマゴ特集』　1982年、淡水魚保護協会　p.119〜124　＜イワメの人工ふ化とイワメ×アマゴの交配実験を終わって＞山内　晃
※『A New Salmonid Fish, Oncorhynchus iwame sp.nov., Obtained from Kyushu,Japan』木村清朗、中村守純　1961年10月、日本生物地理学会会報
※『つり人』1977年7月号　＜イワメとはこんな魚(1)＞　中村守純博士にきく　つり人社
※『つり人』1977年8月号　＜イワメとはこんな魚(2)＞　中村守純博士にきく　つり人社
※『つり人』1978年3月号　＜幻の渓流魚1、イワメ＞木村英造(淡水魚保護協会理事長)　つり人社
※『原色日本淡水魚図鑑』　宮地傳三郎・川那部浩哉・水野信彦　1963年　保育社
※『レッド・データ・ブック』　1988年　環境庁自然保護局野生生物課
※『レッド・データ・アニマルズ…日本絶滅危機動物図鑑』1992年　JICC出版局

新章

◎タイワンマス発見100周年国際シンポジウム　(2017年11月12日〜14日 台北市)
The Proceedings of International Symposium
on the 100th Anniversary of the Discovery of Formosa Landlocked Salmon
「The southernmost population of Onchorhynchus masou masou from
Kyushu Island, Japan and gross genetic structure of the O. masou
complex from the northwestern Pacific」
Yukio IWATSUKI1, Toshinao INENO2, Fumiya TANAKA3 and Kei TANAHARA1
◎世界最南限のイワナ個体群"キリクチ"の保全生態学的研究
淡水生物研究会
渡辺勝敏　原田泰志　佐藤拓哉　名越誠　森誠一
PRO NATURE FUND 第13期　2002年度
◎和歌山県における過去のイワナ(キリクチ)の自然分布の聞き込み調査,イワナの移入の実態, およびキリクチの背部の白斑について
岩槻幸雄1・関　伸吾2・山本彰徳3・森澤友博4・
稲野俊直5・斉藤裕也6・平嶋健太郎7
Nature of Kagoshima Vol. 46
◎鹿児島県水産技術のあゆみ
第2章　内水面増殖　第2節　その他の内水面増殖
1. やまめ放流
http://kagoshima.suigi.jp/ayumi/book/03/a03_02_02.pdf
◎高知県奈半利川水系における在来アマゴの識別と個体群構造の推定
岡部正也・小松章博
https://pdfs.semanticscholar.org/bcab/833d929c813f05fa9a08d3797f6e67ceeb0d.pdf
◎琵琶湖水系のイワナ(Salvelinus leucomaenis)の起源と保全管理に関する研究
亀甲武志　滋賀県水産試験場研報 54 (2011)
https://www.pref.shiga.lg.jp/file/attachment/2010020.pdf

熊本県五木村のイワナ

謝 辞

22年の年月を超えて、当時お世話になった人たち、そして様々な教えや助言をいただいた皆様にお礼申し上げます。

本書の出版にあたって、最新の情報や多くの疑問に対して真摯にアドバイスいただいた宮崎大学農学部海洋生物環境学科教授の岩槻幸雄博士に心より感謝いたします。そして多くの研究者や水産試験場の皆さん、全国の漁業協同組合や水産関係に従事する方々にもお礼申し上げます。

さらに長い間、私のわがままや気まぐれにお付き合いいただいた全国の友人・知人たちに、あらためてお礼の言葉を捧げたいと思います。

さらに私たちに生きる喜びを与えてくれる大自然に感謝しつつ、残りの人生をこれまでのようにまっとうしていければ、それ以上の幸福はありません。

佐藤成史（さとう・せいじ）

1957年、群馬県前橋市に生まれる。生家は海産物問屋で、幼少時より魚や海産物と親しみ、近所の利根川で魚釣りを習得する。北里大学水産学部在学中はイワナの研究に没頭。卒業後はいくつかの職を経験したのち、フリーランスのライター。海外の釣りに傾倒した時期もあったが、結局日本の渓魚たちの魅力を断ち切れず、還暦を過ぎた現在でもせっせと渓流に通っている。

著書

「The Flies」、「フライフィッシング常識と裏ワザ」（いずれもつり人社）、「渓魚つりしかの川」（1997年立風書房）「ライズフィッシング・アンド・フライズ」（2003年地球丸）「いわな　川と森の生きものたち」（あさりまゆみと共著　2013年ポトス出版）など多数。

瀬戸際《せとぎわ》の渓魚《さかな》たち

増補版《ぞうほばん》　西日本編《にしにほんへん》

NATIVE TROUT ANTHOLOGY
REVISED EDITION WEST JAPAN AREA

2020年8月1日発行

著　者　佐藤成史
発行者　山根和明
発行所　株式会社つり人社
〒101-8408　東京都千代田区神田神保町1-30-13
TEL 03-3294-0781（営業部）
TEL 03-3294-0789（編集部）

印刷・製本　大日本印刷株式会社

ISBN978-4-86447-354-5 C2075
乱丁、落丁などありましたらお取り替えいたします。

つり人社ホームページ　https://tsuribito.co.jp/
つり人オンライン　https://web.tsuribito.co.jp/
FlyFisher ONLINE　https://flyfisher.tsuribito.co.jp/
釣り人道具店　http://tsuribito-dougu.com/
つり人チャンネル（You Tube）　https://www.youtube.com/channel/UCOsyeHNb_Y2VOHqEiV-6dGQ